高速铁路无砟轨道系列丛书

桥上无砟轨道设计与维修理论

任娟娟　杨荣山　赵坪锐　刘学毅　著

科学出版社

北　京

内 容 简 介

　　本书在广泛调查我国高速铁路中桥上无砟轨道伤损类型、机理及维修方法的基础之上，针对不同桥上无砟轨道损伤和维修问题进行理论研究。通过建立的"无缝线路-无砟轨道-桥梁"静力学耦合模型，研究桥上无砟轨道不设伸缩调节器的合理温度跨度；依据对不同伤损条件下的"无缝线路-无砟轨道-桥梁"静力学、动力学耦合模型，研究梁端扣件胶垫滑出、钢轨碎弯、凸台拉裂、宽接缝开裂等典型伤损对轨道结构的受力和行车的影响，并从理论分析角度进行桥上无砟轨道无缝线路典型伤损的限值研究；此外，初步提出钢轨碎弯、凸台拉裂、宽接缝开裂等桥上无砟轨道无缝线路典型伤损的整治方案并分析维修过程对系统结构受力变形的影响。

　　本书适合从事轨道交通科研、技术和教学的人员参考，也可作为大学本科相关专业高等级大学生和研究生的参考读物。

图书在版编目(CIP)数据

桥上无砟轨道设计与维修理论 / 任娟娟等著. —北京：科学出版社，2015.6

（高速铁路无砟轨道系列丛书）

ISBN 978-7-03-044703-6

Ⅰ.①桥… Ⅱ.①任… Ⅲ.①高速铁路-无砟轨道-设计-研究 ②高速铁路-无砟轨道-维修-研究 Ⅳ.①U213.2

中国版本图书馆 CIP 数据核字（2015）第 124212 号

责任编辑：于 楠 / 责任校对：贺江艳
封面设计：墨创文化 / 责任印制：余少力

科学出版社 出版

北京东黄城根北街16 号
邮政编码：100717
http://www.sciencep.com

成都创新包装印刷厂印刷

科学出版社发行　各地新华书店经销

*

2015 年 10 月第 一 版　　开本：787×1092 1/16
2015 年 10 月第一次印刷　　印张：13.75
字数：326 千字

定价：69.00 元

前　言

随着我国高速铁路和客运专线建设的大规模开展，京津城际、武广、郑西、京沪、哈大等高速铁路相继建成和通车，大跨度混凝土桥上铺设无砟轨道无缝线路成为我国高速铁路建设的关键技术之一。无砟轨道的结构及梁轨相互作用机理有别于传统有砟轨道，且更为复杂，大跨桥上无砟轨道不设钢轨伸缩调节器的最大温度跨度尚未明确，这给大跨桥上无砟轨道的设计造成了困扰。通过对我国近年大跨度桥梁无砟轨道无缝线路的运营情况调查发现，铺设 CRTS I 型板式、CRTS II 型板式、双块式无砟轨道的大跨度混凝土桥梁已出现不同程度的轨道结构病害，如梁端扣件胶垫滑出、钢轨碎弯、凸台与底座连接处拉裂、纵连板宽接缝开裂等问题，可能影响无砟轨道结构的安全性与耐久性，严重时有可能危及行车安全。尽管我国是目前在建和投入运营高速铁路以及铺设桥上无砟轨道无缝线路最多的国家，但大部分是在最近几年通过再创新建成的，对无砟轨道系统尤其是 CRTS 系列桥上无砟轨道无缝线路突出问题及典型伤损的研究还处于初步研究阶段，因此有必要针对现有大跨度混凝土桥上铺设无砟轨道无缝线路出现的问题进行深入研究，并分析典型伤损及相应维修作业对结构受力及行车的影响，以提出相应的维修建议，用以指导现场大跨桥上无缝线路的养护维修，保障无砟轨道结构在设计年限内的正常运营。

因此，本书在充分搜集、整理和吸收国内外对桥上无砟轨道无缝线路设计及维修技术的基础上，以我国已运营和在建的 CRTS 系列大跨桥上无砟轨道系统为背景，针对国内目前高速铁路大跨桥上无砟轨道无缝线路设计遇到的迫切问题及运营中已出现的典型伤损进行深入研究，具有重要的科研价值和现实意义。

本书在编写过程中，参考和应用了西南交通大学高速铁路线路工程教育部重点实验室多年的研究成果，也参考了部分国内外其他研究者的研究成果，作者也尽可能地在书后的参考文献中列出。除此之外，要感谢铁路总公司科技开发计划项目"高速铁路无砟轨道维修技术的深化研究（2013G008－C）"对本书研究的支持，还要感谢各铁路局为作者现场调研提供的便利条件，以及作者所在实验室的教师同仁及研究生为本书提供的宝贵意见和帮助。

由于作者水平有限，书中难免有疏漏之处，恳请广大读者批评指正，作者将十分感激并将在今后的研究中不断改进和完善。

目　　录

第1章　典型伤损现场调查及成因研究

我国桥上无砟轨道,不同轨道类型其结构构造各异,主要由钢轨、扣件系统、预制轨道板或现浇道床板、钢筋混凝土底座(包括凸形挡台、凹槽等限位结构)等组成。我国幅员辽阔、环境条件复杂多样,无砟轨道作为行车的基础且一直暴露于复杂的大气环境中,在长期列车荷载、温度、桥梁伸缩挠曲以及环境等复杂因素的影响下,不可避免地会出现一定的病害。作者对我国大跨桥上无砟轨道伤损进行初步调研,并对桥上出现的伤损进行跟踪调查,现将桥上典型伤损现场调研资料整理如下,并对其伤损成因进行分析。

1.1　胶垫滑出现场调查及成因研究

轨下胶垫是轨道结构的重要组成部分之一,轨下胶垫在降低轨道刚度、提高线路弹性、降低动态效应和改善轮轨相互作用等方面起着重要的作用。特别是对于无砟轨道,钢轨支撑弹性几乎完全受扣件系统的轨下胶垫刚度的支配,其弹性特征就更显得重要。

大跨桥上轨下胶垫滑出后,扣件纵向阻力降低,梁轨相对位移增大,导致轨下胶垫进一步滑出;轨下胶垫滑出后,其支撑弹性降低,甚至出现轨底脱空,导致线路不平顺,影响高速列车运行时的平稳性,严重时导致轨道结构出现安全问题。

作者于 2013 年 12 月到郑西线渭南一跨和二跨进行胶垫滑出现场调研,并于 2014 年 12 月到病害发生处调研病害整治的效果。通过两次调研,了解线路所在位置的实际情况,包括桥梁现场布置、轨道板和钢轨实际铺设、梁缝处扣件布置、伸缩调节器现场布置和位移、垫梁布置和位移,以及焊缝位移等,并从中国铁路第一研究院和西安铁路局等相关单位了解和收集相关资料。通过两次调研掌握了胶垫滑出的第一手资料,结合现场实际情况归纳总结胶垫滑出现象,探讨可能导致胶垫滑出的原因,分析胶垫滑出后对轨道结构的实际影响。本节根据郑西客运专线上 WJ-8 型扣件胶垫滑出现场调研实测资料,结合 WJ-8 型扣件的受力原理及桥上无缝线路的基本原理,对桥上胶垫滑出的成因进行初步分析。

1.1.1　胶垫滑出现场调查资料

现场调查表明,桥上胶垫滑出主要发生在温度跨度较大的桥梁活动端处,以下为郑西客运专线上的实测资料。

1)渭南一跨渭河桥胶垫滑出

渭南一跨渭河桥位于郑西客运专线上,其桥跨布置为(40+64+40)m+(40+5×64+40)m+(40+5×64+40)m,其桥梁温度跨度有 208m 和 592m 两种情况。全桥采用小阻力扣件,温度跨度为 592m 的梁段设置了伸缩调节器。在桥梁活动端处易出现橡胶垫板反复滑出的现象。当桥梁温度跨度为 208m 时，胶垫最大滑出长度为 10～30mm；当桥梁温度跨度为 592m 时，胶垫最大滑出长度为 100mm 以上，如图 1-1 所示。胶垫滑出的同时，胶垫容易出现折断等损伤。

    2)渭南二跨渭河桥胶垫滑出

    渭南二跨渭河桥也位于郑西客运专线上，其桥跨布置为 7‐(48+4×80+48)m ＋(40+2‐64+40)m，其桥梁温度跨度有 536m 和 736m 两种情况。全桥采用小阻力扣件，两种温度跨度的梁段均设置了伸缩调节器。在桥梁活动端处易出现橡胶垫板反复滑出的现象，胶垫最大滑出长度为 100mm 以上，如图 1-2 所示。

(a)   (b)

图 1-1　垫板滑出 10～30mm

(a)   (b)

图 1-2　垫板滑出 100mm 以上

    一旦出现如此大的胶垫位移，应在日常维护中加强监管，对出现问题的部位及时地维护和处理。2014 年 12 月，在第二次现场调研和实际了解中，没有发生胶垫滑出长度大于 100mm 的情况。

1.1.2　胶垫滑出成因分析

1. 大跨桥梁温度跨度对轨下胶垫滑出的影响

    据现场调研，郑西客运专线上轨下胶垫滑出主要出现在大跨连续梁桥梁端梁缝处，且胶垫滑出长度随着温度跨度的增加而增加。由于梁端处梁轨相对位移较大，钢轨带动胶垫一起移动，而复位时胶垫纵向摩擦力减小，胶垫不能随钢轨完全复位，从而导致胶垫的部分滑出。长此以往，胶垫的滑出长度越来越大。现场的一些照片可以反映钢轨与桥梁间较大的相对位移。

由于存在梁轨间的大位移，为了防止钢轨的过大位移造成焊缝位移过大，在渭河二跨使用了特殊的扣件锚固装置，如图 1-3 所示。当梁轨相对位移过大时，此结构可以保持焊缝结构和扣件的安全使用。

由于大梁缝，渭南二跨使用了垫梁跨越梁缝，搭接在梁缝两侧的梁跨上。垫梁上部埋入双块式轨枕，下部设置混凝土底座。垫梁一端设置固定端传力键，一端设置活动端传力键，通过传力键将荷载传递给底座。垫梁与底座之间设置两布一膜，以保证垫梁与底座之间能够相对滑动。当温度变化时，垫梁相对于桥梁发生位移。垫梁位移如图 1-4 所示。

图 1-3　焊缝处扣件锚固装置

图 1-4　垫梁位移

2. 采用小阻力扣件对轨下胶垫滑出的影响

大跨连续梁桥上多采用小阻力扣件，可适当减小钢轨的纵向力，但是由于小阻力扣件相对于常阻力扣件，扣压力与摩擦力均减小，导致梁轨相对位移更大，从而导致轨下胶垫更容易滑出。虽然轨下胶垫两端设有防滑出凸边，但在滑出量较大的情况下，造成轨下胶垫在滑动过程中从凸边处撕裂，甚至导致绝缘块损坏。

3. 设置伸缩调节器对胶垫滑出的影响

当大跨桥上无缝线路纵向力、位移、钢轨断缝超过允许值且无法满足无缝线路的设计要求时，就需要设置伸缩调节器。伸缩调节器中基本轨伸缩，尖轨固定不动。所以，设置伸缩调节器后，其梁轨相对位移也会增大，故胶垫滑出可能性会增大。伸缩调节器的基本轨接头以外的线路一般也会采用小阻力扣件，也会增大胶垫滑出的可能性。根据在渭河特大桥的调研可知，设置伸缩调节器地段胶垫滑出的长度远大于没有设置伸缩调节器的地段，证实了设置伸缩调节器增大了胶垫滑出的可能性。钢轨伸缩调节器处位移现场调研如图 1-5 所示。

(a)伸缩调节器处位移   (b)伸缩调节器位移

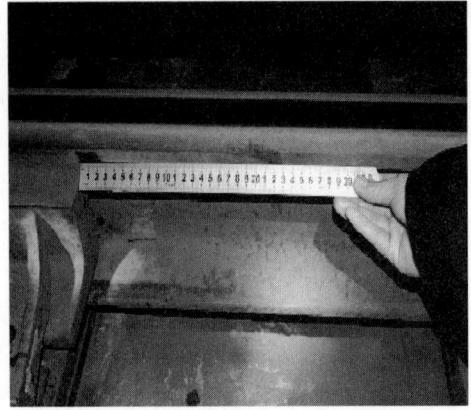

图 1-5 钢轨伸缩器位移

1.1.3 胶垫滑出成因研究

郑西客运专线大跨桥上多采用 WJ-8 型扣件。WJ-8 型扣件由绝缘块、螺旋道钉、平垫圈、橡胶垫板、弹条、铁垫板、轨距挡块等组成，其安装图如 1-6 所示。在温度荷载和列车荷载循环作用下，钢轨与桥梁由于材料、截面性质和结构构造等的不同而产生相对位移，钢轨带动垫板移动，而钢轨复原时垫板没能完全复原，故出现胶垫滑出现象，如图 1-7 所示。

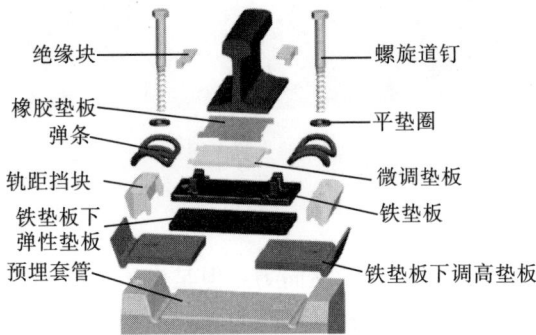

图 1-6 WJ-8 型扣件

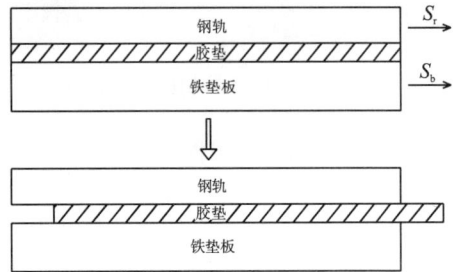

图 1-7 胶垫滑出示意图
S_r 表示钢轨位移；S_b 表示铁垫板位移

1. 胶垫滑出成因分析

1)温度荷载

桥上双块式无砟轨道无缝线路在温度上升的情况下，钢轨伸长受到两端钢轨约束形成温度力，而桥梁则可以相对自由地伸长，伸长长度为

$$\Delta l = \alpha l \Delta t \tag{1-1}$$

式中，α 为线膨胀系数；l 为结构长度；Δt 为升温幅度。

由于钢轨伸长受到约束而桥梁可自由伸长，钢轨和桥梁在温度变化时其伸缩不同步，造成钢轨相对于桥梁有一定的位移。由于摩擦作用，带动轨下胶垫一起移动。胶垫移动之后，垂直作用于表面的压力减小，钢轨和铁垫板的接触面积减少，使得纵向摩阻力减小，胶垫不能完全复位。随着温度荷载循环次数的增加，胶垫滑出量也增加。

2) 列车荷载

列车牵引(制动)时，如图1-8所示，车轮与钢轨间的摩擦力迅速增大，导致钢轨受到较大的纵向力，使钢轨相对于桥梁产生相对位移，带动轨下胶垫一起移动，列车离开(停下)后，纵向力散失，钢轨复原，胶垫没能随钢轨完全复原，故存在一定的滑出量。

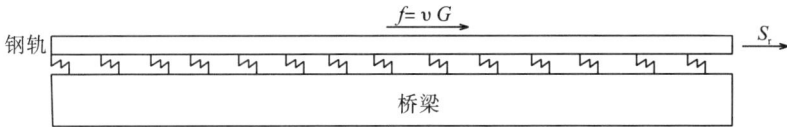

图 1-8 列车制动示意图

2. 轨下胶垫滑出成因研究实验

1) 实验目的与内容

轨下胶垫滑出主要是由于钢轨与桥梁的伸缩不同步(即存在较大的梁轨相对位移)导致的。桥梁伸缩时，扣件系统锚固在轨道板上，随桥梁一起移动；列车牵引制动荷载作用时，钢轨相对于扣件有相对位移。在上述荷载作用下，钢轨皆相当于扣件有相对位移。因此，实验中固定扣件系统，反复来回推动钢轨使钢轨产生位移，以此模拟现实中的梁轨相对位移。本次实验综合考虑实验条件等各方面的因素选定预推的钢轨位移分别为0.2mm、0.5mm、0.8mm、1mm、1.5mm、2mm、2.5mm、3mm、4mm、5mm，共10种工况。每组实验工况反复推10次，模拟现实中的10次梁轨间相对移动，以此来研究轨下胶垫滑出的原因。

2) 实验准备

(1) 实验设备。①长度为0.625m、两端均自由的60kg/m的钢轨，如图1-9所示。②一组WJ-8小阻力扣件，一种新型轨下复合胶垫，如图1-10所示。③量程为25MPa的液压千斤顶，如图1-11所示。④量程为500N·m的扭力扳手，如图1-12所示。⑤两块机械百分表。

图 1-9 实验用钢轨

图 1-10 WJ-8小阻力扣件复合垫板

图 1-11　液压千斤顶　　　　　　　　图 1-12　扭力扳手

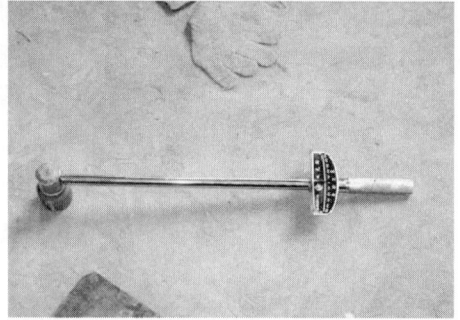

(2)实验工装。实验工装如图 1-13 所示。工装的两端都设有挡板,实验时,将液压千斤顶支撑于工装挡板和钢轨之间,其中一端为实验钢轨,另一端用于提供反作用力的工装挡板。根据作用与反作用原理,加载时,实验钢轨将受到另一端挡板传递过来的纵向力作用。

图 1-13　实验工装

3)实验原理

实验主要研究:①残余位移与梁轨相对位移(实验中预推钢轨位移)、温度升降循环次数(实验中来回推动钢轨次数)的关系;②钢轨回弹位移与钢轨位移的关系;③钢轨加载、卸载时推力与钢轨位移的关系(即扣件系统的荷载-位移滞回曲线图)。图 1-14 为加载原理图,其中用 A 端、B 端表示钢轨的两个加载端。

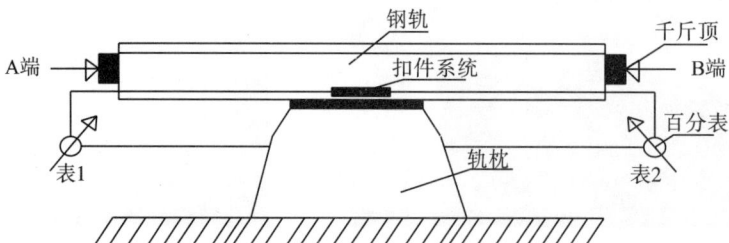

图 1-14　加载原理图

4)实验步骤

(1)该实验在常温下进行,温度保持在(20±5)℃。用于实验的所有部件要在实验开始前在该温度下至少放置4h。

(2)检查复合橡胶垫板是否与钢轨充分接触,是否有破损。若有异常,必须更换。

(3)检查相关仪器设备工作是否正常。

(4)将扭力扳手的扭力值调至110N·m,将实验扣件逐个扣紧。

(5)将工装就位,保证钢轨断面与工装结合紧密。

(6)安装加载设备,如图1-15所示。

图1-15　安装加载设备

(7)用液压千斤顶在钢轨A端均匀加载(0.2MPa/次),同时观察百分表1的读数,达到预定的位移(第一次0.2mm),记下液压表读数,卸载,2min后分别记下百分表1的读数。

(8)然后用液压千斤顶在钢轨B端均匀加载(0.2MPa/次),观察百分表1的读数,直至达到设定的读数(第一次0.2mm),记下液压表读数,卸载,2min后分别记下百分表1和百分表2的读数。

(9)重复实验步骤(7)和(8)9次,即完成钢轨位移为0.2mm的实验。

(10)按照以上操作分别完成钢轨位移为0.5mm、0.8mm、1mm、1.5mm、2mm、2.5mm、3mm、4mm、5mm的实验。

5)实验数据处理

(1)加载系统的标定。

实验采用的加载设备为量程为25MPa的液压千斤顶,其精度为0.1kN。最大量程为100kN,对钢轨施加推力,但是要建立起扣件纵向阻力的荷载与位移曲线,还需要对千斤顶进行标定。总共对液压千斤顶进行三次标定,标定结果如表1-1～表1-3所示。对三次标定的数据取平均值，得出与实际荷载的关系。

表 1-1　千斤顶第一次标定值

千斤顶读数/MPa	0.4	1.2	2.0	2.8	3.6	4.4	5.2	6.0	6.8	7.6
对应读数/kN	0	1.542	3.952	6.500	8.820	11.40	13.90	16.40	18.80	21.66

表 1-2　千斤顶第二次标定值

千斤顶读数/MPa	0.4	1.2	2.0	2.8	3.6	4.4	5.2	6.0	6.8	7.6
对应读数/kN	0	1.620	4.110	6.340	8.700	11.20	13.70	16.32	18.90	21.50

表 1-3　千斤顶第三次标定值

千斤顶读数/MPa	0.4	1.2	2.0	2.8	3.6	4.4	5.2	6.0	6.8	7.6
对应读数/kN	0	1.500	4.120	6.300	8.600	11.20	13.60	16.32	18.76	21.30

　　将三次标定所得的数据取均值，并绘制成散点图，读数与荷载的变化呈明显的线性变化，因此将其拟合成线性变化曲线，如图 1-16 所示，并得出其读数与荷载的变化关系。

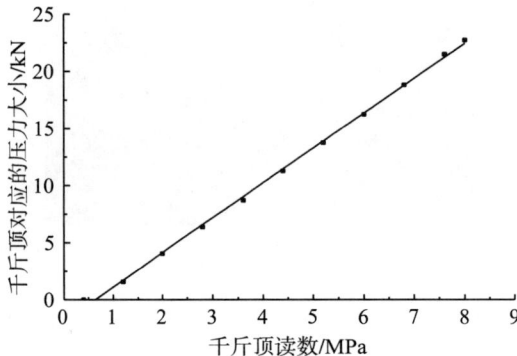

图 1-16　拟合曲线

　　根据拟合结果，确定千斤顶读数与实际荷载之间的关系为

$$y = 3.0494x - 1.945$$

式中，y 为千斤顶读数对应的力的大小，kN；x 为千斤顶读数，MPa。

　　(2)实验结果分析。

　　①钢轨残余位移与预推钢轨位移的关系。

　　实验过程中，百分表 2 记载的是每种工况下不同加载次数时的钢轨累积残余位移，其实验结果如图 1-17 所示。当钢轨预推位移为 0.2mm 时，钢轨累积残余位移几乎都为 0，即每来回推动钢轨 0.2mm，钢轨几乎都能完全回弹回去。当预推钢轨位移不小于 0.5mm 时，钢轨累积残余位移随着循环加载次数的增加而增大。当加载次数一定时，预推钢轨位移越大，钢轨累积残余位移也越大；预推钢轨位移越大，钢轨的累积残余位移增加得越快。钢轨位移主要由温度变化引起。实际运营过程中，当温度变化很小时，桥梁伸缩位移很小，钢轨在外界升降温循环过程中都能复原，轨下胶垫不会因此出现滑出的现象。当温度变化较大时，桥梁伸缩位移较大，钢轨在外界升降温循环过程中会存在残余位移，即轨下胶垫会出现滑出现象。外界温度变化越大、桥梁温度跨度越大，桥梁伸缩位移就会越大，其钢轨残余位移也会越大，因此，轨下胶垫滑出量也会增大。随着温度升降循环次数的增加，钢轨累积残余位移也会增加，即轨下胶垫滑出量也会随着温度升降循环逐日增加。

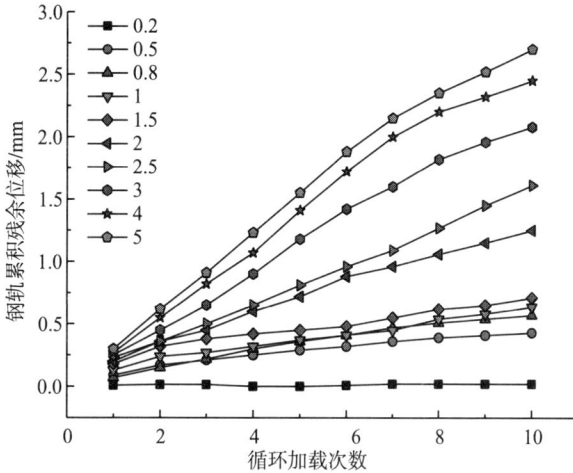

图 1-17　钢轨累积残余位移

②钢轨回弹位移与钢轨位移的关系。

实验过程中，百分表 1 记载的是每次推动钢轨后残余的位移，用预推钢轨位移减去其残余位移即为钢轨的每次回弹位移。其实验结果如图 1-18 所示，其中 *A-B* 表示千斤顶推钢轨 A 端所得到的平均回弹位移，*B-A* 表示千斤顶推钢轨 B 端所得到的平均回弹位移。

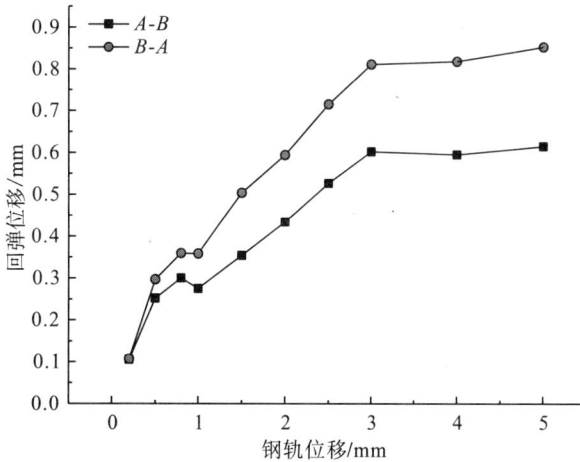

图 1-18　钢轨回弹位移

如图 1-18 所示，当钢轨位移≤3mm 时，随着钢轨位移的增大，钢轨回弹位移总体呈增大趋势。当钢轨位移大于 3mm 时，钢轨回弹位移几乎保持不变。千斤顶从 A 端推钢轨时的回弹位移小于千斤顶从 B 端推钢轨时的位移。随着钢轨位移的增大，最终从 A 端推钢轨时的回弹位移大致为 0.6mm，最终从 B 端推钢轨时的回弹位移大致为 0.85mm。从实验分析可知，在实际运营中，当每次升温或降温导致桥梁伸缩位移较大时，其弹性回弹位移几乎不变。但随着温度升降幅度的增大，每次升温或降温导致的钢轨残余位移也会增大，即从中间温度升温至最高温然后回到中间温度(或从中间温度降至最低温度然后回到中间温度)，这一过程钢轨会存在较大残余位移，胶垫容易出现较大滑移量。但是，每一次升降温循环导致的钢轨残余位移几乎是不变的，故胶垫滑出量的增加是日积月累形成的。

③荷载-位移关系曲线。

实验模拟了升温-降温的过程，图 1-19 为实验过程中的荷载-位移关系曲线。

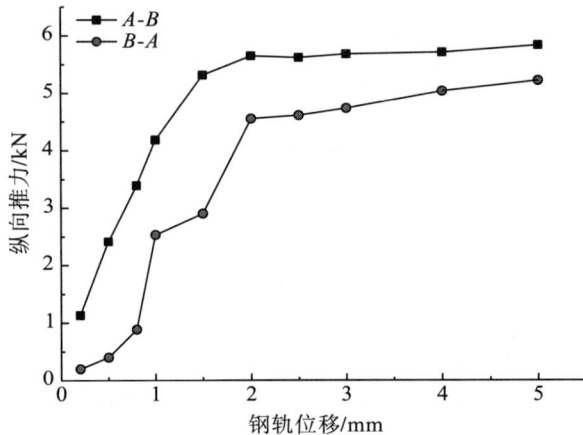

图 1-19　荷载-位移关系曲线

如图 1-19 所示，当钢轨位移小于 2mm 时，随着钢轨位移的增加，所需要的纵向推力增大。当钢轨位移大于 2mm 时，随着钢轨位移的增加，所需要的纵向推力几乎保持不变。从 A 端推钢轨时所需的纵向力大于从 B 端推钢轨时所需的纵向力。在实际运营中，扣件系统的荷载-位移滞回曲线的形状不饱满，说明该结构受到了较大的滑移影响，具有刚度退化现象，即长此以往，钢轨上作用相同纵向力，产生的梁轨相对位移越来越大。

3. 实验小结

通过这次实验，主要得到以下结论。

(1)大跨桥上无缝线路轨下胶垫滑出的主要原因是：外界温度变化过大及桥梁本身温度跨度过大，从而导致梁轨相对位移过大，致使轨下胶垫滑出；这种滑出现象日积月累，故胶垫滑出量越来越大。因此，建议在运营过程中经常人工复原滑出的胶垫。

(2)从中间温度升温至最高温度然后回到中间温度(或从中间温度降至最低温度然后回到中间温度)，这一过程中钢轨会存在较大残余位移，胶垫容易出现较大滑移量。但是，每次升降温循环，最后的钢轨残余位移几乎不变，即胶垫滑出量也是日积月累的结果。

（3）升降温循环过程中，扣件荷载-位移滞回曲线的形状不饱满，说明该扣件结构受到了较大的滑移影响，具有刚度退化现象，即长此以往，钢轨上作用相同纵向力，产生的梁轨相对位移越来越大。

1.2 钢轨碎弯现场调查及成因研究

随着无砟轨道技术的不断推广和应用，无砟轨道无缝线路的稳定性也成为发展中亟待解决的问题。其中包括在高温季节钢轨出现许多小波长的横向不平顺，即钢轨碎弯。

无砟轨道结构整体性比较强，道床横向阻力大于扣件横向阻力。当钢轨的温度力过大且个别扣件工作状态不良时，在能量转移过程中，无砟轨道不会出现像有砟轨道胀轨跑道整体失稳的现象，而是在工作状态不良扣件附近钢轨以碎弯的形式达到平衡。

1.2.1 现场调查

无砟轨道扣件系统为了满足轨距调节的要求，在扣件处的横向上给钢轨预留了一定范围内的调节距离。但是无砟轨道钢轨温度力过大、扣件松动或轨距块存有间隙时，仍有可能导致扣件处钢轨横向变形，而形成以扣件间距变化的碎弯。中国铁道科学研究院于 2007 年对遂渝线无砟轨道实验段嘉陵江大桥、蒋家大桥、木鱼山隧道口等地段的轨距和轨向调查时，发现了如图 1-20 所示的钢轨碎弯变形，这无疑会导致列车通过时横向振动加剧。

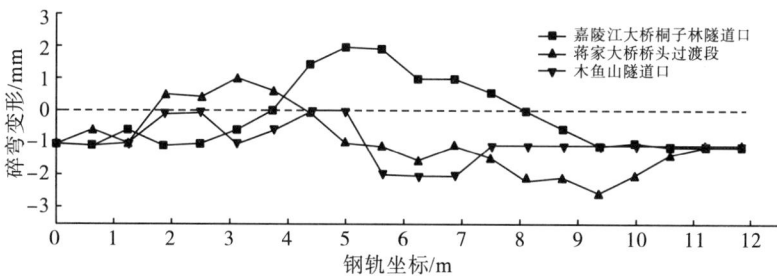

图 1-20　遂渝线钢轨碎弯

随着我国无砟轨道无缝线路应用的推广，在夏季高温天气出现钢轨碎弯的现场病害也越发突出。但在很多情况下，这种高温的横向变形没有让轨道结构或者钢轨失稳，而是弹性范围内的热胀冷缩。当温度降低时，很多碎弯又会自动消失，保持原来良好的几何形位。

1.2.2 病害成因研究

无砟轨道弹性多由扣件提供，这就对扣件性能提出了更高的要求。正常情况下，WJ-8 型扣件受力传递机理为，钢轨横向力通过绝缘块传至铁垫板，通过板下摩擦和轨距挡板传至道床；当横向力大于板下最大静摩擦力和轨距挡板抗压力时，铁垫板开始滑动。当铁垫板与锚固螺栓接触时，横向力由绝缘块经铁垫板和锚固螺栓传至道床。扣件横向阻力取决于绝缘块的弹性支承力、铁垫板下摩阻力、轨距挡板支承力和锚固螺栓抗剪力。横向传力力学模型如图 1-21 所示。

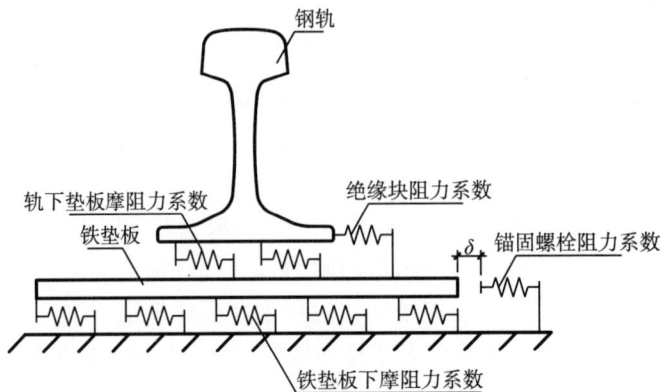

图 1-21　扣件横向传力力学模型

无砟轨道整体性强，一般认为应该不存在线路失稳的问题，但扣件为满足横向刚度和轨距调节能力，允许一定程度的轨条横移。当温度力过大或扣件工作状态不良时，轨条在有初始弯曲等缺陷的区段可能会出现膨曲变形。由于受到无砟道床和扣件阻力增大的制约，这种膨曲不会发展到轨条失稳，而始终处于胀轨状态，形成钢轨碎弯。轨条内的纵向温度力、线路横向阻力和钢轨初始弯曲成为影响无砟轨道碎弯的主要因素。

1）钢轨纵向温度力

轨条的屈曲、胀轨与纵向温度力的作用密切相关。随着轨温的变化，无砟轨道无缝线路内存在巨大的温度应力，以能量的形式存储于轨条内。当轨条存在初始弯曲或受到非均匀的纵、横向阻力作用时，就会发生能量转移，以胀轨或纵向爬行等形式表现出来。碎弯的出现，部分释放了轨条内的温度压力，存储的部分能量将转化为纵向爬行、膑曲、扣件阻力和阻矩等变形能，实现新的平衡。轨条的升温幅度，即轨条存储能量的大小影响和决定着碎弯的形成和发展。

2）线路横向阻力

线路横向阻力是抵抗线路横向变形的主要方面，通常包括扣件横向阻力和道床横向阻力。一般有砟轨道扣件横向阻力大于道床阻力。当道床阻力成为控制阻力时，轨道容易出现框架失稳；无砟道床整体性强，其横向阻力远大于扣件阻力，线路框架失稳难以发生。随着轨温升高，轨条膑曲增长，扣件将呈近似刚性的横向约束，不会进一步发展成轨条失稳，而是以一种碎弯的状态维持平衡。扣件横向阻力比较复杂，与扣件类型、结构构造、生产工艺、施工质量和稳定性等密切相关，宜根据现场情况测试确定。

3）钢轨初始弯曲

钢轨初始弯曲是轨道框架失稳的诱因，是引起钢轨碎弯的源头。按照能量的平衡与转移规律，钢轨升温后能量最易在出现薄弱环节的地方转移，轨条平顺性的先天不足成为诱发碎弯的主要因素。新轨对初始弯曲有严格的要求，但限于生产工艺、运输、铺设等多方面的原因，钢轨发生弹性或塑性的初始弯曲是一种无法完全避免的客观存在。

1.3　凸形挡台拉裂现场调查及成因研究

CRTS I 型板式无砟轨道在桥梁梁端设置半圆形凸形挡台对轨道板进行纵横向限制。桥上铺设小阻力扣件，但小阻力扣件复合垫板容易发生锈蚀，造成扣件纵向阻力增大，加之在梁端处梁轨相对位移较大，所以半圆形凸形挡台将承受很大的纵向力。当此力超出其设计承载力时，半圆形凸形挡台与底座连接处将会拉裂，半圆形凸形挡台限位失效，进而影响结构的稳定性。

1.3.1　凸形挡台拉裂现场调研

容桂水道特大桥位于广珠城际铁路顺德学院—容桂区间，全长 8556m（K24＋441－K32＋997）。最大跨度连续梁位于 69～73 号墩，跨容桂水道，结构形式为 108＋2×185＋115 连续刚构直线梁，长 593m。

广珠城际全线均为跨区间无缝线路，容桂水道特大桥上铺设 CRTS I 型框架板式无砟轨道，扣件系统采用 WJ-7B 型小阻力扣件，X2 型弹条。

根据作者 2013 年 11 月的现场调研情况，该桥梁端凸形挡台拉裂情况如下。

（1）凸形挡台开裂主要出现在大跨连续梁梁端半圆形凸形挡台及与大跨度桥梁相邻的简支梁梁端半圆形凸形挡台。

（2）凸形挡台与底座拉裂出现在凸形挡台两侧底座上，呈 45°开裂，斜裂长度约为 50cm，拉裂宽度约为 5mm，如图 1-22 和图 1-23 所示。出现底座拉裂的位置凸形挡台与轨道板均有不同程度的离缝，最大离缝宽度约为 12mm，如图 1-24 所示。

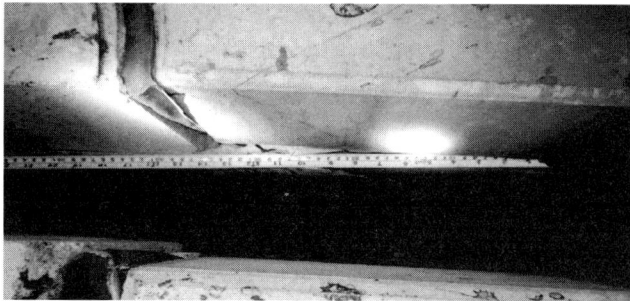

图 1-22　斜裂长度约 50cm

图 1-23　呈 45°开裂

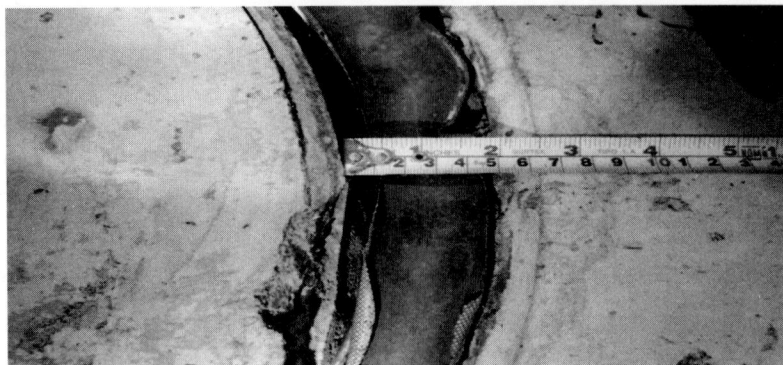

图 1-24 半圆形凸形挡台与轨道板最大离缝宽度约为 12mm

1.3.2 凸形挡台拉裂原因及危害

现场调研发现，小阻力扣件复合垫板存在锈蚀和窜出现象，这将导致扣件纵向阻力增大。当结构降温时，大跨度桥梁收缩，无砟轨道底座板与凸形挡台随之一起回缩，长钢轨没有按设计时沿复合垫板滑移，而是与轨道板紧密连接沿 CA 砂浆层滑动，导致凸形挡台受力过大，超过其限值。

梁端半圆形凸形挡台作为无砟轨道的限位结构，一旦拉裂，可能会对轨道纵横向稳定性产生很大影响。为了保证行车安全和结构稳定，需要采取相应的措施进行整治。

1.3.3 病害成因分析

CRTS I 型板式无砟轨道在路基、桥梁、隧道地段结构组成相同，其为预制单元板式轨道结构，自下而上由钢筋混凝土底座、凸形挡台、CA 砂浆层、预制预应力钢筋混凝土轨道板、扣件系统、钢轨等组成。混凝土底座上设置凸形挡台，能有效地传递纵横向力；在桥梁梁端，凸形挡台为半圆形。

梁端半圆形凸形挡台的受力过程为：当结构温度降低时，无砟轨道底座与凸形挡台随着连续梁一起回缩（无砟轨道底座板通过桥上预留连接钢筋与桥梁固结），轨道板同时受到扣件、CA 砂浆层和半圆形凸形挡台传来的纵向力。设计时，桥上使用小阻力扣件，所以 CA 砂浆层提供的纵向力大于扣件提供的纵向力，钢轨将沿复合垫板滑移。此设计理念减小了梁端半圆形凸形挡台的受力。

根据现场的情况，发现扣件复合垫板存在锈蚀现象，这将导致扣件纵向阻力增大，改变两端结构受力过程。此时，梁端半圆形凸形挡台的受力过程为：温度较小时，梁端梁轨相对位移较小，扣件纵向阻力较小，此时无缝线路滑动面出现在钢轨与轨道板之间；随着温度继续降低，梁轨相对位移也随之增大，扣件纵向阻力也在不断增大，当扣件提供的纵向力大于 CA 砂浆层提供的纵向力时，无缝线路滑动面就会转移到 CA 砂浆层；温度继续下降，轨道板会顶紧半圆形凸形挡台，CA 砂浆层不再滑动，此时半圆形凸形挡台将承受很大的纵向力，当超过其设计承载力时，半圆形凸形挡台将会被剪裂。梁端前后力学传递如图 1-25 所示。

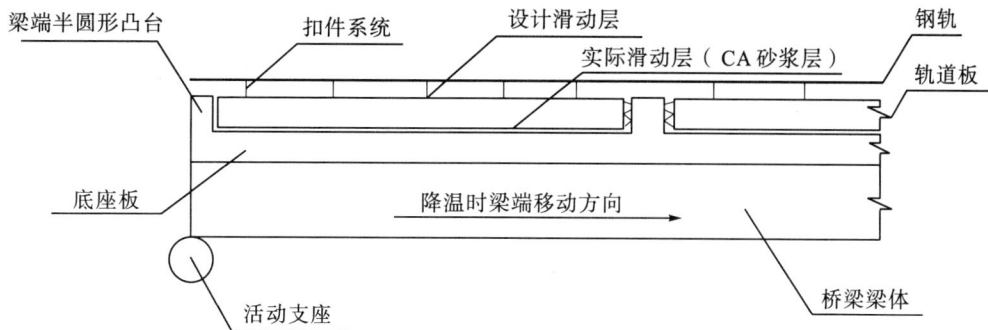

图 1-25　梁端力学传递图

梁端半圆形凸形挡台作为无砟轨道的限位结构，一旦拉裂，将会对轨道纵横向稳定性产生很大影响。为了保证行车安全和结构稳定，必须运用相应的措施进行整治。

凸形挡台拉裂主要出现在大跨度连续梁梁端半圆形凸形挡台及与大跨度桥梁相邻的简支梁梁端半圆形凸形挡台。凸形挡台与底座拉裂出现在凸形挡台两侧底座上，呈 45°开裂，斜裂长度约为 50cm，拉裂宽度约为 5mm，出现底座拉裂的位置凸形挡台与轨道板均有不同程度的离缝，最大离缝宽度约为 12mm。凸形挡台拉裂后如图 1-26 所示。

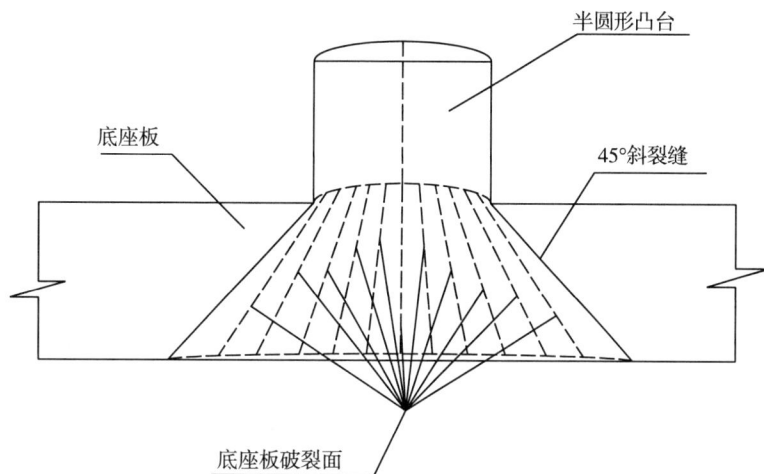

图 1-26　梁端凸形挡台拉裂

1.4　CRTSⅡ型板开裂现场调查及病害成因研究

CRTSⅡ型板式轨道是我国无砟轨道的主要结构形式之一，是在引进德国博格板式无砟轨道基础上，经过消化、吸收、再创新而发展起来的一种新型轨道结构。作为一种新型无砟轨道结构，桥上 CRTSⅡ型板式无砟轨道采用纵向连续铺设的轨道板和底座板，在温度力、制动力等荷载共同作用下底座板与桥梁通过剪力齿槽和滑动层相互作用。桥上 CRTSⅡ型板式无砟轨道的主要优势之一是，相比其他轨道结构，该轨道可以适应较大的桥梁温度跨度，而不需要设置钢轨伸缩调节器。例如，京津城际铁路北京跨五环特大桥主跨 80m+128m+80m 的连续梁上铺设了 CRTSⅡ型板式无砟轨道，该桥温度跨度（桥梁两相邻固定支座间的距离）达 208m，桥上无缝线路未设钢轨伸缩调节器。作者于2013年7月29日~30日对宁杭高铁进行调研，于8月1日晚参与了高速铁路维修段针对宽接缝处开裂的维修工作。

1.4.1   CRTSⅡ型板式轨道使用现状和开裂情况调查

CRTSⅡ型无砟轨道系统中，标准轨道板板长 6450mm、宽 2550mm、厚度 200mm，混凝土的设计强度为 C55，板重约 8.6t。轨道板横向配置 60 根 ϕ10 预应力钢筋，纵向配置 6 根 ϕ20 精轧螺纹钢筋，用于轨道板的纵向连接，轨道板间的接缝宽度为 200mm，采用 C55 高性能混凝土现浇施工。该混凝土按耐久性设计，要求混凝土具有体积稳定性和高密实度，它能更好地满足结构功能和施工工艺要求，能最大限度地延长混凝土构件的使用年限，降低工程造价。实际施工中，宽接缝后浇混凝土与轨道板接触面之间常常出现开裂现象，也就是新老混凝土之间的界面裂缝。裂缝宽度通常为 0.1~2mm，最宽时可达 2~3mm，最终导致道床板沿线路横向完全开裂。尽管Ⅱ型板在设计时允许其从预裂缝处开裂，但水和有害介质渗透到轨道板内部，锈蚀钢筋及张拉锁件，这时将降低无砟轨道的绝缘性能，削弱轨道板承载力，影响轨道的使用功能及寿命，危及列车行车安全。因此，应采取相关措施，最大限度地降低裂缝出现的概率，减小裂缝发展的趋势和深度。

图 1-27 和图 1-28 分别是宽接缝开裂、宽接缝修补后效果。从图 1-27 中可以看到，宽接缝开裂后在新旧混凝土界面间出现裂缝，裂缝周边的混凝土出现掉渣、剥落。图 1-28 是宽接缝修补后的效果图，宽接缝开裂的修补主要是通过破除原有裂缝处损伤的混凝土，然后填补修补材料。

图 1-27   宽接缝开裂，粉化，掉渣明显

图 1-28   宽接缝开裂修复图

图 1-29 展示了宽接缝出现裂缝后，轨道板上表面在宽接缝处混凝土出现裂缝的情况。图 1-30 是假缝处轨道板开裂的情况，垂向方向裂缝从假缝底扩展到轨道板底面。

针对 CRTSⅡ型板式轨道结构裂缝的出现是否会影响无砟轨道的质量，本书后续相关章节也会针对此问题在 ANSYS 中建立三维梁体模型，进行计算分析。

图 1-29　接缝处的裂缝

图 1-30　轨道板开槽处出现贯穿性开裂

1.4.2　无砟轨道板裂缝产生机理

无砟轨道作为长大混凝土结构物，受列车、温度等多种荷载的反复作用，不可避免地会产生各种损伤。由钢筋混凝土组成的无砟轨道结构受列车荷载及温度等因素的影响，开裂难以避免。当裂纹发展到一定程度时，通常会使内部钢筋产生锈蚀，降低道床板的承载能力、耐久性及抗渗能力，加大结构的维修费用，特别是贯穿裂纹的危害较大，会降低无砟轨道的绝缘性能，使轨道局部的承载力减弱，影响无砟轨道的稳定性与耐久性。

1. 轨道板裂纹的形成原因

CRTSⅡ型轨道板的裂纹种类多样，其产生的原因也错综复杂，各种因素相互影响。有的裂纹对轨道结构的主体受力有重要影响，而有的裂纹仅对无砟轨道的长期使用寿命有一定影响。根据有关资料的研究，轨道板产生的原因可分为以下几类：由荷载效应产生的裂缝；混凝土收缩产生的裂缝；钢筋锈蚀产生的裂缝；碱骨料反应产生的裂缝；预应力张拉不当产生的裂缝；温度裂缝；施工工艺不当产生的裂缝；冻胀裂缝。

1)荷载裂缝

在设计计算过程中，荷载工况考虑不周，配筋不合理，结构尺寸不足，构造处理不当，施工阶段不按图纸施工等均有可能产生荷载裂缝。由于轨道板有"起吊"这一工序，在起吊过程中如果吊点位置设计不合理，很可能产生较大的弯矩，而使轨道板开裂。荷载裂缝一般与受力钢筋呈正交或斜交状态。若裂缝是由钢筋与混凝土黏结应力过大造成的，则该裂缝方向与钢筋长度方向一致，且呈针状或劈裂状。

2)收缩裂缝

混凝土是由气、液、固三相组成的假固体(指浇筑过程到养护)，其中尚有未水化的水泥颗粒，还要吸收周围的水分。另外，液、固相间的胶凝体，因水分散失，体积会缩小，引起收缩裂缝。在实际施工过程中，混凝土因收缩所引起的裂缝是最常见的。混凝土收缩裂缝可分为 4 种：干燥收缩裂缝、自生收缩裂缝、碳化收缩裂缝和塑性收缩裂缝。

3)锈蚀裂缝

轨道板混凝土保护层受空气中的二氧化碳侵蚀碳化至钢筋表面，使钢筋周围混凝土碱度降低；或氯化物介入，钢筋周围氯离子含量较高，均可引起钢筋表面氧化膜被破坏，钢筋中铁离子与侵入混凝土中的氧气和水发生锈蚀反应，其锈蚀物中氢氧化铁的体积比原来增长 2~4 倍，从而对周围混凝土产生膨胀应力，导致保护层混凝土开裂、剥离，沿钢筋纵向产生裂缝，即锈蚀裂缝。

4）碱骨料反应裂缝

碱骨料反应(alkali-aggregate reaction)是指水泥中的碱性物质与骨料中的活性二氧化硅发生化学反应，引起混凝土内部自膨胀应力而开裂的现象。碱骨料反应因时间较为缓慢，不易在短时间内被发现，给混凝土工程带来的危害是相当严重的。

发生碱骨料反应需要具备三个条件：第一是混凝土的原材料水泥、混合材、外加剂和水中含碱量高；第二是骨料中有相当数量的活性成分；第三是潮湿环境，有充分的水分或湿空气供应。

5）预应力施工不当产生的裂缝

在混凝土没有达到规定强度时就进行预应力张拉（先张法），张拉系统放张不同步或放张速度过快造成应力释放不均衡，或其他放张方法不当，都会引起张拉、放张裂缝。

6）温度裂缝

轨道板混凝土同样具有热胀冷缩的性质。特别是冬季施工时，厂房内温度只能达到 10~15℃，而混凝土浇筑完成养护 16h 脱模时，板体表面温度为 30~40℃，较大的温差使轨道板第五条预裂缝处出现细小裂纹，这已影响板场轨道板体的质量。当外部环境或结构内部温度发生变化时，混凝土将发生变形。若变形遭到约束，则在内部产生应力，当应力超过混凝土抗拉强度时即产生温度裂缝。

其他情况如施工工艺不当、冻胀也可能导致产生裂缝。

2. 假缝开裂原因和发展

由于假缝处轨道板的截面面积比较小，所以假缝处是轨道板上最容易发生裂缝的地方之一。轨道板从制作到使用的各个阶段都有可能引起假缝的开裂。本书通过结合大量的工程资料和现场调查，总结了轨道板在制作、安装、使用阶段可能引起裂缝的因素。

(1)轨道板制作阶段。轨道板混凝土布料不均匀，在浇筑时振捣时间过长，混凝土配合比或者现场养护等原因致使施工管理或者施工工艺不当，从而使混凝土内部可能出现气泡、离析和初始裂缝等。

(2)轨道板安装阶段。起吊变形、存放的台座不均匀沉降、存放时间过长、转运次数多等存放安装轨道板过程中由于变形产生的正负弯矩可能导致假缝处轨道板开裂。

(3)轨道板使用阶段。温度变化的影响，冬季轨道板受拉开裂；长期列车荷载的作用，假缝位置会发生严重疲劳损伤而开裂；由于钢筋锈蚀引起假缝处开裂；预应力筋张拉的不均匀性造成轨道在变形时受力不均匀导致假缝处开裂；钢筋预应力的不同步性和力值误差产生的剪切力会使假缝开裂。

3. 宽接缝处裂缝的形成原因

CRTSⅡ型无砟轨道宽接缝为后浇带，其裂缝形成的主要原因如下。

(1)宽接缝是在新旧混凝土的交界面。新旧混凝土弹塑性变形的发展程度不一致，其收缩徐变以及在外部荷载作用下新旧混凝土的变形不同。例如，在新旧混凝土交界面存在初始裂缝，受力变形时可能引起应力集中。当超过极限应力值就会出现裂缝，同时原有的裂缝也将发展扩大。

（2）施工工艺存在问题，主要是施工技术要求不明确和施工过程把控不到位。例如，宽接缝施工前的轨道纵连时安装的钢筋和张拉锁件没有达到设计要求、灌浆不饱满、张拉时张拉力值错误或者张拉不到等，都可能使轨道的纵向传力不能满足设计要求，从而改变了混凝土应力分布的形式，引起裂缝产生。

（3）混凝土配合比选用不当会造成混凝土凝固过程中产生大量的水化热，从而导致新浇混凝土内外温差较大形成较大的温度梯度，而这种温度梯度在混凝土凝结初期产生的拉应力超过了混凝土初期的抗拉强度，就会造成混凝土开裂。这些裂缝在后期外荷载的作用下可能发展扩大。

1.5 CRTS Ⅱ 型板上拱现场调查及成因研究

2013 年夏天，各铁路局发现 CRTS Ⅱ 型板式及双块式轨道结构在高温天气下出现了轨道板上拱现象，其中，Ⅱ型轨道板上拱现象尤为突出。轨道板上拱也造成了板端混凝土劈裂、轨道板与 CA 砂浆层连续离缝、宽接缝处填缝混凝土剥离等继发性病害。个别地段轨道板上拱达到 10mm 以上，严重影响轨道的平顺性、耐久性、威胁行车安全。

CRTS Ⅱ 型无砟轨道结构出现轨道板上拱变形后，线路几何形位将发生变化，不利于轨道结构受力和行车安全，影响轨道结构的垂向稳定性。作者于 2013 年 7 月 29 日～30 日晚对宁杭高速铁路进行调研。本章轨道板上拱现场调查是根据京沪线轨道板上拱现场调查实测资料而编写的。

现场调查表明，CRTS Ⅱ 型纵连板式轨道上拱现象主要发生在相邻轨道板宽接缝处，以下为京沪客运专线上的实测资料。

1.5.1 不同地段轨道板上拱调查

1. 路桥过渡段轨道板上拱

该处轨道板上拱主要发生在宽接缝两侧约 400mm 内，上拱范围包括两侧的轨道板。上拱范围内，轨道板与 CA 砂浆层间离缝最明显，离缝上拱值约为 3mm；同时还伴有严重的轨道板、接缝处混凝土破损等现象，如图 1-31 所示。轨道板上拱处宽接缝已斜向开裂并横向贯通，去掉上部破损混凝土块后可发现板内纵向钢筋已露出。

2. 桥梁地段轨道板上拱

桥梁地段 CRTS Ⅱ 型轨道板上拱一般也发生在板端宽接缝处。该处线路位于直线＋16.8‰的坡段上，基础为 32m 简支梁，上拱发生在梁端小里程侧第一个宽接缝处，如图 1-32 所示。上拱范围内，轨道板与砂浆层离缝上拱值约为 5mm，宽 1m 以上，纵向长度达 3.3m。宽接缝大里程侧轨道板板端劈裂，劈裂最大宽度为 2mm；部分底座板表面出现粉末化，长度约为 1.5m。

(a)上拱处侧面情况   (b)上拱处顶面情况

图 1-31　路桥过渡段 CRTS II 型轨道板上拱

图 1-32　桥梁地段 CRTS II 型轨道板上拱

3. 路基地段轨道板上拱

该处于 2003 年夏天上拱最高达到多 20mm，经过维修后，目前状态良好。但在接缝的上表面及侧面均出现了裂缝，如图 1-33 所示。

(a)上拱处侧面情况   (b)上拱处顶面情况

图 1-33　路基地段 CRTS II 型轨道板上拱

4. 其他情况

图 1-34(a)处轨道板与砂浆层离缝由轨道板上拱造成。经 2013 年维修后，离缝得到修复，未曾复发。但是砂浆层出现了粉化、掉块，致使轨道板一侧局部悬空。图 1-34(b)处轨道板与砂浆层离缝由轨道板上拱造成。经 2013 年维修后，离缝得到修复，未曾复发。但是砂浆层与底座板间出现了新的离缝，有水浸入。

(a)砂浆层粉化掉块　　　　　　　　　　　　(b)新离缝形成

图 1-34　轨道板与砂浆层离缝处轨道板上拱整治效果

1.5.2　轨道板上拱成因分析

CRTSⅡ型板式无砟轨道结构主要由轨道板、水泥乳化沥青砂浆填充层、底座板(支承层)等部分组成。其中，桥上轨道结构还设有滑动层、高强度挤塑板、侧向挡块及弹性限位板等。轨道板在列车荷载、环境温度等因素长期作用下易出现砂浆层与轨道板间脱黏，层间完整性降低。当轨道板温度高于其锁定板温时，层间脱黏区域上方的轨道板将承受较大的温度压力；同时材料膨胀性能的不同将导致轨道板与砂浆层间发生细微错动，引起层间摩擦力的增大。随着轨道板所受纵向压力的增大，层间脱黏区域上方的轨道板遭到挤压出现上拱变形，导致层间黏结性能进一步劣化，甚至造成板下砂浆层脱空，如图 1-35 所示。

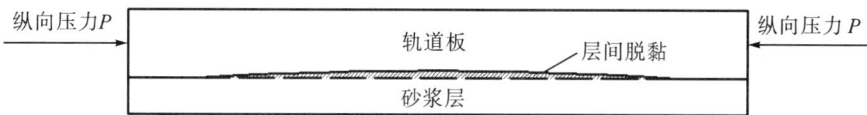

图 1-35　CRTSⅡ型轨道板上拱成因图

1. 层间典型伤损破坏

1)砂浆层与轨道板间连接破坏形式

CRTSⅡ型板式无砟轨道通过水泥乳化沥青砂浆层全面支承轨道板、调整轨道安装精度和缓冲高速行车荷载。受混凝土收缩徐变及温度变化的影响，轨道板要发生收缩变形；同时，由于施工缺陷及两种材料的膨胀性能不同，砂浆层与轨道板间的黏结作用会被削弱乃至破坏，引起砂浆层与轨道板间层间连接破坏，层间出现脱黏。在列车荷载、温度梯度和轴向温度作用下，层间脱黏区域可能发生进一步扩展，导致砂浆破损、掉块等情况，增大轨道结构的几何形位变化和层间拍打接触，严重降低了高速列车运行的平稳性、安全性和舒适性。

砂浆层与轨道板层间连接破坏程度较轻时，界面接触依然存在，层间的纵、横向力依靠接触摩擦力传递，称为砂浆离缝，见图 1-36(a)；层间连接破坏程度较严重时，砂浆层破损掉块，破损区域砂浆与轨道板间已无接触，轨道板底部支承不均匀，称为板下砂浆脱空，见图 1-36(b)。

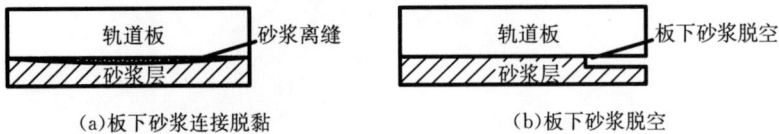

(a)板下砂浆连接脱黏　　　　　　　(b)板下砂浆脱空

图 1-36　CRTS Ⅱ 型轨道板离缝破坏形式

2)砂浆层与轨道板间连接破坏成因

砂浆层与轨道板界面的层间连接本质是双材料接触面间的相互作用，是一个复杂的物理、化学过程。层间连接发生破坏时，仅界面附近混凝土或砂浆层出现局部破坏，破坏前结构并没有明显征兆。在施工过程中，混凝土与砂浆层黏结界面因混凝土水化、收缩等作用容易存在孔洞、空鼓、气泡等缺陷，导致界面黏结强度的下降，引起应力集中并产生较复杂的残余应力(应变)，造成界面初始破坏的产生。

(1)微观方面。根据 CRTS Ⅱ 型板式无砟轨道的结构特征，基于双材料界面破坏理论，层间连接的破坏过程主要包括两个阶段：第一阶段发生在轨道板和砂浆自身的硬化过程中，第二阶段主要集中在外界荷载的作用下。轨道板和砂浆水化过程完成后，层间的黏结主要依靠范德华力和机械咬合力维系，黏结作用较弱。而且在砂浆层硬化过程中通常伴随体积收缩的产生，由于轨道板的约束作用，砂浆层内部会形成拉应力，界面处的空隙及骨料周边将出现收缩微裂缝，成为结构中最薄弱的环节。当作用高速列车荷载等外界荷载时，界面层会产生微动磨损行为，范德华力与机械咬合力逐渐丧失，界面摩擦系数下降并逐渐趋于稳定，黏结应力仅由摩擦力构成。界面微裂缝周边出现高度的应力集中，裂缝进一步扩展，经过比较稳定的发展后扩展到不稳定的裂缝，最后导致层间离缝的完全破坏。

(2)宏观方面。在施工完成后，受外界因素影响，砂浆层与轨道板层间界面将进一步产生剥离，主要包括以下情况：第一，轨道板与砂浆层的结合不良，砂浆灌注不实、有气泡、孔洞或进行黏结面凿毛处理时，混凝土板受到扰动；第二，水泥沥青砂浆与轨道板的材料性能不同，因环境温度产生的收缩变形不一致，导致轨道板与砂浆界面脱离破坏；第三，复合结构在应力作用下发生挠曲，产生层间剪力致使层间脱离；第四，列车荷载作用下，轨道结构振动致使已破坏的界面产生进一步的拍打作用，界面碎屑增多，离缝面积增大并形成深入脱空；第五，排水措施不到位，导致水进入层间，在列车荷载作用下行车动水压，带出层间碎屑，随着间隙进一步增大，会带出细颗粒和粗颗粒。

2. 温度效应

1)无砟轨道传热分析原理

置于自然环境中的混凝土无砟轨道结构，受环境条件变化的影响，结构表面与内部的温度随时都在改变。考虑热量自表面传至轨道内部具有一定的时效性，整个无砟轨道的温度分布并不均匀。基于 Fourier 导热定律，固体内部的热流密度与温度变化率呈正比，热量总是沿着温度降低的方向传递，即

$$Q = -\lambda \frac{\mathrm{d}T}{\mathrm{d}z} F \tag{1-2}$$

式中，Q 为热流量；λ 为比例系数(即热导率)，$\mathrm{J}/(\mathrm{m} \cdot \text{℃})$；$\mathrm{d}T/\mathrm{d}z$ 为温度梯度，$\text{℃}/\mathrm{m}$；F 为物体截面积，m^2。式中的负号表示热量传递方向与温度梯度的方向相反。

考虑无砟轨道在自然环境下的传热状态一般是三维瞬态传热问题，可将式(1-2)简化为

$$\alpha \left(\frac{\partial^2 T}{\partial x^2} + \frac{\partial^2 T}{\partial y^2} + \frac{\partial^2 T}{\partial z^2} \right) = \frac{\partial T}{\partial t} \tag{1-3}$$

式中，α 为结构导温系数，跟结构的比热容与密度有关。

2)无砟轨道结构温度作用

处于自然环境中的无砟轨道混凝土结构通过辐射、传导、对流等方式与周围空气介质进行热交换。在外界环境作用下，无砟轨道结构的温度场随时间及外界温度的变化而不断变化，其温度分布十分复杂。根据相关研究，无砟轨道结构温度作用可分为整体和温度梯度作用两种类型。

(1)整体温度作用。

无砟轨道结构整体温度作用是指由于外界温度变化引起的沿结构厚度方向均匀分布的整体温度变化。

引起结构整体温度变化的因素主要有两种：日温度变化和年温度变化。在一天中，结构温度随着自然气温发生周期性的低—高—低的循环变化。该变化相对缓慢，可以认为温度沿厚度方向的分布是均匀的。气温随季节发生变化，以年为周期，其变化周期长、变化速度较缓慢。因此，在年温度变化作用下也可以认为结构整体发生均匀的温度变化，在轨道结构厚度方向，温度是均匀分布的。在考虑日温度变化和年温度变化对结构的影响时，以结构的平均温度作为依据。日温度变化以一天中各个时间的最高和最低平均温度作为变化幅度，年温度变化以一年内月平均温度的最高和最低值作为年温度的变化幅度。整体温度作用使无砟轨道结构产生纵向的伸缩变形。变形受到约束时产生伸缩应力，伸缩应力较大时导致轨道结构出现裂缝、掉块。

(2)温度梯度作用。

温度梯度作用是指无砟轨道结构沿其厚度方向不均匀的温度分布。由于混凝土传热性能较差，无砟轨道在太阳光照射下上表面温度高、下表面温度低，轨道板在厚度方向上存在温度差或温度梯度(正温度梯度)，不均匀温度作用下的热胀冷缩致使轨道板发生翘曲变形。当翘曲变形受到约束时，轨道板内部将产生翘曲应力。因强冷空气的侵袭、突然降雨或突然冰雹等作用，造成轨道板表面温度骤然降低，上表面温度低而下表面温度高，形成温度梯度(负温度梯度)，同样也使轨道板产生翘曲变形和翘曲应力。反复的轨道板翘曲作用可能导致轨道板与砂浆层间出现局部离缝破坏。

第2章　桥上无砟轨道合理温度跨度研究

目前，我国已形成较为完备的无砟轨道结构体系，包括 CRTS I、II 型双块式，CRTS I、II 型板式无砟轨道结构，以及拥有自主知识产权的 CRTS III 型板式无砟轨道结构。随着高速铁路网陆续在我国乃至世界范围内铺展开来，大跨度混凝土桥梁结构型式被广泛采用，如郑西客运专线中渭南一跨渭河特大桥；武广客运专线中株洲湘江特大桥[主跨(60+5×100+60)m]，温度跨度达 392m；杭长客专金华江特大桥主跨为[主跨(75+4×135+775)m]连续梁，温度跨度达 378m。大跨度混凝土桥上铺设无砟轨道和无缝线路已成为我国高速铁路建设的关键技术之一。对于长大混凝土桥上无缝线路，是否设置钢轨伸缩调节器是困扰长大混凝土桥上无缝线路设计的难题。

2.1　国内外研究状况

国外对于桥上无缝线路的研究，按技术措施主要分为两大类。一类是日本桥上无缝线路，其主要技术措施是降低扣件纵向阻力，并采用钢轨伸缩调节器以减小墩台受力；另一类是以联邦德国为代表的欧洲铁路，采取提高墩台刚度以适应桥上铺设无缝线路的要求，联邦德国还采用传力杆和徐变连接器，使桥上无缝线路纵向力传递至桥台。自1962 年我国铁路开展桥上无缝线路工作以来，结合工程实践，理论研究逐步深入，并在铺设无缝线路的各种类型桥梁上进行系统试验，目前已建立起完善的我国有砟铁路桥上无缝线路的独立理论体系，梁轨相互作用示意图如图 2-1 和图 2-2 所示。关于桥上无缝线路纵向力计算，现行《铁路无缝线路设计规范》（TB 10015－2012)中介绍微分方程法和有限单元法。其中微分方程法主要是依据力学平衡建立相应的微分方程，再根据梁轨相对位移变形协调条件，求解方程组即可得到钢轨位移和纵向力。本篇的研究对象为大跨桥上无砟轨道无缝线路温度跨度研究，因大跨桥上无砟轨道有别于传统有砟轨道，作用机理更为复杂，为充分考虑非线性因素，本章对大跨桥上无砟轨道无缝线路的研究主要采用有限元方法，具体研究方法参照《铁路无缝线路设计规范》（TB 10015－2012)进行。

早期桥上无缝线路梁轨相互作用计算模型用桁式杆件、抗弯杆件来模拟纵向阻力，刚臂模拟桥梁上下缘。近些年，随着有限元技术的发展，在有限元基础上，基于梁轨相互作用原理和有限元方法，采用梁单元和弹簧单元模拟各结构层，根据桥上轨道结构特点及纵向传力特性建立相应的线-板-桥-墩空间一体化模型。对于各结构层的模拟也有学者采用三维实体单元，建立桥上无砟轨道车辆-轨道-桥梁有限元模型，更为真实地模拟结构空间特性，可更精确地分析桥梁-轨道结构相互作用。虽然三维实体有限元模型有上述诸多优点，但本篇研究对象为宏观模型，模型较大不宜采用，因此在对桥上无砟轨道温度跨度研究时选用线－板－桥－墩空间一体化模型。

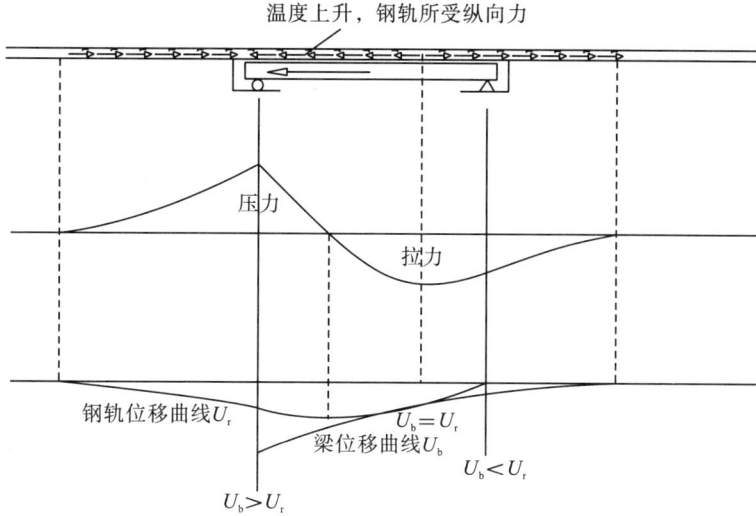

图 2-1　温度升高时，梁轨相互作用示意图

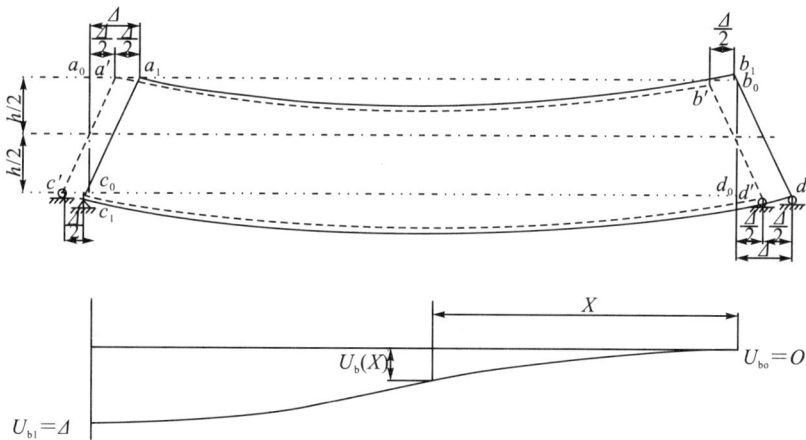

图 2-2　梁挠曲产生纵向位移示意图

　　空间一体化纵向力计算模型最初由徐锡江在其硕士论文《大跨桥上纵连板式轨道纵向力计算研究》中提出，桥型包括简支梁桥、连续梁桥、连续刚构，对制挠力、温度力和断板力工况下桥上纵向附加力进行了计算，同时分析了滑动层摩擦系数、轨道板和底座板伸缩刚度变化以及固结机构设置对桥上附加纵向力的影响。

　　陈小平在文献《桥梁温度跨度对 CRTS Ⅱ 型板式无砟轨道无缝线路的影响》中提出，为保证无缝线路强度、稳定性及扣件耐久性，提出桥梁温度跨度的合理限值为 482m；其中以无缝线路钢轨强度作为控制条件得出的最大桥梁温度跨度为 607m，以钢轨与下部基础之间相对位移不宜超过 2mm 作为控制条件的桥梁温度跨度为 482m。在文献《考虑桥梁伸缩的纵连底座板配筋计算方法》中，提出底座板配筋设计应考虑伸缩力，基于极限状态法(正常使用极限状态和承载力极限状态)对不同温度跨度时的底座板配筋率进行探讨。陈小平探讨温度跨度对轨道结构的受力影响的，是基于设计资料和有限元，提出了自己的建议，对于本章研究内容具有一定的参考价值。

目前，对于桥上无砟轨道无缝线路研究中，铺设桥上无砟轨道无缝线路所能适应的合理温度跨度研究较少，因此，本章所做工作具有实际的工程意义，为后期的设计优化、运营维护提供参考。

2.2　CRTS Ⅰ型板式无砟轨道合理温度跨度

本章基于桥上无缝线路和桥上 CRTS Ⅰ型板式无砟轨道结构的基本原理，建立钢轨-轨道板-桥梁-墩台耦合静力分析模型，采用有限元法，计算分析在温度荷载、列车荷载及制动荷载作用下无缝线路的稳定性问题，从而找出合理的不设伸缩调节器的最大温度跨度。

2.2.1　计算模型与参数

1. 钢轨-轨道板-桥梁-墩台垂向耦合静力学模型

桥上 CRTS Ⅰ型板式无砟轨道在设计、施工时，底座板通过梁体预埋套筒植筋或预埋钢筋与桥梁连接，使底座板与桥梁形成整体。轨道板之间设置凸形挡台，实现轨道板的纵、横向限位，凸形挡台周围设树脂以缓冲轨道板对凸形挡台的冲击作用。底座板和轨道板之间设置 CA 砂浆层。轨道板为轨道结构的承载主体，将承受列车荷载、温度荷载，并将承受的荷载通过凸形挡台传递至底座板上，并进一步传递至桥梁。

基于桥上无缝线路基本原理和桥上 CRTSⅠ型板式无砟轨道结构，建立钢轨-轨道板-桥梁-墩台垂向耦合静力分析模型，见图 2-3，基于结构的对称性，取桥梁一半结构。模型中，钢轨、轨道板、桥梁均采用梁单元(beam3)模拟，扣件纵向采用非线性弹簧(combin39)模拟，垂向采用线性弹簧(combin14)模拟，CA 砂浆层纵向采用非线性弹簧(combin39)模拟，垂向采用线性弹簧(combin14)模拟，树脂采用杆(link10)模拟，只受压不受拉。

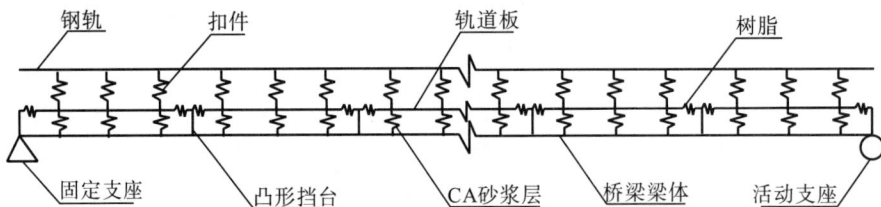

图 2-3　钢轨-轨道板-桥梁-墩台垂向耦合静力学模型

2. 计算参数

(1)钢轨：弹性模量 $E = 2.1 \times 10^5 \text{MPa}$，线膨胀系数 $\alpha = 11.8 \times 10^{-6}$，泊松比为 0.3，截面面积 $A = 77.45 \text{cm}^2$，截面惯性矩 $I = 3217 \text{cm}^4$，截面高度 $H = 176 \text{cm}$，允许应力 351MPa。

(2)轨道板：弹性模量 $3.6 \times 10^4 \text{MPa}$，线膨胀系数 $\alpha = 1.0 \times 10^{-5}$，泊松比为 0.2，长度为 4.93m，截面宽 2.4m，截面高 0.19m，板缝 0.1m，截面面积 0.456m^2，截面惯性矩 0.00137m^4。

(3)32m 简支梁：弹性模量 $3.25 \times 10^4 \text{MPa}$，线膨胀系数 $\alpha = 1.0 \times 10^{-5}$，泊松比为

0.2，截面面积 $9m^2$，截面高度 3m，截面惯性矩 $11m^4$。

(4)梁体：截面面积 $15m^2$，截面高度 5m，截面惯性矩 $45m^4$。

(5)扣件：本书均采用 WJ-7 型扣件，其垂向刚度为 35kN/mm，纵向阻力如图 2-4 所示。

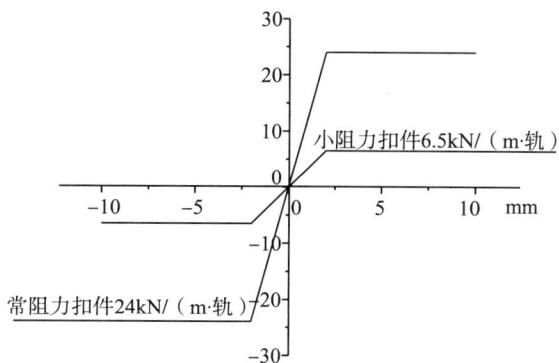

图 2-4　扣件纵向阻力

可知，常阻力扣件极限位移为 2mm，小阻力扣件的极限位移为 0.5mm。

(6)CA 砂浆层纵向弹簧刚度。CRTS Ⅰ型框架板式无砟轨道 CA 砂浆层纵向阻力主要来自轨道板与 CA 砂浆层之间的摩擦阻力。与扣件纵向阻力规律类似，当轨道板与 CA 砂浆层间的相对位移达到某一值时，板下纵向摩擦阻力将不继续增加，而相对位移小于这一值时，有弹性位移的性质，这一相对极限位移一般取为 0.5mm。

CA 砂浆层和轨道板之间的最大摩擦力为

$$F_f = \mu(W + W_r) \tag{2-1}$$

式中，W 为轨道板重量，为 $(2.4×4.93-3.14×0.3^2-0.7×2.8)×0.19×25=45.550kN$；$W_r$ 为一块轨道板上钢轨重量，为 $60×2×4.93×10=5.916kN$；μ 为轨道板与 CA 砂浆层的摩擦系数，取 0.35。则对上 CA 砂浆层的纵向阻力为

$$F_f=0.35×(45.550+5.916)/4.93=3.654kN/m$$

板底纵向非线性弹簧的力-位移曲线见图 2-5。

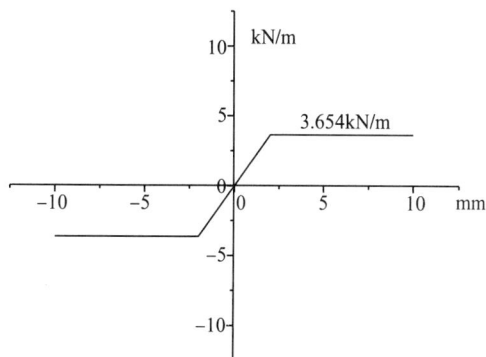

图 2-5　板底纵向非线性弹簧的力-位移曲线

3. 荷载

(1)温度：根据《铁路无缝线路设计规范》可知，桥梁降温 30℃，轨道板降温 30℃，

钢轨降温 50℃。

(2)列车荷载：对于高速客运专线采用 ZK 标准活载，其布置形式如图 2-6 所示。

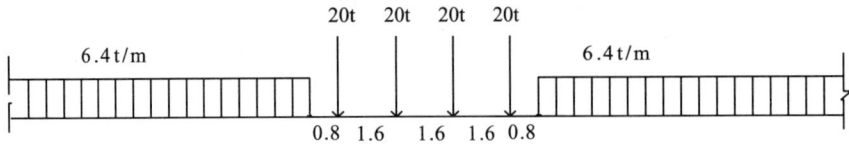

图 2-6　ZK 标准活载

(3)制动荷载：制动率取 0.164。

4. 动弯应力

客运专线设计为 CRH2 或者 CRH3，其中轴重为 15t，固定轴距 2.5m，运行速度 350km/h，所以速度系数为 $\alpha=1$。未被平衡超高，故偏载系数 $\beta=0$，因线路位于直线地段，故横向水平力系数 $f=1.25$；无砟轨道钢轨支座刚度 D 取 23kN/mm，轨枕间距 $a=0.625$m。

因此，轨底动弯应力为 100MPa，钢轨的允许强度为 352MPa，所以除去钢轨动弯作用，其钢轨的允许纵向力为 1952kN。

2.2.2　连续梁桥不设伸缩调节器合理温度跨度研究

对于桥上无缝线路，温度跨度对钢轨纵向力、梁轨相对位移及列车制动时梁轨快速相对位移的影响很大。所以本书将逐步提升温度跨度，找出对于铺设常阻力扣件及小阻力扣件的连续梁桥不设伸缩调节器的最大温度跨度。

1. 工况分析

采用如下 5 种工况，其温度跨度分别为 112m、164m、208m、260m、320m，分别计算温度荷载、制动荷载和列车荷载作用下是否满足强度和变形要求。

(1)5−32m 简支梁+48−64−48m(h-g-h-h)连续梁+5−32m 简支梁(112m)。

(2)5−32m 简支梁+64−100−64m(h-g-h-h)连续梁+5−32m 简支梁(164m)。

(3)5−32m 简支梁+80−128−80m(h-g-h-h)连续梁+5−32m 简支梁(208m)。

(4)5−32m 简支梁+100−160−100m(h-g-h-h)连续梁+5−32m 简支梁(260m)。

(5)5−32m 简支梁+120−200−120m(h-g-h-h)连续梁+5−32m 简支梁(320m)。

2. 连续梁温度跨度研究

针对以上 5 种工况，分别计算温度荷载、制动荷载和列车荷载作用下的钢轨纵向力、梁轨相对位移及列车制动时制动附加力、梁轨快速相对位移，检查是否满足强度和变形要求。

1)温度荷载作用下不同温度跨度下钢轨纵向力

桥上无缝线路分别铺设常阻力扣件和小阻力扣件时，施加温度荷载，5 种工况的钢轨纵向力(即温度力+伸缩附加力)计算结果如图 2-7 和图 2-8 示。

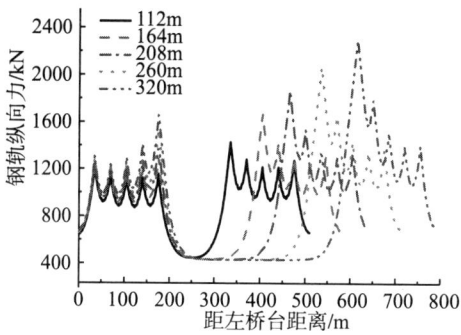

图 2-7　常阻力扣件下钢轨纵向力　　　　　　图 2-8　小阻力扣件下钢轨纵向力

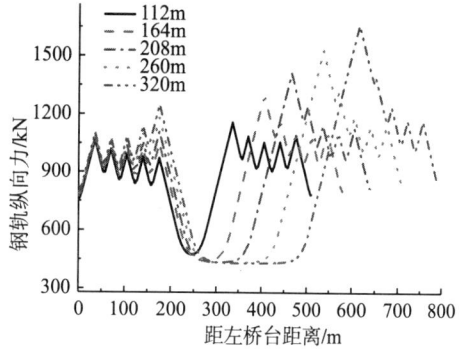

由图 2-7 和图 2-8 可知，温度荷载作用下，钢轨最大纵向力发生在连续梁的活动端。随着温度跨度的增加，最大钢轨纵向力也增大，当温度跨度为 112m、164m、208m、260m、320m 时，常阻力扣件下的最大值分别为 1429.3kN、1673.4kN、1867.3kN、2070.2kN、2295.6kN；小阻力扣件下的最大值分别为 1157.8kN、1301.2kN、1413.7kN、1532.0kN、1661.2kN。

2）温度荷载作用下不同温度跨度下梁轨相对位移

桥上无缝线路分别铺设常阻力扣件和小阻力扣件，施加温度荷载，5 种工况的梁轨相对位移计算结果如图 2-9 和图 2-10 所示。

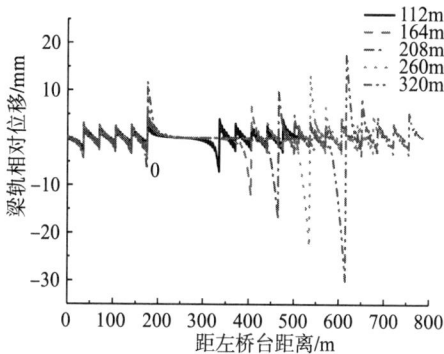

图 2-9　常阻力扣件下梁轨相对位移　　　　　　图 2-10　小阻力扣件下梁轨相对位移

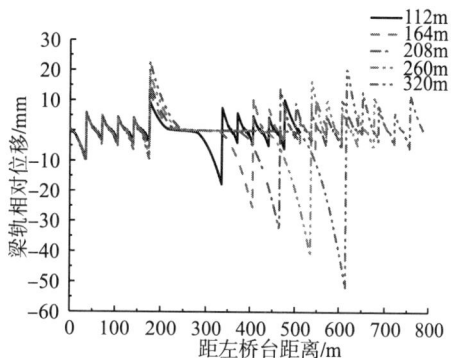

由图 2-9 和图 2-10 可知，温度荷载作用下，最大梁轨相对位移发生在连续梁的活动端。随着温度跨度的增加，最大梁轨相对位移也增大，当温度跨度为 112m、164m、208m、260m、320m 时，常阻力扣件下最大值分别为 7.06mm、12.20mm、17.06mm、22.90mm、30.29mm；小阻力扣件下最大值分别为 17.71mm、25.72mm、32.96mm、41.49mm、51.99mm。

其原因如下。连续梁梁端处没有纵向约束，受温度荷载及制动荷载影响，桥梁梁体会产生伸缩效应，由于固定支座处纵向约束较大，所以梁体变形是从固定支座处向活动支座处不断积累的，所以导致梁端伸缩量最大，而钢轨是两端约束的，钢轨的变形主要是由于梁轨的相互作用而产生的被动变形，所以在连续梁梁端处，梁轨相对位移最大。

3）制动荷载作用下不同温度跨度下钢轨纵向力

桥上无缝线路分别铺设常阻力扣件、小阻力扣件。给钢轨施加制动荷载时，其中车头作用在伸缩力最大处（即连续梁活动端处），5 种工况的钢轨纵向力（即制动力）计算结果如图 2-11 和图 2-12 所示。

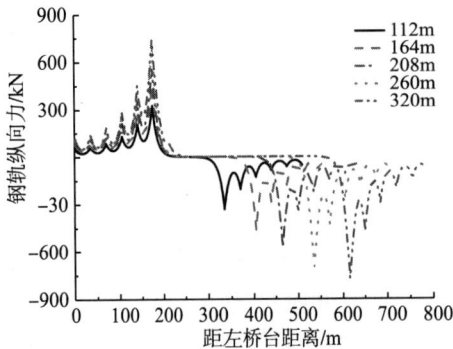

图 2-11　常阻力扣件下钢轨纵向力　　　　　　图 2-12　小阻力扣件钢轨纵向力

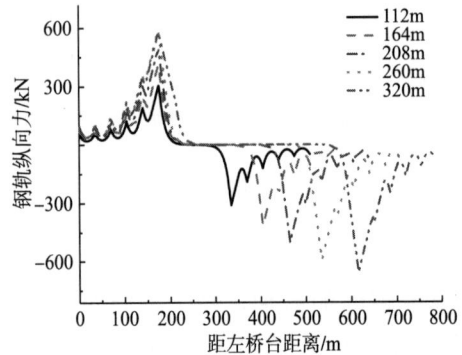

由图 2-11 和图 2-12 可知，制动荷载作用下，最大钢轨制动附加力发生在连续梁的活动端。随着温度跨度的增加，最大钢轨制动附加力也增大，当温度跨度为 112m、164m、208m、260m、320m 时，常阻力扣件下最大值分别为 331.1kN、465.1kN、574.7kN、698.3kN、773.2kN；小阻力扣件下最大值分别为 309.7kN、416.4kN、501.5kN、594.5kN、656.0kN。

4）制动荷载作用下不同温度跨度下梁轨相对位移

桥上无缝线路分别铺设常阻力扣件、小阻力扣件。给钢轨施加制动荷载时，其中车头作用在伸缩力最大处（即连续梁活动端处），5 种工况的梁轨相对位移计算结果如图2-13 和图 2-14 所示。

由图 2-13 和图 2-14 可知，制动荷载作用下，最大梁轨快速相对位移发生在连续梁的活动端。随着温度跨度的增加，最大梁轨快速相对位移也增大，当温度跨度为 112m、164m、208m、260m、320m 时，常阻力扣件下最大值分别为 1.26mm、1.88mm、2.27mm、2.87mm、3.95mm；小阻力扣件下最大值分别为 1.43mm、2.82mm、4.23mm、6.08mm、11.24mm。

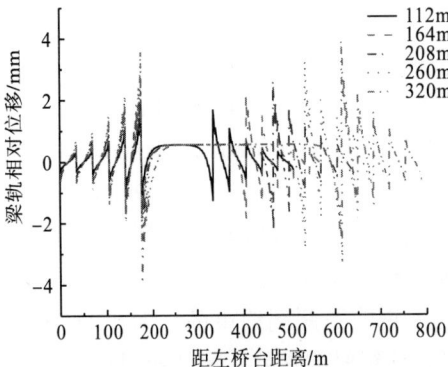

图 2-13　常阻力扣件下梁轨相对位移　　　　　图 2-14　小阻力扣件下梁轨相对位移

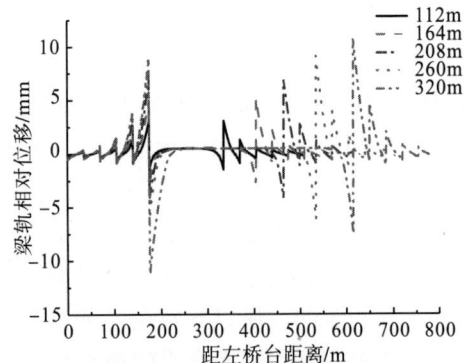

3. 列车荷载作用下不同温度跨度下钢轨纵向力

桥上无缝线路分别铺设常阻力扣件、小阻力扣件。给钢轨施加列车静荷载(即 ZK 标准荷载)时，作用位置在连续梁活动端的第一跨，5 种工况的钢轨纵向力(即挠曲附加力)计算结果如图 2-15 和图 2-16 所示。

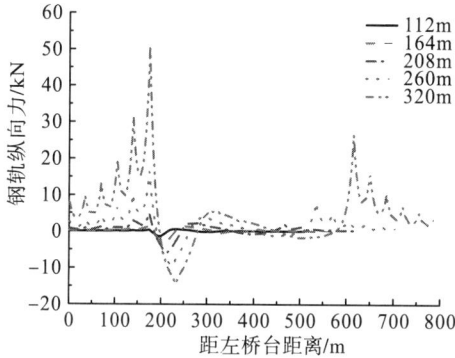

图 2-15　常阻力扣件下钢轨纵向力　　　　图 2-16　小阻力扣件下钢轨纵向力

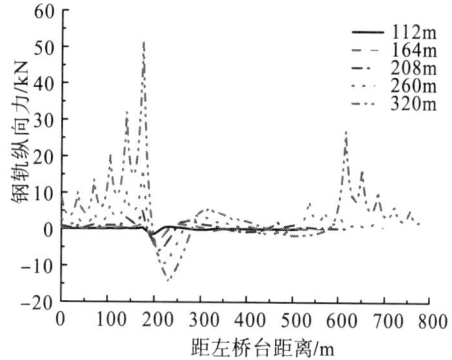

由图 2-15 和图 2-16 可知，列车荷载作用下，最大钢轨挠曲附加力发生在连续梁跨中。随着温度跨度的增加，最大的钢轨挠曲附加力也增大，当温度跨度为 112m、164m、208m、260m、320m 时，常阻力扣件下最大值分别为 5.4kN、13.9kN、24.3kN、41.2kN、68.7kN；小阻力扣件下最大值分别为 4.2kN、11.3kN、20.4kN、35.6kN、61.5kN。

4. 结果分析

钢轨强度检算时，钢轨附加应力应取伸缩力和挠曲力的较大值组合制动力进行检算，本书通过计算可知伸缩力远大于挠曲力，所以，检算时取伸缩力。综上可知，温度荷载作用下钢轨纵向力以及钢轨制动力的最大值均出现在连续梁的活动端，将两者叠加为钢轨纵向力。表 2-1 为 5 种工况的最大钢轨纵向力统计值。

表 2-1　最大钢轨纵向力

项目	工况 1	工况 2	工况 3	工况 4	工况 5
温度跨度/m	112	164	208	260	320
常阻力扣件/kN	1760.4	2138.5	2442.0	2768.5	3068.8
小阻力扣件/kN	1467.5	1717.6	1915.2	2126.5	2317.2

图 2-17 为不同温度跨度下最大钢轨纵向力。由图 2-17 可知，不设伸缩调节器时，钢轨最大纵向力随着温度跨度的增加而增大；且温度跨度一定时，铺设常阻力扣件的最大钢轨纵向力比铺设小阻力的最大钢轨纵向力大。

由钢轨纵向力的允许值为 1952kN，并结合图 2-17 可知，对于常阻力扣件不设伸缩调节器的温度跨度为 136m，而对于小阻力扣件，不设伸缩调节器的温度跨度为 224m。

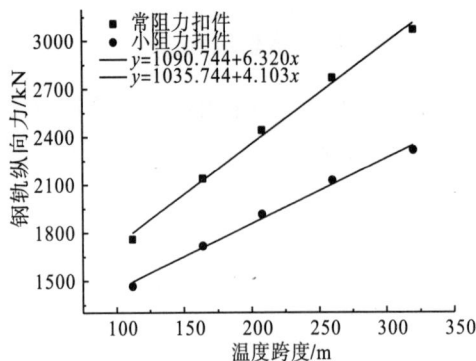

图 2-17 不同温度跨度下最大钢轨纵向力

5. 轨道及桥墩检算

1)温度跨度对梁端半圆形凸形挡台受力的影响

桥上铺设 CRTS I 板式无砟轨道，其轨道板为单元板式，梁端设置半圆形凸形挡台。考虑降温时梁端半圆形凸形挡台受力较大，所以钢轨降温 50℃，轨道板、桥梁梁体降温 30℃处理，表 2-2 为 5 种工况轨道板的最大纵向力统计值。

表 2-2 半圆形凸形挡台最大纵向力

项目	工况 1	工况 2	工况 3	工况 4	工况 5
温度跨度/m	112	164	208	260	320
常阻力扣件/kN	354.8	354.8	354.8	354.8	354.8
小阻力扣件/kN	74.8	74.8	74.8	74.8	74.8

根据梁端半圆形凸形挡台的配筋计算出其抗剪承载力为 148.9kN。由表 2-2 可以得出，当温度跨度达到一定值时，梁端半圆形凸形挡台所受剪力保持不变，小阻力相对于常阻力时该剪力较小，小于其抗剪承载力，常阻力情况下，该剪力大于限值，凸形挡台将被剪裂。经进一步计算，当扣件纵向阻力为 17.0kN/(m·轨)时，正好符合抗剪要求。

2)温度跨度对桥墩纵向位移的影响

桥墩纵向位移不可过大。根据《铁路桥涵基本设计规范》可知桥墩顶帽的弹性水平位移应小于 $5\sqrt{L}$（L 为桥梁跨度）。

墩顶最大纵向位移均出现在连续梁的固定支座处。表 2-3 为 5 种工况的桥梁墩顶最大纵向位移的统计值。

表 2-3 最大墩顶纵向位移

项目	工况 1	工况 2	工况 3	工况 4	工况 5
温度跨度/m	112	164	208	260	320
$5\sqrt{L}$/mm	40	50	56.6	63.2	70.7
常阻力扣件/mm	9.17	13.99	18.28	23.64	26.58
小阻力扣件/mm	9.07	14.31	19.13	25.34	31.85

由表 2-3 可知，当铺设常阻力扣件时，随着温度跨度的增大，墩顶最大纵向位移也随着不断增大；铺设小阻力扣件时，随着温度跨度的不断增大，墩顶最大纵向位移也不断增大。

3）断缝检算

规范规定无砟轨道一般情况下的钢轨断缝容许值为 70mm，特殊情况下为 90mm。

钢轨断缝值的计算关系到行车安全及是否需要采用伸缩调节器，是桥上无缝线路设计的核心内容之一。在钢轨最大降温条件下，若一根钢轨折断，相邻轨条会通过限制墩顶纵向位移而阻止钢轨断缝的继续扩大。

断轨位置依据规范设定在伸缩附加力最大位置处，同样也是制动起始点位置处（即连续梁的活动端处），将其中一根钢轨在此处折断，其他钢轨保持不变。考虑钢轨降温 50℃。钢轨纵向位移如图 2-18 和图 2-19 所示。

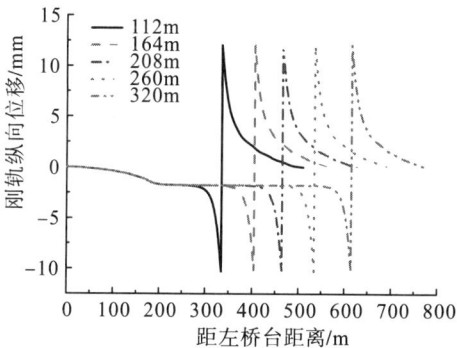

图 2-18　常阻力扣件下钢轨断缝值

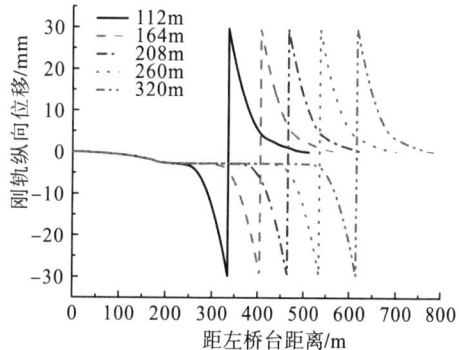

图 2-19　小阻力扣件下钢轨断缝值

由图 2-18 和图 2-19 可知，钢轨断缝值随着温度跨度的增加几乎不变，当温度跨度为 112m、164m、208m、260m、320m 时，常阻力扣件下最大值分别为 22.34mm、22.34mm、22.34mm、22.34mm、22.34mm；小阻力扣件时最大值分别为 59.40mm、59.41mm、59.41mm、59.41mm、59.41mm。

表 2-4 为 5 种工况的钢轨断缝的统计值。

表 2-4　钢轨断缝值

项目	工况一	工况二	工况三	工况四	工况五
温度跨度/m	112	164	208	260	320
常阻力扣件/mm	22.34	22.34	22.34	22.34	22.34
小阻力扣件/mm	59.40	59.41	59.41	59.41	59.41

由表 2-4 可知，钢轨断缝值随着温度跨度的增加几乎不变；相比于常阻力扣件，铺设小阻力扣件时，钢轨断缝值较大。对于常阻力扣件，钢轨断缝值均小于其限值 70mm，对于小阻力扣件（因为温度降 50℃，可看作特殊情况），钢轨断缝值小于在特殊情况下的钢轨断缝限值 90mm。所以均满足要求。

2.2.3　连续刚构不设伸缩调节器合理温度跨度研究

1. 工况分析

采用如下 5 种工况，其温度跨度分别为 80m、114m、144m、180m、220m。分别计算温度荷载和制动荷载作用下是否满足强度和变形要求。

(1)5－32m 简支梁＋48－64－48m(h-g-g-h)连续梁＋5－32m 简支梁(80m)。

(2)5－32m 简支梁＋64－100－64m(h-g-g-h)连续梁＋5－32m 简支梁(114m)。

(3)5－32m 简支梁＋80－128－80m(h-g-g-h)连续梁＋5－32m 简支梁(144m)。

(4)5－32m 简支梁＋100－160－100m(h-g-g-h)连续梁＋5－32m 简支梁(180m)。

(5)5－32m 简支梁＋120－200－120m(h-g-g-h)连续梁＋5－32m 简支梁(220m)。

连续刚构桥上无缝线路的伸缩力、挠曲力、制动力、温度荷载及制动荷载作用下的梁轨相对位移的分布情况与连续梁大致相同。

2. 连续刚构桥温度跨度研究

针对以上 5 种工况，分别计算温度荷载、制动荷载和列车荷载作用下的钢轨纵向力、梁轨相对位移及列车制动时制动附加力、梁轨快速相对位移，检算是否满足强度及变形要求。

1)温度荷载作用下不同温度跨度下钢轨纵向力

桥上无缝线路分别铺设常阻力扣件、小阻力扣件时，施加温度荷载。5 种工况的钢轨纵向力(即温度力＋伸缩附加力)计算结果如图 2-20 和图 2-21 示。

由图 2-20 和图 2-21 可知，温度荷载作用下，钢轨最大纵向力发生在连续梁的活动端。随着温度跨度的增加，最大钢轨纵向力也增大，当温度跨度为 80m、114m、144m、180m、220m 时，常阻力扣件下最大值分别为 1393.9kN、1602.6kN、1773.3kN、1954.4kN、2145.5kN；小阻力扣件下最大值分别为 1149.9kN、1269.6kN、1367.6kN、1472.7kN、1583.3kN。

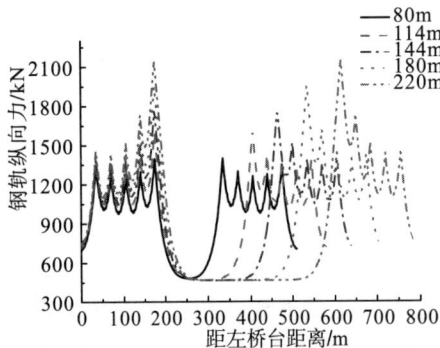

图 2-20　常阻力扣件下钢轨纵向力　　　　图 2-21　小阻力扣件下钢轨纵向力

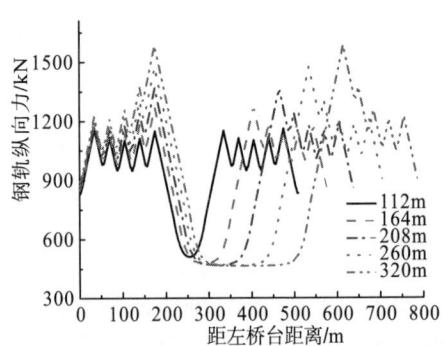

2)温度荷载作用下不同温度跨度下梁轨相对位移

桥上无缝线路分别铺设常阻力扣件、小阻力扣件，施加温度荷载。5 种工况的梁轨相对位移计算结果如图 2-22 和图 2-23 所示。

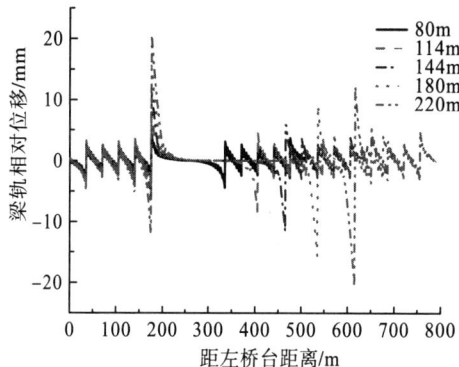

图 2-22　常阻力扣件下梁轨相对位移

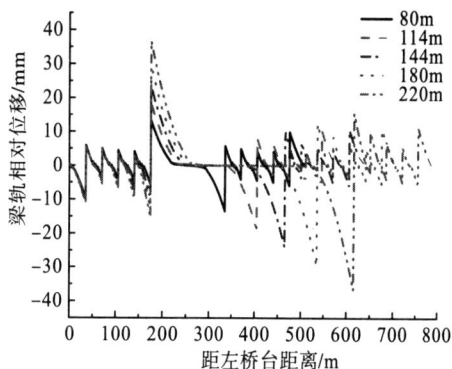

图 2-23　小阻力扣件下梁轨相对位移

由图 2-22 和图 2-23 可知，温度荷载作用下，最大梁轨相对位移发生在连续梁的活动端。随着温度跨度的增加，最大梁轨相对位移也增大，当温度跨度为 80m、114m、144m、180m、220m 时，常阻力扣件下最大值分别为 4.45mm、8.34mm、11.54mm、15.68mm、20.58mm；小阻力扣件下最大值分别为 13.48mm、19.12mm、23.94mm、29.78mm、36.74mm。

其原因如下。连续刚构梁梁端处没有纵向约束，受温度荷载及制动荷载影响，桥梁梁体会产生伸缩效应，由于固定支座处纵向约束较大，所以梁体变形是从固定支座处向活动支座处不断积累的，所以导致梁端伸缩量最大，而钢轨是两端约束的，钢轨的变形主要是由于梁轨的相互作用而产生的被动变形，所以在连续刚构梁梁端处，梁轨相对位移最大。

3) 制动荷载作用下不同温度跨度下钢轨纵向力

桥上无缝线路分别铺设常阻力扣件、小阻力扣件，给钢轨施加制动荷载时，其中车头作用在伸缩力最大处 (即连续梁活动端处)。5 种工况的钢轨纵向力 (即制动力) 计算结果如图 2-24 和图 2-25 所示。

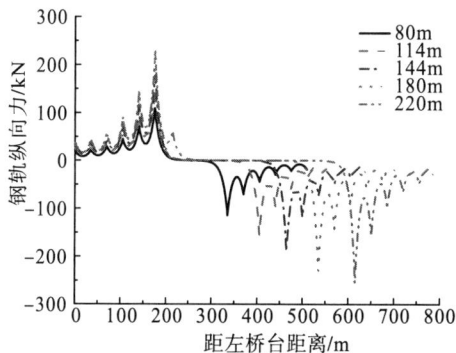

图 2-24　常阻力扣件下钢轨纵向力

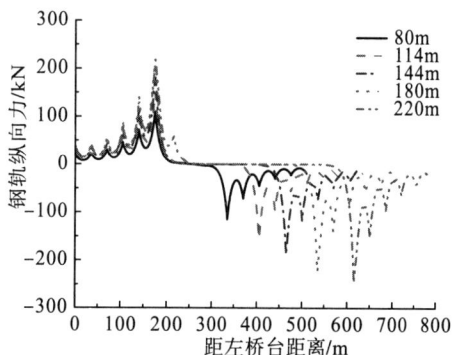

图 2-25　小阻力扣件下钢轨纵向力

由图 2-24 和图 2-25 可知，制动荷载作用下，最大钢轨制动附加力发生在连续梁的活动端。随着温度跨度的增加，最大钢轨制动附加力也增大，当温度跨度为 80m、114m、

144m、180m、220m 时，常阻力扣件下最大值分别为 115.9kN、154.6kN、189.2kN、229.7kN、254.3kN；小阻力扣件下最大值分别为 114.5kN、154.7kN、187.8kN、223.7kN、245.1kN。

4）制动荷载作用下不同温度跨度下梁轨相对位移

桥上无缝线路分别铺设常阻力扣件、小阻力扣件，给钢轨施加制动荷载时，其中车头作用在伸缩力最大处（即连续梁活动端处）。5 种工况的梁轨相对位移计算结果如图 2-26 和图 2-27 所示。

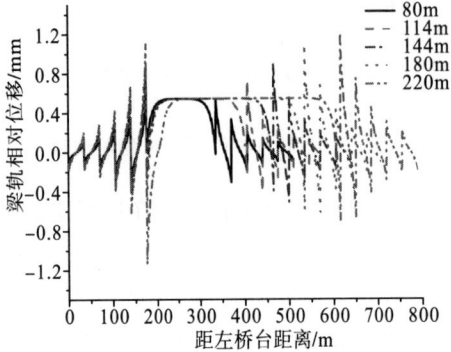

图 2-26　常阻力扣件下梁轨相对位移　　　图 2-27　小阻力扣件下梁轨相对位移

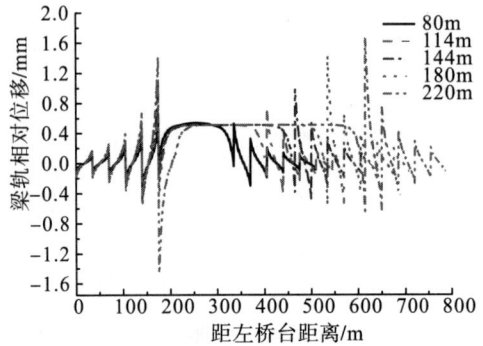

由图 2-26 和图 2-27 可知，制动荷载作用下，最大梁轨快速相对位移发生在连续梁的活动端。随着温度跨度的增加，最大梁轨快速相对位移也增大，当温度跨度为 80m、114m、144m、180m、220m 时，常阻力扣件下最大值分别为 0.54mm、0.73mm、0.90mm、1.09mm、1.21mm，小阻力扣件下最大值分别为 0.56mm、0.75mm、1.02mm、1.43mm、1.68mm。

3. 列车荷载作用下不同温度跨度下钢轨纵向力

桥上无缝线路分别铺设常阻力扣件、小阻力扣件，给钢轨施加列车静荷载（即 ZK 标准荷载）时，作用位置在连续梁活动端的第一跨。5 种工况的钢轨纵向力（即挠曲附加力）计算结果如图 2-28 和图 2-29 所示。

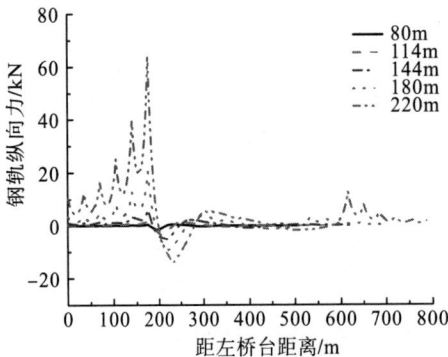

图 2-28　常阻力扣件下钢轨纵向力　　　图 2-29　小阻力扣件下钢轨纵向力

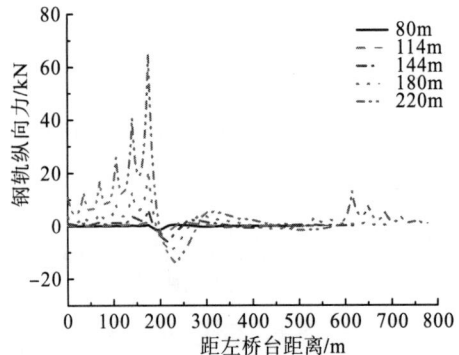

由图 2-28 和图 2-29 可知，列车荷载作用下，最大钢轨挠曲附加力发生在连续梁跨

中。随着温度跨度的增加，最大的钢轨挠曲附加力也增大，当温度跨度为 80m、114m、144m、180m、220m 时，常阻力扣件下最大值分别为 0.5kN、2.0kN、6.1kN、20.5kN、64.4kN；小阻力扣件下最大值分别为 0.5kN、2.0kN、6.2kN、20.9kN、65.4kN。

4. 结果分析

钢轨强度检算时，钢轨附加应力应取伸缩力和挠曲力的较大值组合制动力进行检算。由本书的计算可知伸缩力远大于挠曲力，所以，检算时取伸缩力。综上可知，温度荷载作用下，钢轨纵向力及钢轨制动力的最大值均出现在连续梁的活动端，将两者叠加为钢轨纵向力。表 2-5 为 5 种工况的最大钢轨纵向力统计值。

表 2-5　最大钢轨纵向力

项目	工况 1	工况 2	工况 3	工况 4	工况 5
温度跨度/m	80	114	144	180	220
常阻力扣件/kN	1509.8	1757.2	1962.5	2184.1	2399.8
小阻力扣件/kN	1264.4	1424.3	1555.4	1696.4	1828.4

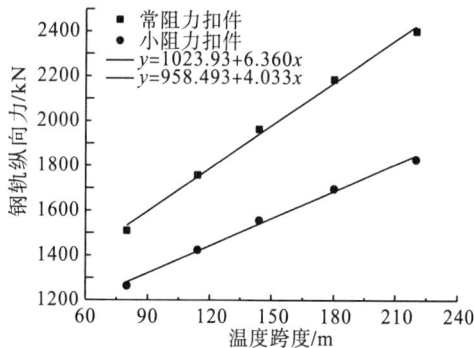

图 2-30　不同温度跨度下最大钢轨纵向力

图 2-30 为不同温度跨度下最大钢轨纵向示意图。由图可知，不设伸缩调节器时，钢轨最大纵向力随着温度跨度的增加而增大；且温度跨度一定时，铺设常阻力扣件的最大钢轨纵向力比铺设小阻力的最大钢轨纵向力大。

由钢轨纵向力的允许值为 1952kN，并结合图 2-30 可知，对于常阻力扣件不设伸缩调节器的温度跨度为 146m，而对于小阻力扣件，不设伸缩调节器的温度跨度为 246m。

5. 轨道及桥墩检算

1）温度跨度对梁端半圆形凸形挡台受力的影响

桥上铺设 CRTS I 板式无砟轨道，其轨道板为单元板式，梁端设置半圆形凸形挡台。考虑降温时梁端半圆形凸形挡台受力较大，所以钢轨降温 50℃，轨道板、桥梁梁体降温 30℃ 处理，表 2-6 为 5 种工况轨道板的最大纵向力统计值。

表 2-6　半圆形凸形挡台最大纵向力

项目	工况 1	工况 2	工况 3	工况 4	工况 5
温度跨度/m	80	114	144	180	220
常阻力扣件/kN	354.8	354.8	354.8	354.8	354.8
小阻力扣件/kN	74.8	74.8	74.8	74.8	74.8

　　根据梁端半圆形凸形挡台的配筋计算出其抗剪承载力为 148.9kN。由表 7-6 可以得出，当温度跨度达到一定值时，梁端半圆形凸形挡台所受剪力保持不变，小阻力相对于常阻力时该剪力较小，小于其抗剪承载力，常阻力情况下，该剪力大于限值，凸形挡台将被剪裂。经进一步计算，当扣件纵向阻力为 17.0kN/(m·轨)时，正好符合抗剪要求。

　　2)温度跨度对桥墩纵向位移的影响

　　桥墩纵向位移不可过大。根据《铁路桥涵基本设计规范》可知，桥墩顶帽的弹性水平位移应小于 $5\sqrt{L}$(L 为桥梁跨度)。

　　墩顶最大位移均出现在连续刚构桥固定支座处。表 2-7 为 5 种工况的桥梁墩顶最大纵向位移的统计值。

表 2-7　最大墩顶纵向位移

项目	工况 1	工况 2	工况 3	工况 4	工况 5
温度跨度/m	80	114	144	180	220
$5\sqrt{L}$/mm	40	50	56.6	63.2	70.7
常阻力扣件/mm	5.17	9.06	13.82	17.66	21.60
小阻力扣件/mm	4.52	8.21	12.77	16.42	20.64

　　由表 2-7 可知，当铺设常阻力扣件时，随着温度跨度的增大，墩顶最大纵向位移也随着不断增大；铺设小阻力扣件时，随着温度跨度的不断增大，墩顶最大纵向位移也不断增大。

　　3)断缝检算

　　规范规定一般情况下无砟轨道钢轨断缝容许值为 70mm，特殊情况下为 90mm。

　　钢轨断缝值的计算关系到行车安全及是否需要采用伸缩调节器，是桥上无缝线路设计的核心内容之一。在钢轨最大降温条件下，若一根钢轨折断，相邻轨条会通过限制墩顶纵向位移而阻止钢轨断缝的继续扩大。

　　断轨位置依据规范设定在伸缩附加力最大位置处，同样也是制动起始点位置处(即连续梁的活动端处)，将其中一根钢轨在此处折断，其他钢轨保持不变。考虑钢轨降温 50℃。钢轨纵向位移如图 2-31 和图 2-32 所示。

　　由图 2-31 和图 2-32 可知，钢轨断缝值随着温度跨度的增加几乎不变，当温度跨度为 80m、114m、144m、180m、220m 时，常阻力扣件下最大值分别为 12.34mm、12.34mm、12.34mm、12.34mm、12.34mm；小阻力扣件时最大值分别为 29.40mm、29.41mm、29.41mm、29.41mm、29.41mm。

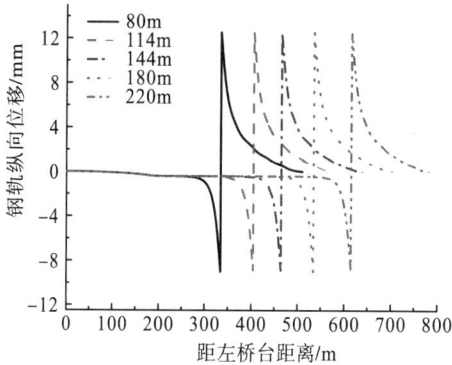

图 2-31　常阻力扣件下钢轨纵向位移

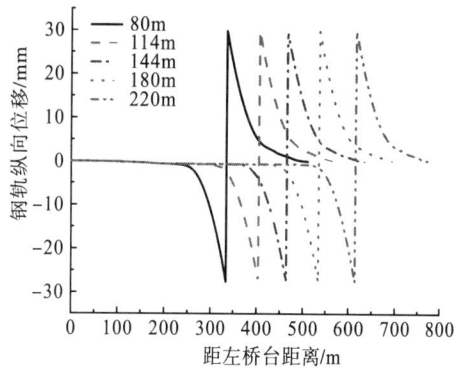

图 2-32　小阻力扣件下钢轨纵向位移

表 2-8 为 5 种工况的钢轨断缝的统计值。

表 2-8　钢轨断缝值

项目	工况 1	工况 2	工况 3	工况 4	工况 5
温度跨度/m	80	114	144	180	220
常阻力扣件/mm	12.34	12.34	12.34	12.34	12.34
小阻力扣件/mm	29.40	29.41	29.41	29.41	29.41

由表 2-8 可知，钢轨断缝值随着温度跨度的增加几乎不变。相比于常阻力扣件，铺设小阻力扣件时，钢轨断缝值较大。对于常阻力扣件，钢轨断缝值均小于其限值 70mm，对于小阻力扣件(因为温度降 50℃，可看作特殊情况)，钢轨断缝值小于在特殊情况下的钢轨断缝限值 90mm。所以均满足要求。

本 节 小 结

由以上计算分析可以看出连续梁桥和连续刚构桥在不同工况下的力、位移分布规律是基本一致的。

(1)随着桥梁温度跨度的增加，钢轨伸缩、挠曲、制动附加力及梁轨相对位移均不断增大。

(2)通过控制钢轨强度要求，桥上 CRTS I 无砟轨道无缝线路铺设小阻力扣件时，连续梁桥桥梁温度跨度限值建议为 224m，连续刚构桥桥梁温度跨度限值建议为 246m。此时，梁端半圆形凸形挡台剪力、桥墩纵向力及位移、断缝值都满足要求。

(3)通过钢轨强度得到的常阻力扣件情况下的温度跨度连续梁桥为 136m，连续刚构桥为 146m，但此时梁端半圆形凸形挡台所受剪力超出限值。

(4)建议大跨桥梁端处考虑半圆形凸形挡台的受剪情况，适合使用小阻力扣件，这样既可以适当提高温度跨度，又可以保证轨道结构的安全可靠。

2.3　CRTS II 型板式无砟轨道合理温度跨度研究

CRTS II 型板式轨道是我国无砟轨道结构的主要型式之一，目前主要应用于京津、沪杭、京沪、宁杭、杭甬、石武等高速铁路。铺设 CRTS II 型板式轨道的大跨混凝土桥梁在国内被多次应用，从遂渝线新北碚嘉陵江大桥（预应力混凝土连续刚构，94m+168m+84m）到京津城际跨北京五环大桥（预应力混凝土连续梁桥，80m+128m+80m），再到杭长线的跨金华江大桥（预应力混凝土连续梁桥，75m+4×135m+75m），其中跨金华江大桥单跨跨度 135m 为目前国内在建和已建铁路客运专线中最大跨度，其温度跨度达到378m。尽管大跨度混凝土桥梁结构型式被广泛采用，但铺设 CRTS II 型板式轨道的极限温度跨度成为困扰桥上无缝线路的设计难题。本章将对其进行研究。

2.3.1　合理配跨研究

我国高速铁路桥隧比例普遍较高，参照我国高速铁路连续梁桥通常在两端布置几跨到几十跨不等的简支梁。为方便建模分析，模型中轨道结构受力应与实际相符且不失一般性，有必要探讨连续梁桥两端简支梁桥合理跨数，即简支梁的配跨。为确定合理跨数，分别建立 3、5、7、9、11 跨 32m 简支梁桥的模型，初步探索轨道结构与桥梁结构的相互作用规律。在对应模型中，从上到下依次为钢轨、轨道板、底座板和简支梁桥，模型两端分别为 50m 长摩擦板、50m 路基，如图 2-33 所示。本节将从温度荷载、制动力和挠曲力三个方面探索不同简支梁桥配跨对于轨道结构受力的影响。后续分析计算时，模型中考虑材料的非线性及混凝土开裂后弹性模量折减，但因桥跨配跨是对轨道结构与桥梁结构相互作用规律的初步探索，在此处未予以考虑。

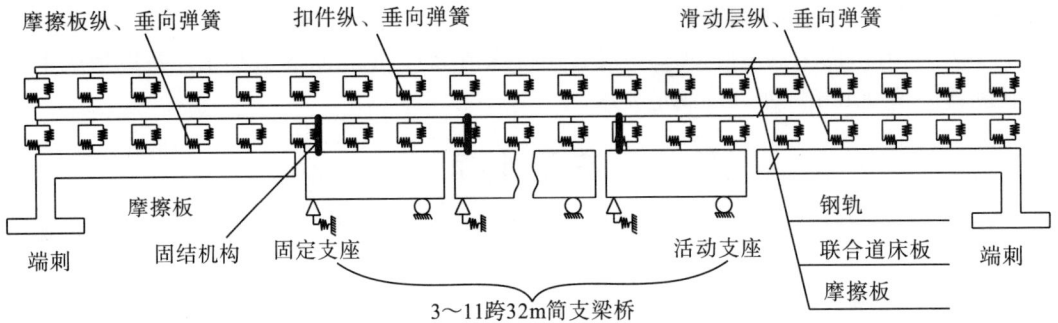

图 2-33　3～11 跨简支梁桥模型图

1) 列车荷载作用

在全桥列车荷载工况作用下，模型为 3～11 跨简支梁桥时，钢轨、轨道板和底座板纵向力（挠曲力）的分布规律如图 2-34 所示。由图可知，在简支梁桥固结机构处，轨道结构受力最大；因 CA 砂浆层协同轨道板与底座板受力，底座板与轨道板受力表现出很强的一致性，沿纵向受力与底座板变化规律一致。

由图可知，简支梁桥总跨数为 9(4+1+4)、11(5+1+5) 跨时，即中间简支梁桥两端配跨为 4 跨、5 跨时，在列车荷载作用下，钢轨、轨道板、底座板在中间跨处，计算结果已趋于重合。

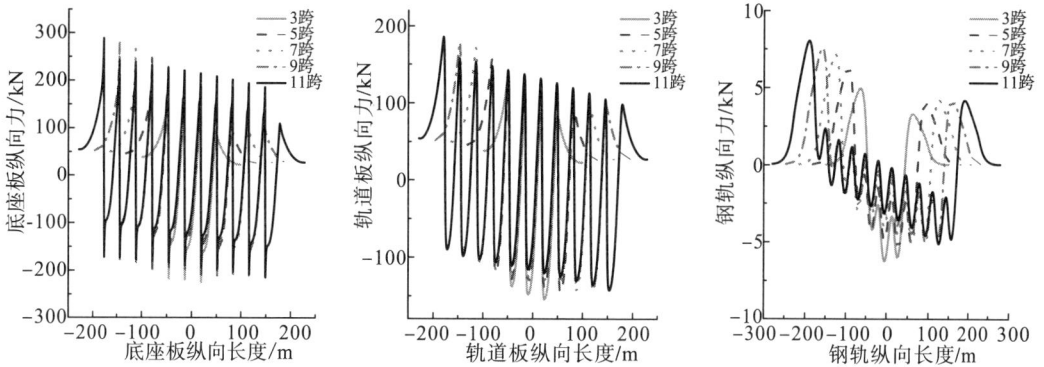

图 2-34　列车荷载作用下，钢轨、轨道板、底座板纵向力变化曲线

2）桥梁升温荷载作用

在桥梁升温 30℃的荷载工况作用下，模型为 3～11 跨简支梁桥时，钢轨、轨道板和底座板纵向力的分布如图 2-35 所示。由图可知，在简支梁桥固结机构处，轨道结构受力最大；因 CA 砂浆层协同轨道板与底座板受力，底座板与轨道板受力表现出很强的一致性，沿纵向受力与底座板变化规律一致。由图可知，简支梁桥总跨数为 9(4+1+4)、11(5+1+5)跨配跨为 4 跨、5 跨时，在系统整体温度荷载作用下，钢轨、轨道板、底座板在中间跨处，计算结果已趋于重合。

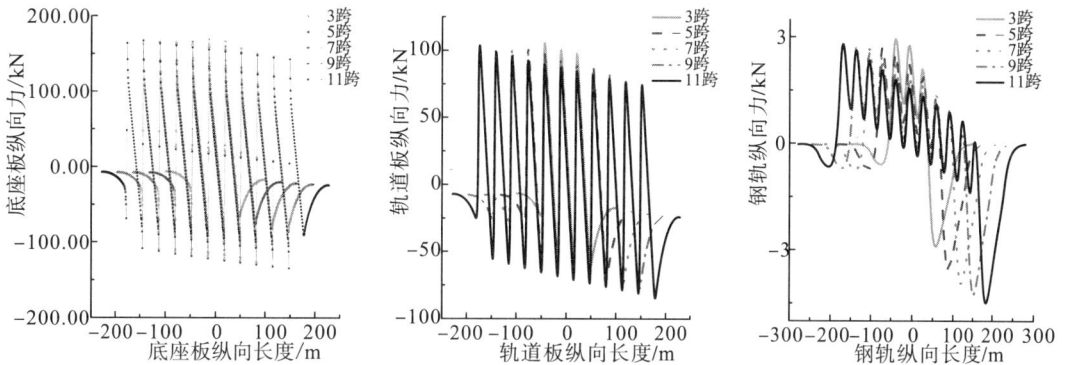

图 2-35　桥梁升温时钢轨、轨道板、底座板纵向力变化曲线

3）制动力荷载作用

轨道结构在全桥制动力作用下，模型为 3～11 跨简支梁桥时，桥钢轨、轨道板和底座板纵向面力的分布规律如图 2-36 所示。图中随着简支梁桥跨数的增加，制动力的峰值也逐步增大，这是由于制动荷载作用长度随着简支梁桥跨数的增长而增长，且峰值出现在简支梁桥两端且变化规律一致。简支梁桥总跨数为 9(4+1+4)、11(5+1+5)跨即配跨为 4 跨、5 跨时，在全桥制动荷载作用下，钢轨、轨道板、底座板在中间跨处，计算结果已趋于重合。

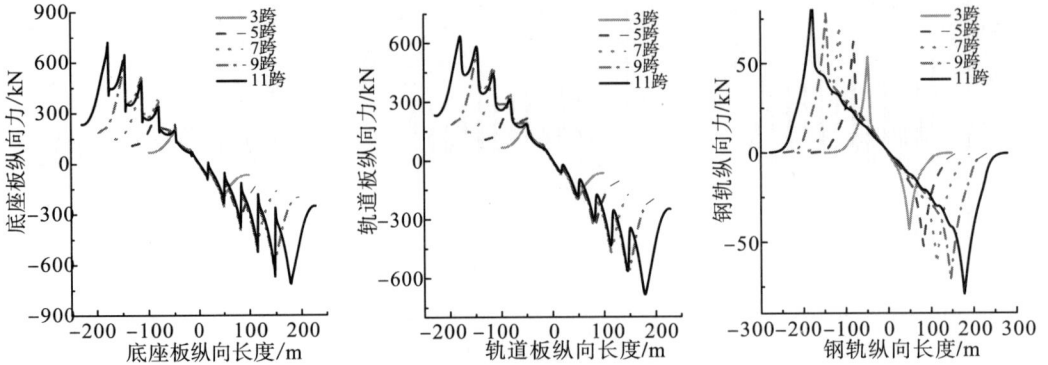

图 2-36 制动力作用时钢轨、轨道板、底座板纵向力变化曲线

模型在列车荷载、桥梁升温和制动荷载作用下，随着简支梁桥跨数从 3 跨增加到 11 跨，中间跨简支梁上方钢轨、轨道板和底座板纵向力皆表现出很好的一致性。9 跨和 11 跨在不同荷载作用下时，引起轨道结构受力已非常接近，即配跨 4 跨和 5 跨时增加跨数对轨道结构受力影响甚微，中间跨底座板受力如图 2-37 所示。参照我国高速铁路连续梁桥两端简支梁桥布置，几跨到几十跨不等，为方便建模分析，因此在后续的分析中，选取 5 跨简支梁桥(即 11 跨简支梁桥模型)作为配跨。此时轨道结构受力应与实际相符且不失一般性。

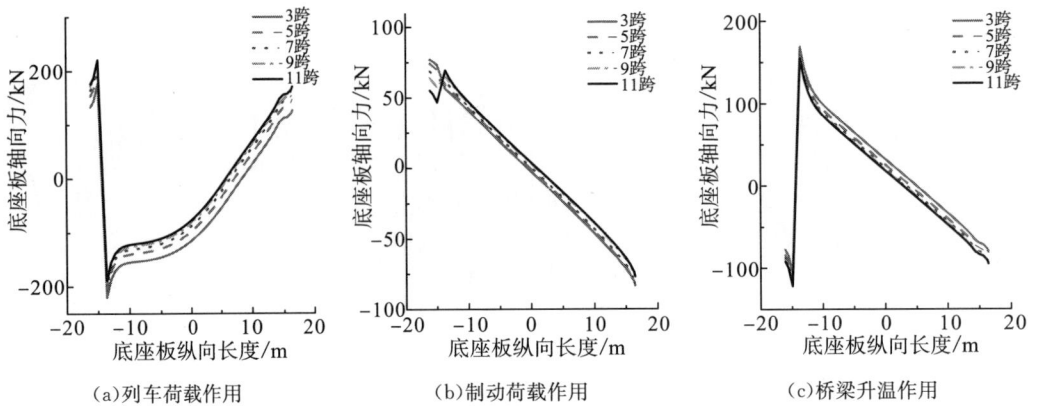

(a)列车荷载作用　　　　　　(b)制动荷载作用　　　　　　(c)桥梁升温作用

图 2-37 底座板轴向力变化曲线

2.3.2 线-板-桥空间一体化计算模型

本章主要对大跨连续梁桥温度跨度进行分析，在用于铺设 CRTS Ⅱ 型板式轨道的既有大跨混凝土桥梁中，典型大跨桥包括遂渝线新北碚嘉陵江大桥(预应力混凝土连续刚构，94m+168m+84m)、京津城际跨北京五环大桥(预应力混凝土连续梁桥，80m+128m+80m)和杭长线跨金华江大桥(预应力混凝土连续梁桥，75m+4×135m+75m)，其中杭长线跨金华江大桥单跨跨度为 135m，是目前国内在建和已建铁路客运专线中最大跨度，其温度跨度达到 378m。因本章重点研究内容为轨道结构与桥梁相互作用，详细的桥梁参数是计算结果可靠性的基本保证，因此研究时选用京津城际跨北京五环大桥作为计算桥梁和后期构造桥梁原型，而未采用目前最大跨的跨金华江大桥。跨北京五环大桥梁高沿

纵向按二次抛物线变化，中支点梁高9.6m(高跨比1/13.3)，边支点及跨中梁高5.6m(高跨比1/22.9)，中跨跨中直线段长9m，边跨直线段长21.9m。截面采用单箱单室、变高度、变截面直腹板形式。箱梁顶宽13.4m，底宽7m。顶板厚度除梁端附近外均为450~650mm；腹板厚640~1100mm；底板由跨中的520mm按二次抛物线变化至根部的1200mm。全联在端支点、中跨中及中支点处共设置5个横隔板，主梁横截面详见图2-38。

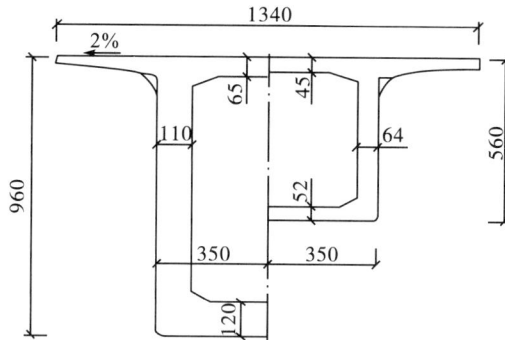

图 2-38　主梁半支点半跨中横截面(单位：cm)

1)线-板-桥空间一体化计算模型

根据CRTSⅡ型板式轨道部件间的相互作用关系和桥上CRTSⅡ型板式无砟轨道的纵向受力特点，以及双线无砟轨道结构的对称性，取单股轨道建立桥上CRTSⅡ型板式无砟轨道线-板-桥非线性空间模型，在建立其计算模型时，作出如下计算假定。

1)考虑双线无砟轨道结构对称性，建立1/2模型。

(2)模型中用纵向弹簧模拟桥墩纵向刚度，纵向刚度承受的纵向力为传递至桥墩上的力，忽略滑动支座纵向摩擦。

(3)在计算伸缩力时，梁的温度变化仅为单纯的升温或降温，不考虑温升降的交替变化。

(4)不考虑桥梁护轨对结构纵向力及位移计算的影响。

(5)侧向挡块在受压时能提供稳定性保证，受拉时轨道板、底座板不受其限制，因此在模型中未予以考虑。

模型从上到下依次为钢轨、轨道板、底座板、桥梁和墩台，模型两端路基长度、摩擦板长度均取为50m，如图2-39所示。模型中11♯连续梁桥(80+128i+128j+80)m以京津城际北京跨五环大桥(80+128+80)m为原型，其中i、j分别为连续梁桥固定支座两边桥跨为128m的跨数。根据分析需求变化i、j数值，以此来构造相应跨度的大跨连续梁桥。连续梁桥两端分别为1~5♯、6~10♯32m简支梁桥。模型中钢轨、轨道板、底座板、桥梁用梁单元模拟，其中桥梁用变截面模拟；扣件、CA砂浆层、滑动层、摩擦层、端刺、固结机构和桥梁墩台刚度均简化为相应弹簧模拟。模型中坐标原点为桥跨中心位置。

（a）模型纵断面

（b)模型横断面

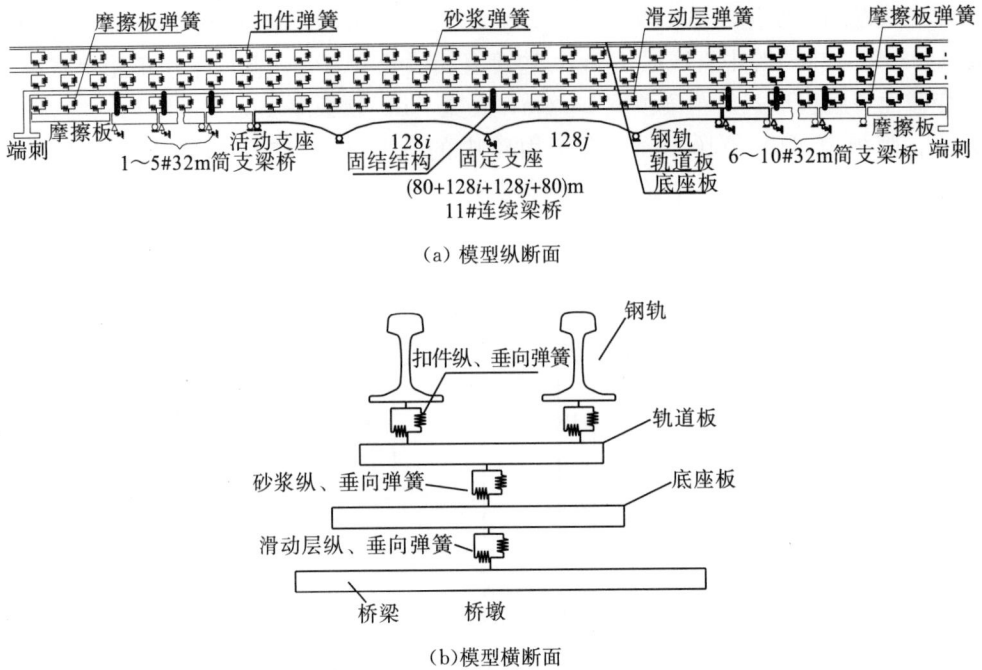

图 2-39　线-板-桥空间一体化有限元模型

2)计算参数

主要计算参数如表 2-9 所示。其中，扣件非线性纵向弹簧取值参照《铁路无缝线路设计规范》（TB 10015－2012）；底座板与桥梁间的两布一膜滑动层纵向摩擦作用、底座板与摩擦板纵向摩擦作用，对于有、无载工况，其阻力数值可根据轨道结构自重荷载、列车垂向荷载及界面间的摩擦系数确定，位移-摩擦系数取值如表 2-10 所示。CA 砂浆层的作用为调整施工误差和协同轨道板和底座板受力。关于其黏结强度试验，德国 Max Bögl 公司对其进行一次推板试验，得出最大推力为 410 kN；我国在宿迁制板厂也进行了 CRTSⅡ型板推板试验。相比较而言，宿迁推板试验能更为真实地反映我国 CRTSⅡ型板式无砟轨道实际黏结强度，可信度更高。对于 CA 砂浆层的参数取值参照文献《CRTSⅡ型板式轨道早期温度场特征及其影响研究》和专利《无砟轨道 CRTS 混凝土底座板专用界面剂及制备方法》（专利号：201010241814.6)进行取值。

表 2-9　CRTSⅡ 板式无砟轨道计算参数

部件	项目	取值
钢轨	断面	CHN60
	弹性模量	2.1×10^5 MPa
	泊松比	0.3
	线膨胀系数	11.8×10^{-6}
扣件	类型	WJ-8
	垂向刚度	50kN/mm
	扣件间距	0.65m

续表

部件	项目	取值
轨道板	混凝土等级	C55
	弹性模量	3.55×10^4 MPa
	泊松比	0.20
	长度×宽度×厚度	6.45m×2.55m×0.2m
	线膨胀系数	10.0×10^{-6}
CA 砂浆层	厚度	0.03m
	弹性模量	7000～10000MPa
混凝土底座板	混凝土等级	C30
	弹性模量	3.00×10^4 MPa
	泊松比	0.20
	宽度×厚度	6.45m×2.95m×0.19m
	配筋	$58\varphi16(+8\varphi20)$
	线膨胀系数	10.0×10^{-6}
混凝土摩擦板	混凝土等级	C30
	弹性模量	3.00×10^4 MPa
	泊松比	0.20
	长度×宽度×厚度	50m×2.95m×0.4m
两布一膜滑动层	摩擦系数	0.3
两布摩擦层	摩擦系数	0.7
固结机构	位置	中心距支座 1m
	纵向刚度	10^9 kN/m
挤塑板	长度×宽度×厚度	1.45m×2.95m×0.05m
	弹性模量	40MPa
端刺	纵向刚度	10^8 kN/m
路基	长度	50m
列车荷载	类型	ZK 荷载
桥梁	混凝土等级	C50
	弹性模量	3.45×10^4 MPa
	线膨胀系数	10.0×10^{-6}

表 2-10　隔离层摩擦系数取值表

类别	摩擦特征	图示
两布一膜(桥上)	$\mu_{max}=0.7x$，$x<0.5\text{mm}$ $\mu_{max}=0.35x$，$x\geqslant0.5\text{mm}$ $\mu_{min}=0.3x$，$x<0.5\text{mm}$ $\mu_{min}=0.15x$，$x\geqslant0.5\text{mm}$	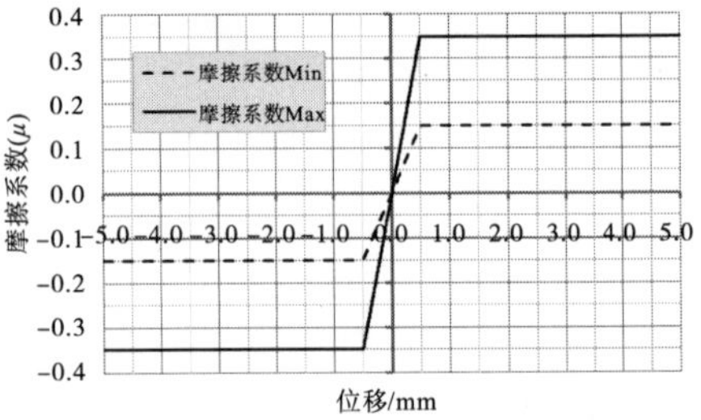
两布(台后)	$\mu=0.14x$，$x<0.5\text{mm}$ $\mu=0.70x$，$x\geqslant0.5\text{mm}$	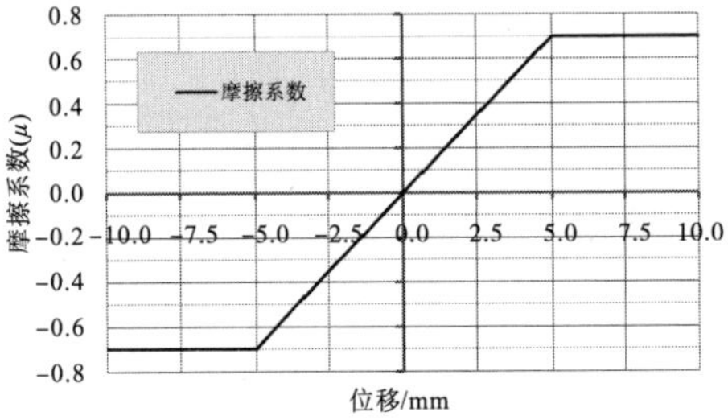

2.3.3　北京跨五环特大桥纵向相互作用规律

1. 列车荷载作用下轨道结构挠曲力计算

在有限元模拟分析计算时，因模拟实际的桥梁截面较为复杂，且在有砟轨道结构中，桥梁截面对于钢轨挠曲力的计算影响较小，因此在以往的分析中采用桥梁最小截面进行分析计算是出于安全的考虑。但在大跨桥分析模型中，若采用最小界面进行计算势必会计算出较大的挠度，不能较好地模拟轨道结构受力和桥梁与轨道结构的相互作用，导致桥上纵连的轨道结构受力与实际不相符。为了更真实地模拟轨道结构受力，且利于后期的分析计算，模型中桥梁截面采用变截面，且用刚臂来模拟桥梁上下翼缘。因在结构服役过程中，底座板是桥上 CRTS Ⅱ型无砟轨道的主要承重结构，在温度荷载、收缩及列车荷载往复作用下，混凝土轨道结构开裂是在所难免的，因此在计算挠曲附加力时，运用折减系数来考虑底座板开裂对轨道结构抗弯刚度的影响。参照铁路无缝线路设计规范(TB 10015－2013)里对于桥上无缝线路挠曲力计算的荷载加载模式，分别对模型施加相应的荷载，荷载施加位置如图 2-40 所示。图中图例对应不同荷载工况，图例"1-0"意思为单跨列车荷载作用在桥梁上 0 号位置处，图例"2-1"意思为 2 跨列车荷载作用在桥梁上 1 号位置处，"1-0-N"相对于"1-0"而言仅为列车荷载反向，其余依此类推。图例"1-0-0"、"1-0-N0"与"1-0"、"1-0-N"的区别在于：计算中轨道板与底座板采用完全开裂折减后的弹性模量。

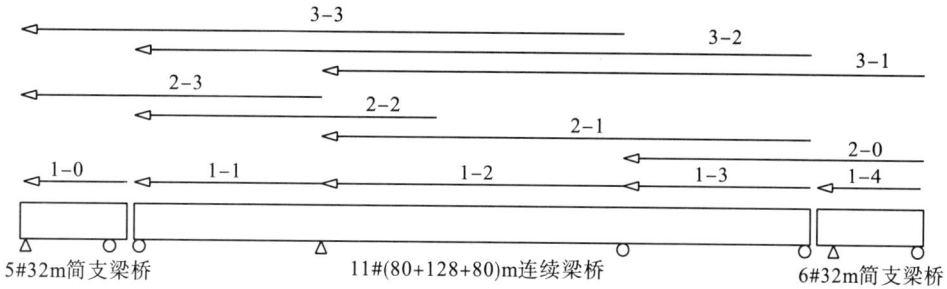

图 2-40　列车荷载施加示意图

列车荷载在不同作用位置、不同作用方向分别以单跨、两跨、三跨的形式分布在桥跨上时，钢轨、轨道板、底座板纵向附加力如图 2-41~图 2-43 所示。

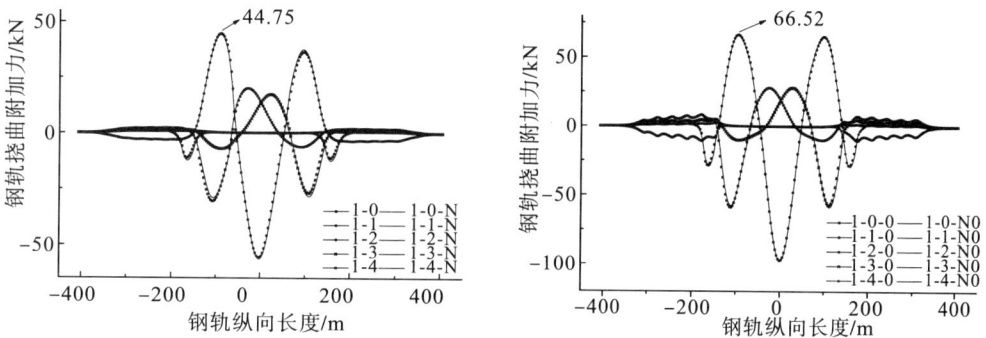

图 2-41　钢轨在单跨列车荷载作用下纵向力分布图

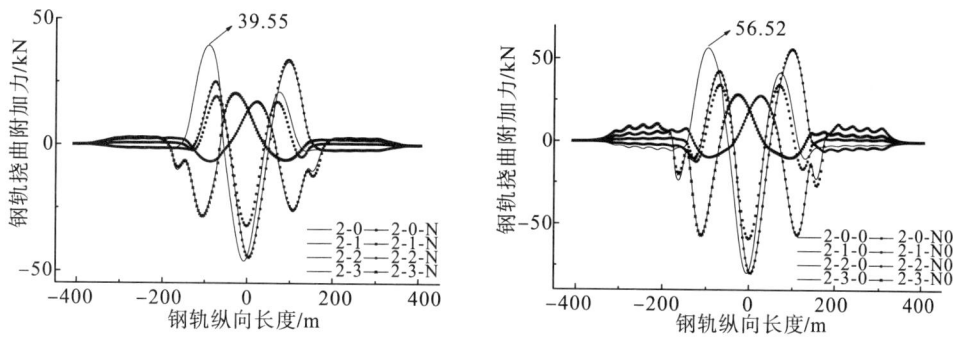

图 2-42　钢轨在两跨列车荷载作用下纵向力分布图

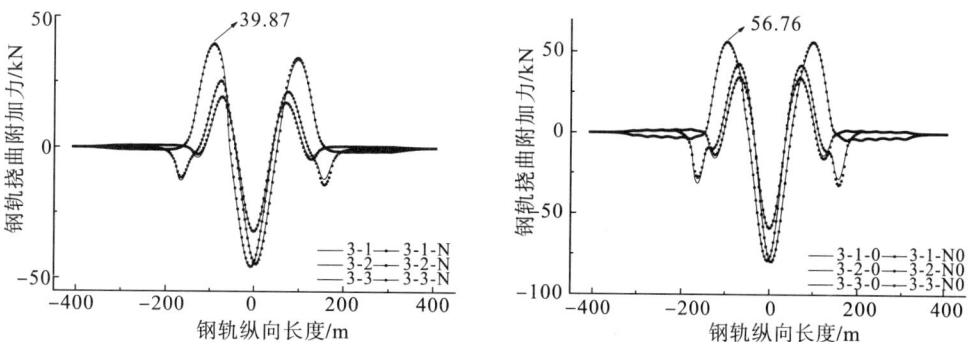

图 2-43　钢轨在三跨列车荷载作用下纵向力分布图

由图 2-41～图 2-43 可知，钢轨在单跨列车荷载作用下，作用跨邻跨钢轨挠曲力最大，结构完整时挠曲力为 44.75kN，底座板、轨道板开裂折减后，钢轨挠曲力增大为 66.52kN，且发生在作用跨邻跨跨中的位置。钢轨在两跨、三跨列车荷载作用时，钢轨受力接近，轨道结构完整时分别为 39.55 kN、39.87 kN，轨道结构开裂状态下分别达到 56.52kN、56.76kN。从以上分析可知，当考虑轨道结构完整和彻底开裂的情况下，钢轨承受拉力在开裂时有所增加。

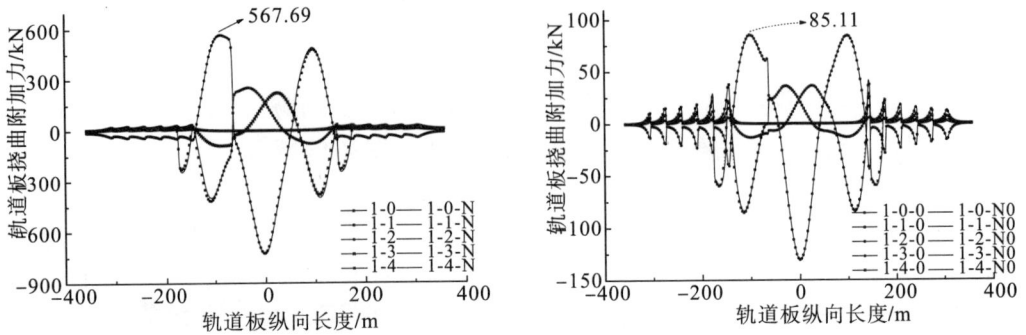

图 2-44 轨道板在一跨列车荷载作用下纵向力沿轨道板长度纵向分布图

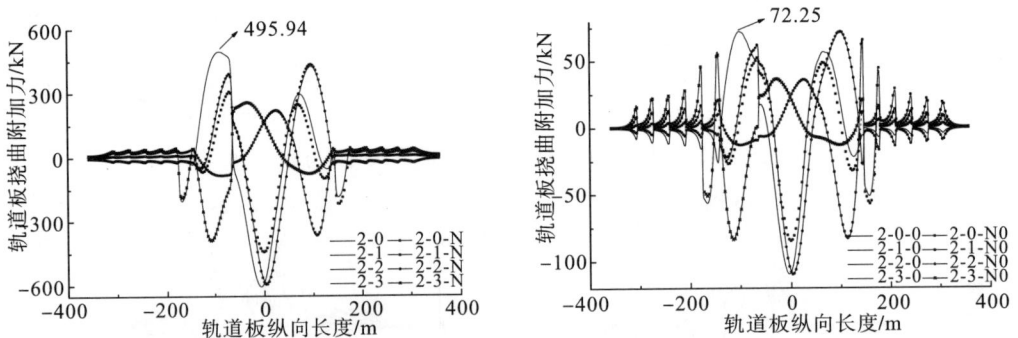

图 2-45 轨道板在两跨列车荷载作用下纵向力沿轨道板长度纵向分布图

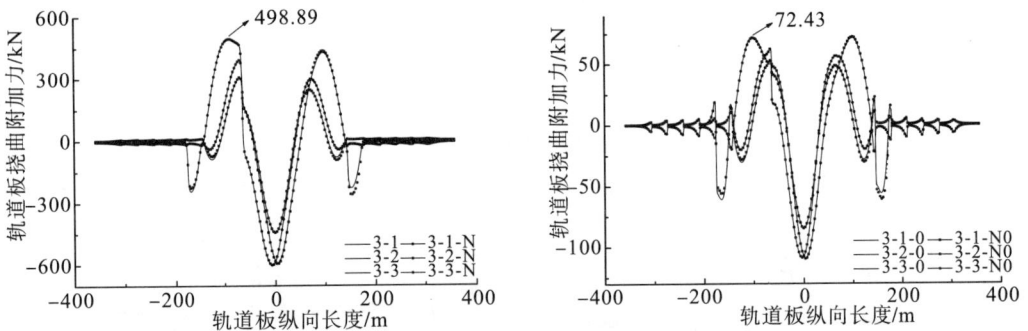

图 2-46 轨道板在三跨列车荷载作用下纵向力沿轨道板长度纵向分布图

由图 2-44～图 2-46 可知，轨道板在单跨列车荷载作用下，作用跨邻跨轨道板挠曲附加拉力最大，挠曲附加力达到 567.69kN，且发生在左边跨跨中附近。当两跨、三跨列车荷载作用时，且有一跨作用在连续梁桥中跨时，在连续梁桥固定支座附近轨道板挠曲力均较其他荷载布置形式大，两跨、三跨荷载布置时分别达到 495.94 kN、498.89 kN，其中三跨荷载布置时的较大值(498.89kN)为后续分析计算的控制值。由图可知，当轨道结构采用折减后弹性模量进行计算时，轨道板受力相较于完整时受力值大幅降低，轨道板整体受力趋势相近。

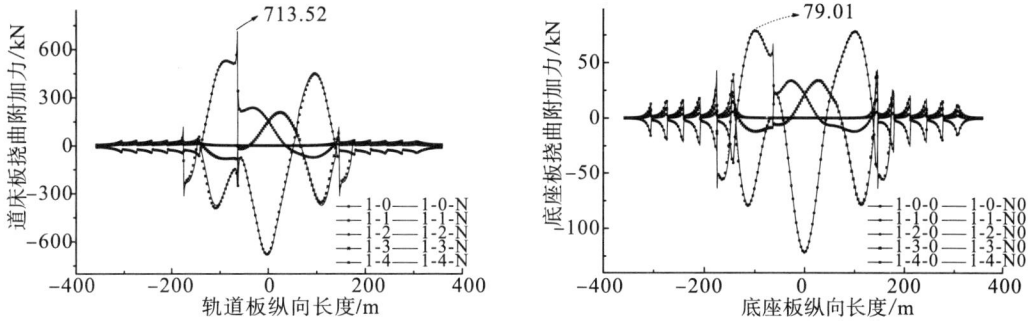

图 2-47　底座板在一跨列车荷载作用下纵向力分布图

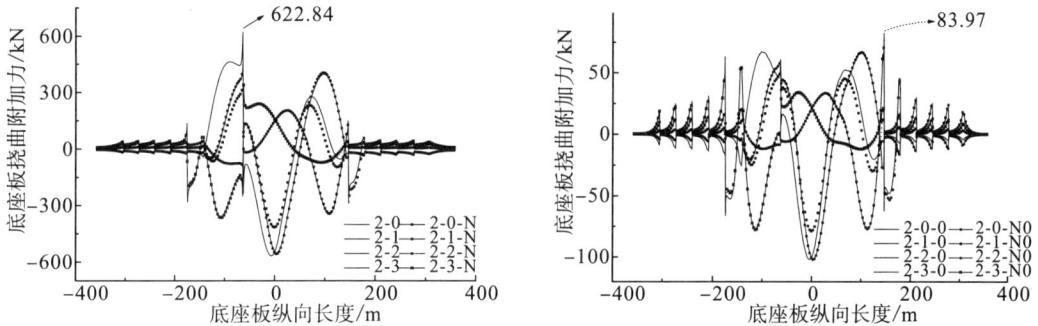

图 2-48　底座板在两跨列车荷载作用下纵向力分布图

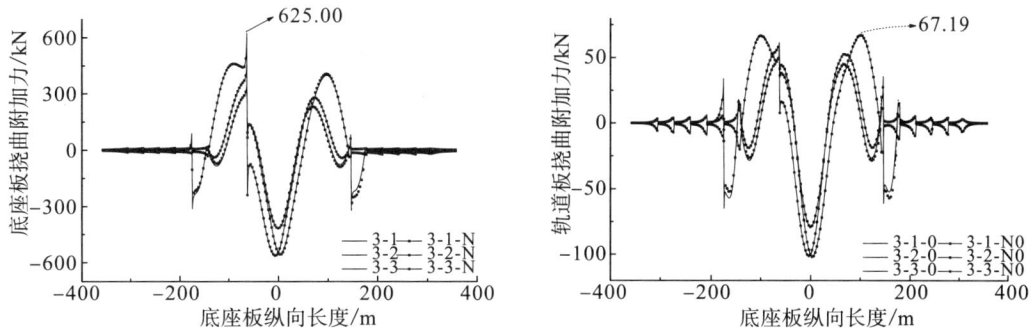

图 2-49　底座板在三跨列车荷载作用下纵向力分布图

由图 2-47~图 2-49 可知，对于底座板在一跨、两跨、三跨列车荷载作用下，底座板挠曲力单跨较两跨、三跨作用时大，挠曲力分别达到 713.52kN、622.84kN、625.00kN，且均发生在连续梁桥固结机构处。当荷载作用在连续梁桥中跨时，在连续梁桥固定支座处，底座板挠曲力均较其他荷载布置形式大，两跨、三跨荷载布置时分别达到 622.84kN、625.00kN，其中三跨荷载布置时的较大值(625.00kN)为后续分析计算的控制值。由图可知，当轨道板采用折减后弹性模量进行计算时，轨道板受力相较于完整时受力值降低，底座板整体受力趋势相近，在固结机构处出现峰值。

由上述分析计算可知，单跨作用于轨道结构时，钢轨和轨道板的挠曲附加力相较于其他布置方式最大。其原因是单跨作用时，跨中挠曲未受到邻跨的制约，因此单跨时挠曲附加力较其他荷载作用方式大。但因单跨的荷载作用方式(1－2 或 1－2－0)在实际中是不存在的，仅在分析时参考。当两跨或三跨列车荷载作用于轨道结构时，钢轨、轨道板、底座板挠曲附加力大小接近。考虑轨道板、底座板开裂折减时，轨道板、底座板受力较完整时小，而实际轨道板结构受力是介于两种状态之间的，偏于安全的考虑，综上所述，现将以上开裂之间状态下钢轨挠曲附加力、完整轨道结构情况下轨道结构的挠曲附加力计算结果汇总如表 2-11 所示。

表 2-11　轨道结构挠曲力计算结果汇总表

轨道结构部件	最大挠曲力/kN	荷载作用形式	最大纵向附加力荷载布置
	66.52	一跨	1－2－0
钢轨	56.52	两跨	2－1－0
	56.76	三跨	3－3－0
	567.69	一跨	1－2
轨道板	495.94	两跨	2－1
	498.89	三跨	3－3
	713.52	一跨	1－2
底座板	622.84	两跨	2－1
	625.00	三跨	3－3

2. 牵引/制动荷载作用下轨道结构牵引/制动力计算

牵引/制动力是桥上无缝线路纵向力检算的一个重要内容。对 CRTS Ⅱ 型板式无砟轨道桥上无缝线路施加牵引(制动)荷载，荷载集度为轮轨黏着系数与设计标准荷载的乘积，荷载加载长度为 300m。轨道结构在温度、收缩、列车牵引/制动荷载作用时，轨道结构会因承受过大的荷载而开裂，释放温度力。CRTS Ⅱ 型轨道板设置预裂缝，轨道板开裂后形成串联的宽轨枕结构型式。在正常工作状态下，底座板也是带裂纹工作。要真实模拟混凝土开裂，不同程度、不同位置的开裂，非常难实现，因此在模型中分别予以不同折减系数来模拟轨道结构不同开裂状态下抗拉刚度的变化。图中图例说明如表 2-12 所示。模型中之所以区分启动和制动荷载，其原因在于启动荷载与列车前进方向相反，制动荷载与列车前进方向相同。图例"QD－288－0"与图例"QD－288"相同，代表轨道结构完整时，作用荷载为牵引荷载；图例"QD－288－1"、"QD－288－2"、"QD－288－3"、"QD－288－4"分别为不同折减刚度轨道结构时，作用荷载为牵引荷载。折减的取值是由结构处于完整状态、轨道板和底座板处于通裂状态(即此断面所承受荷载由钢筋承受)以及中间状态确定，以此得到所有计算结果的包络值，确定最不利荷载。

表 2-12　制动/牵引荷载图例说明

荷载	荷载类型	作用长度/m	机车位置（相对于桥梁）
QD-208G	牵引	208	11#右侧活动端
QD-288	牵引	288	11#右侧活动端
QD-300	牵引	300	11#右侧活动端
ZD-208G	制动	208	11#右侧活动端
ZD-260	制动	260	钢轨右端
ZD-288	制动	288	11#右侧活动端
ZD-300	制动	300	11#右侧活动端
ZD-300G	制动	300	8#中部靠活动端侧

制动（牵引）荷载按表 2-12 所述形式分布在桥跨对应的钢轨上时，钢轨、轨道板、底座板纵向附加力如下所述。

在牵引/制动荷载作用下，钢轨的制动附加力如图 2-50～图 2-53 所示，在梁端处出现较大拉力。且由图可知，当采用不同折减系数时，钢轨制动附加力变化趋势相同，在完整状态和完全开裂状态之间。完全开裂状态下，底座板和轨道板拉压刚度降低，承载能力降低，在整体相互作用下，钢轨承受更大的力，图中也体现了该规律，其中在"ZD-288"荷载（全桥制动）作用下，钢轨制动附加力最大，达到 201.48kN，此时轨道板、底座板处于完全开裂状态。

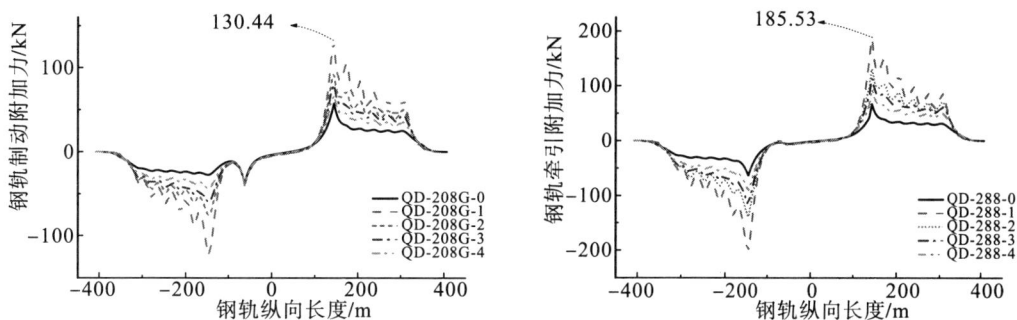

图 2-50　钢轨在作用长度 208m、288m 牵引荷载作用下纵向力分布图

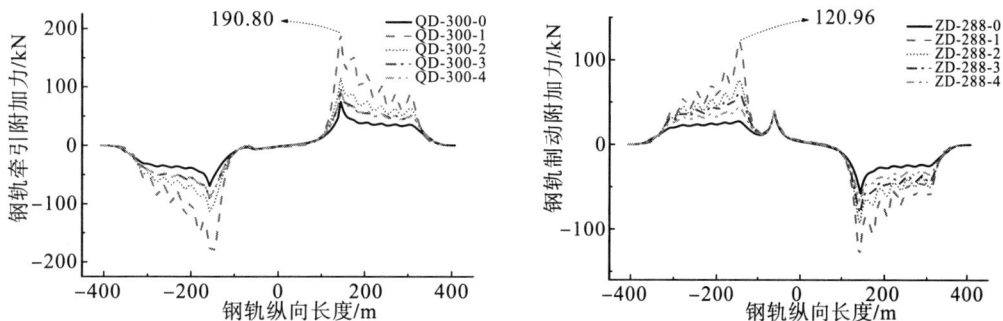

图 2-51　钢轨在作用长度 300m、288m 牵引、制动荷载作用下纵向力分布图

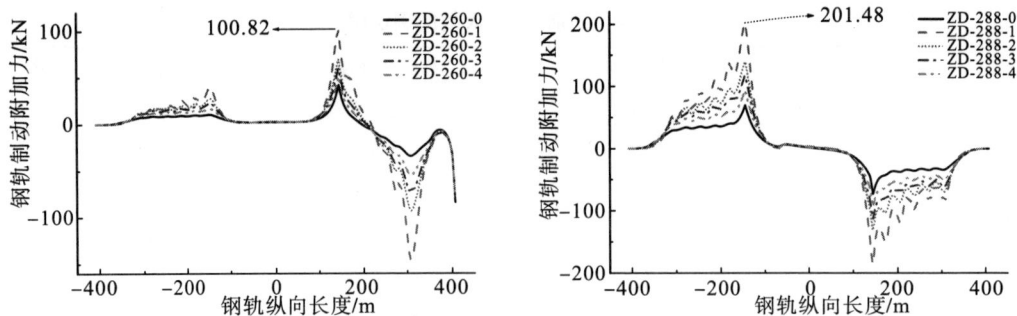

图 2-52　钢轨在作用长度 260m、288m 制动荷载作用下纵向力分布图

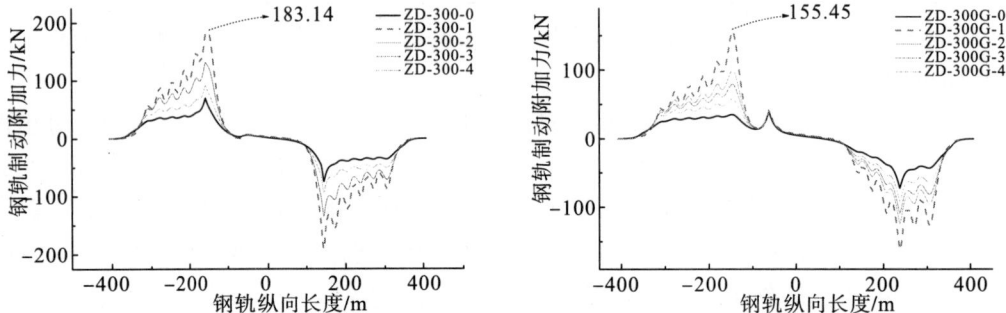

图 2-53　钢轨在作用长度 300m 制动荷载作用下纵向力分布图

在牵引/制动荷载作用下,轨道板的制动附加力如图 2-54~图 2-57 所示,在梁端处出现较大拉力。且由图可知,当采用不同折减系数时,轨道板制动附加力变化趋势相同,在完整状态和完全开裂状态之间。完全开裂状态下,底座板和轨道板拉压刚度降低,承载能力降低,但底座板配筋较轨道板多,抗拉刚度相对较大,在整体相互作用下,轨道板承受较小的力,图中也体现了该规律。不同折减刚度时,轨道结构完整状态下轨道板承受受拉/压力是最大的,在“QD-300”荷载作用下,轨道板制动附加力最大,达到 593.30kN。

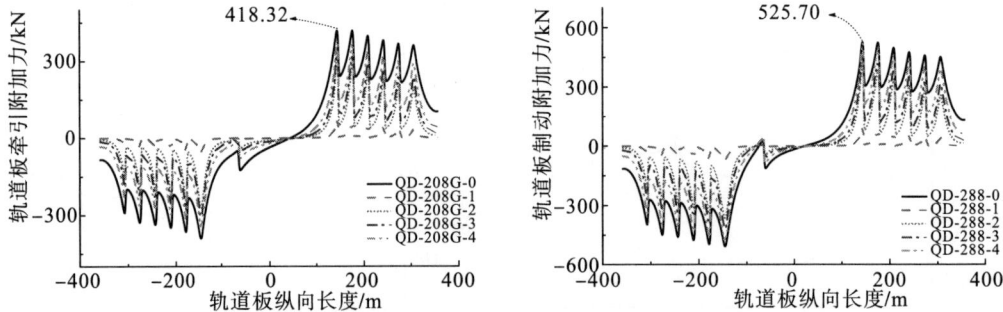

图 2-54　不同折减刚度轨道板在作用长度 208m、288m 牵引荷载作用下纵向力分布图

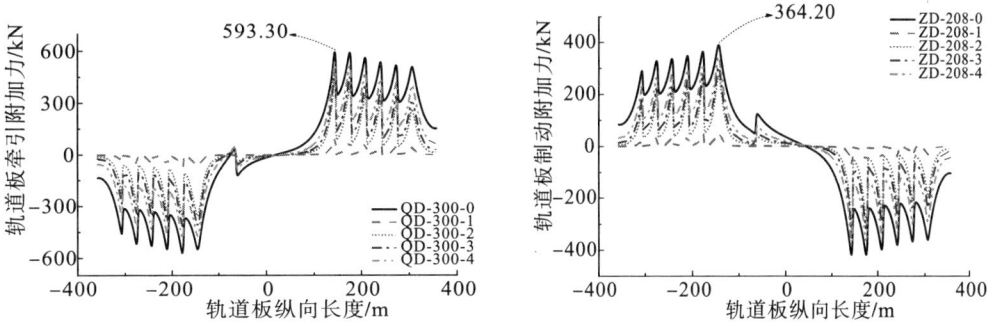

图 2-55 不同折减刚度轨道板在作用长度 300m、208m 牵引、制动荷载作用下纵向力分布图

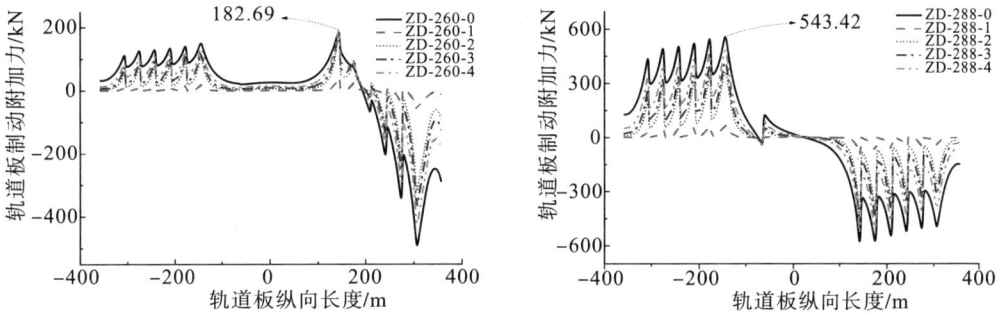

图 2-56 不同折减刚度轨道板在作用长度 260m、288m 制动荷载作用下纵向力分布图

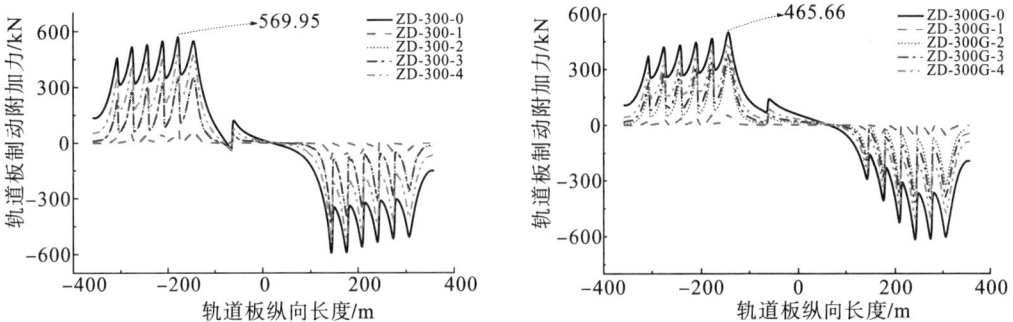

图 2-57 不同折减刚度轨道板在作用长度 300m 制动荷载作用下纵向力分布图

在牵引/制动荷载作用下,底座板的制动附加力如图 2-58~图 2-61 所示。在梁端处出现较大拉力,固结机构处有突变。且由图可知,当采用不同折减系数时,底座板制动附加力变化趋势相同,在完整状态和完全开裂状态之间。完全开裂状态下,底座板和轨道板拉压刚度降低,承载能力降低,但底座板配筋较轨道板多,抗拉刚度相对较大,在整体相互作用下,底座板承受较大的力,图中也体现了该规律。所有不同折减刚度中,轨道结构完整状态下轨道板承受受拉/压力是最大的,在"QD-300"荷载作用下,轨道板制动附加力最大,达到 701.30kN。

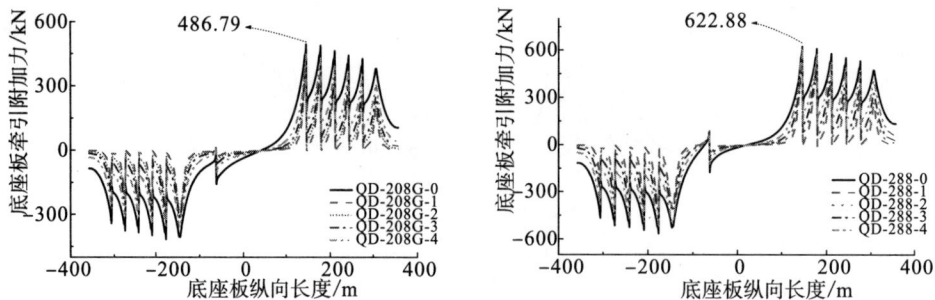

图 2-58 不同折减刚度底座板在作用长度 208m、288m 牵引荷载作用下纵向力沿纵向长度分布图

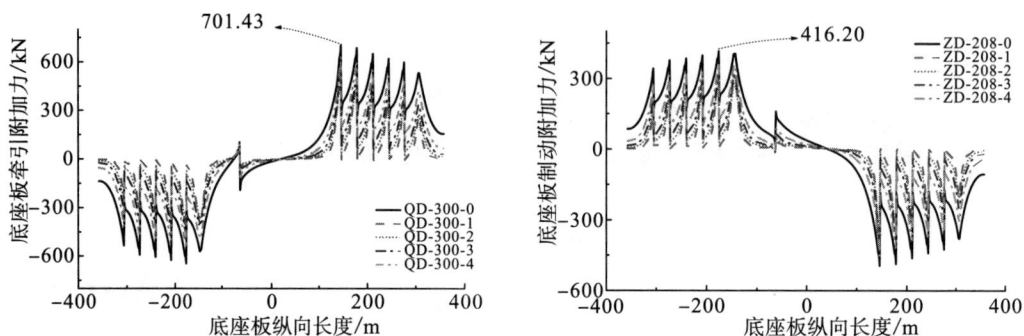

图 2-59 不同折减刚度底座板在作用长度 300m、208m 牵引、制动荷载作用下纵向力沿纵向长度分布图

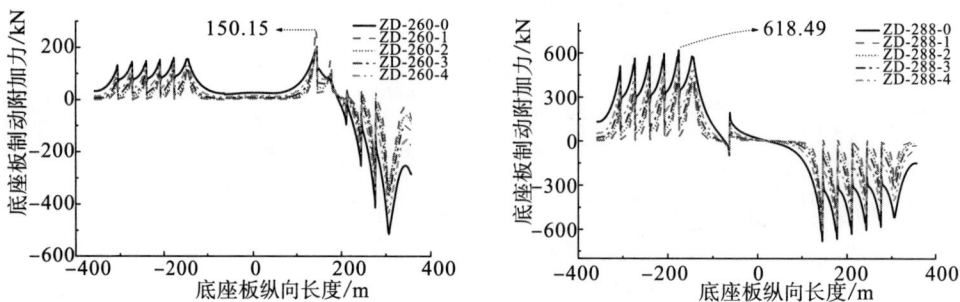

图 2-60 不同折减刚度底座板在作用长度 260m、288m 制动荷载作用下纵向力沿纵向长度分布图

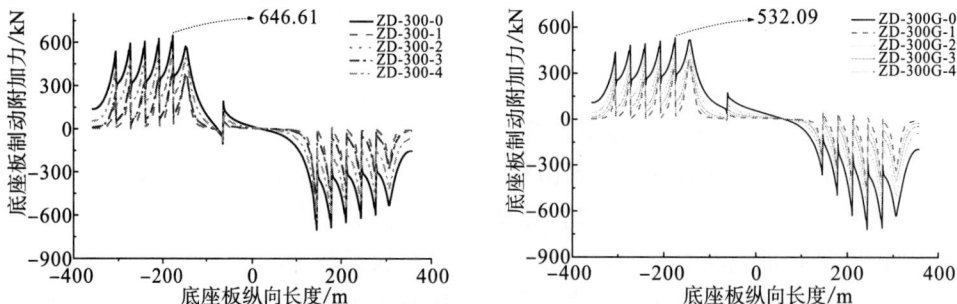

图 2-61 不同折减刚度底座板在作用长度 300m 制动荷载作用下纵向力沿纵向长度分布图

根据桥上无缝线路的受力特点，本节选取了两处可能受最大力的地方进行研究，分别为固结结构处和梁端处。在牵引/制动荷载作用下，轨道结构在不同位置出现峰值，轨道结构最大纵向力汇总如表 2-13 所示。

表 2-13 轨道结构最大纵向力汇总表

轨道部件	最大纵向力/kN	荷载工况	位置
钢轨	201.48	ZD-288-1	11♯左活动端
轨道板	593.30	QD-300-0	6♯固结机构
底座板	701.43	QD-300-0	6♯固结机构

3. 温度荷载作用下轨道结构温度力计算

鉴于轨道结构在温度、收缩、列车牵引/制动荷载长期作用，且轨道结构开裂不可逆。在对温度荷载作用下轨道结构受力分析时，也采用不同折减系数来模拟轨道结构不同开裂状态下抗拉刚度变化。图中图例对应不同荷载工况，图例"Temp−0"意思为桥梁降温荷载作用，轨道结构处于完整状态，依此类推，图例"Temp+1"、"Temp+2"、"Temp+3"、"Temp+4"分别对应不同折减抗拉刚度；图例"Temp+0"为桥梁升温荷载作用。

1）桥梁升温 30℃

桥梁升温 30℃ 荷载作用下，底座板、轨道板及钢轨的纵向力沿长度方向的分布如图 2-62 和图 2-63 所示。

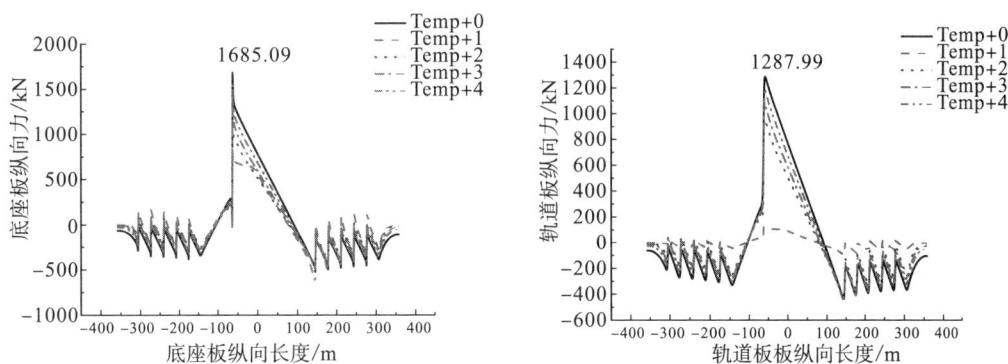

图 2-62 底座板、轨道板在桥梁升温 30℃ 荷载作用下纵向力分布图

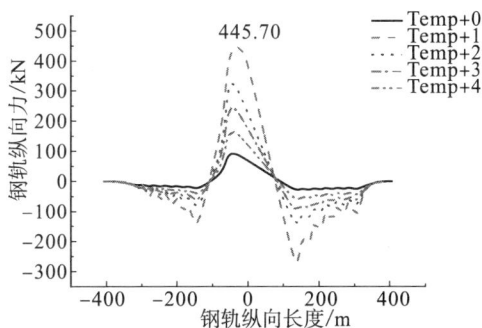

图 2-63 钢轨在桥梁升温 30℃ 荷载作用下纵向力分布图

2)桥梁降温 30℃

桥梁降温 30℃荷载作用下，底座板、轨道板及钢轨的纵向力沿长度方向的分布如图 2-64 和图 2-65 所示。

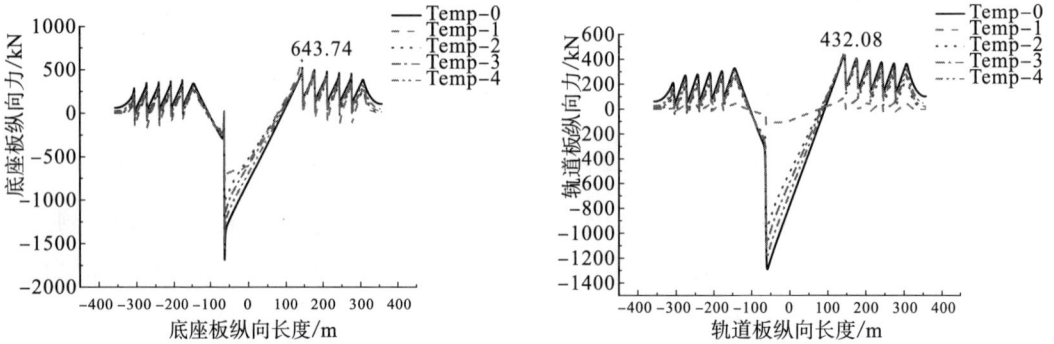

图 2-64   底座板、轨道板在桥梁降温 30℃荷载作用下纵向力分布图

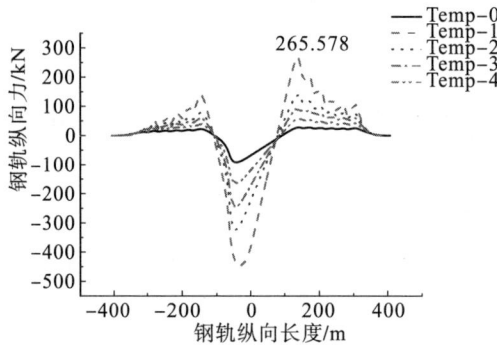

图 2-65   钢轨在桥梁降温 30℃荷载作用下纵向力沿纵向长度分布图

由图 2-62~图 2-65 可知，在桥梁升温荷载作用下，轨道结构受力规律相同，最大值均出现在固结结构处，钢轨、轨道板、底座板受拉力分别为 445.7kN、1287.99kN、1685.09kN。在桥梁降温荷载作用下，在固结结构处轨道结构受压力达到最大，连续梁桥活动端处，轨道结构受拉力达到最大，钢轨、轨道板、底座板受拉力分别为 265.58kN、432.08kN、643.74kN。由以上分析可得，当轨道结构完全开裂时，钢轨受力增大。计算结果汇总如表 2-14 所示。

表 2-14   温度荷载作用下轨道结构最大纵向力汇总表

轨道结构	最大纵向力/kN	荷载	位置
钢轨	445.7	升温 30℃	固结结构
	265.58	降温 30℃	6♯固结机构
轨道板	1287.99	升温 30℃	固结结构
	432.08	降温 30℃	6♯固结机构
底座板	1685.09	升温 30℃	固结结构
	643.74	降温 30℃	6♯固结机构

4. 其他荷载作用下轨道结构受力计算

在模型中，也分析其他荷载工况作用下对于轨道结构受力的影响。例如，钢轨升温 50℃、轨道板与底座板间温差荷载工况，对于轨道结构相互作用影响较小，可以忽略不计，后期计算也不考虑此两类荷载工况对于轨道结构的影响。

5. 轨道结构检算

通过模拟轨道结构在列车荷载、制动/牵引荷载和温度荷载作用下，得到了轨道结构在不同荷载作用下、不同刚度折减情况下的受力变化规律。现将轨道结构的受力整理如表 2-15 所示。由表 2-15 可知，轨道结构受力的峰值在不同荷载作用时，位置是不同的，因此在后续分析计算时不能用最大值简单相加。桥梁在温度荷载作用下引起轨道结构的伸缩附加力相较于挠曲、制动/牵引附加力要大。

表 2-15　轨道结构受力汇总表

轨道结构部件	最大纵向力/kN	荷载类型	荷载	位置
钢轨	56.76	挠曲力	3-3-0	11#左边跨跨中
	201.48	制动力	ZD-288-1	5#固结机构
	445.7	伸缩力	桥梁降温 30℃	6#固结机构
轨道板	498.89	挠曲力	3-3	11#左边跨跨中
	593.30	牵引力	QD-300-0	6#固结机构
	1287.99	伸缩力	桥梁升温 30℃	11#固结结构
底座板	625.00	挠曲力	3-3	11#固结结构
	701.43	牵引力	QD-300-0	6#固结机构
	1685.09	伸缩力	桥梁升温 30℃	11#固结结构

1)刚度折减概念应用

国际预应力协会欧洲混凝土委员会在 CEB-FTP MC90 中对钢筋混凝土构件受拉加劲效应定义为：对于钢筋混凝土拉杆，开裂截面所有的拉力均由钢筋承担，然而在相邻两条裂缝间，拉力荷载通过黏结作用传递至混凝土，相对于纯钢筋情况，裂缝间混凝土使钢筋混凝土拉杆的高度增加，该效应称为"拉伸加劲效应"。在 CRTS Ⅱ 型板式无砟轨道设计时，连续底座板按轴向拉压杆件进行设计，并运用允许混凝土开裂来考虑轨道刚度折减的概念，轴向力与应变的关系图如图 2-66 所示。图中状态 Ⅰ 为钢筋混凝土共同作用时应力-应变曲线，状态 Ⅱ 为纯钢筋受力时应力-应变曲线，中间两条曲线分别为德国研究针对开裂后钢筋混凝土拉杆的计算方法和中国铁道科学研究院联合中国铁路第三研究院(铁三院)研究建议曲线，根据研究发现，首次开裂阶段的荷载并不控制着结构设计，运营期间，底座板长期处于裂后的工作状态，因此在 CEB-FTP 规范规定的基础上，建议采用图中黑粗实曲线进行钢筋混凝土的有关计算，本书后续检算采用铁三院推荐曲线。本书是为设计者提供参考，因此在检算时混凝土强度采用强度设计值。

图中各项说明如下。

$N_{sr,1}$：裂缝出现时的法向力，$N_{sr,1}=A_{cn}f_{tk}(1+\rho\alpha_E)$。

A_c：混凝土截面。A_{cn}：混凝土净截面。

f_{tk}：混凝土有效抗拉强度。

ρ：配筋率，$\rho=A_s/A_{cn}$。

α_E：钢筋与混凝土弹性模量之比。

$\varepsilon_{sm,1}$：裂缝产生时平均应变，$\varepsilon_{sm,1}=f_{tk}/E_c$。

E_c：混凝土弹性模量。

E_s：钢筋弹性模量。

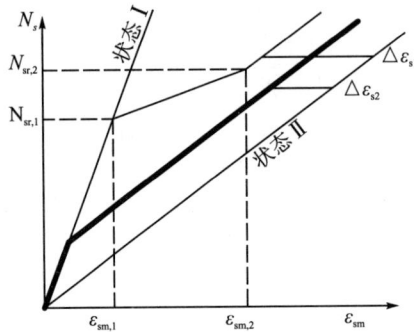

图 2-66　钢筋混凝土杆件(裂后)轴向拉力 N 与等效应变关系图

$N_{sr,2}$：首道裂缝完全形成时的法向力，$N_{sr,2}=1.3N_{sr,1}$。

$\varepsilon_{sm,2}$：裂缝完全形成时的平均应变，$\varepsilon_{sm,2}=N_{sr,2}/E_sA_s-\Delta\varepsilon_{s1}$。

$\Delta\varepsilon_{s1}$：裂缝完全形成时裂缝间混凝土作用，$\Delta\varepsilon_{s1}=0.4f_{tk}/E_s\rho$。

$\Delta\varepsilon_{s2}$：裂缝完全形成时裂缝间混凝土作用(建议曲线)，$\Delta\varepsilon_{s2}=0.25f_{tk}/E_s\rho$。

现在进行底座板开裂应力-应变曲线计算，参照《混凝土结构设计规范》(GB 50010—2010)和标准 CRTSⅡ型板式无砟轨道设计参数可得：

C30 混凝土弹性模量 $E_c=3.0\times10^4$ MPa。

C30 混凝土轴心抗拉强度设计值 $f_t=1.43$ MPa。

C30 混凝土轴心抗拉强度标准值 $f_{tk}=2.01$ MPa。

HRB500 钢筋弹性模量 $E_s=2.0\times10^5$ MPa。

钢筋与混凝土弹性模量比 $\alpha_E=E_s/E_c=6.6667$。

底座板混凝土截面 $A_c=0.19\times2.95=0.56050\text{m}^2$。

底座板配筋面积 $A_s=58\times\pi\times0.008^2=0.011662\text{m}^2$。

底座板混凝土净截面 $A_{cn}=A_c-A_s=0.54884\text{m}^2$。

配筋率 $\rho=A_s/A_{cn}=0.011662/0.54884=0.021248$。

底座板开裂应力-应变曲线计算过程如下。

第一次开裂时的法向力、应变：

$N_{sr,1}=A_{cn}f_t(1+\rho\alpha_E)=0.54884\times1.43\times(1+0.021248\times6.6667)=0.89601\text{MN}$

$\varepsilon_{sr,1}=f_t/E_c=4.7667\times10^{-5}$；

完全开裂的法向力、应变：

$N_{sr,2}=1.3N_{sr,1}=1.1648\text{MN}$

$\Delta\varepsilon_{s1}=0.4f_t/E_s\rho=1.3460\times10^{-4}$

$\Delta\varepsilon_{s2}=0.25f_t/E_s\rho=8.4126\times10^{-5}$

$\varepsilon_{sm,2}=N_{sr,2}/E_sA_s-\Delta\varepsilon_{s1}=3.6482\times10^{-4}$

在此法向力作用下，对应铁三院建议曲线应变 $\varepsilon'_{sm,2}$ 为

$\varepsilon'_{sm,2}=N_{sr,2}/E_sA_s-\Delta\varepsilon_{s2}=4.1530\times10^{-4}$

经计算可知，铁三院建议曲线折点轴力、应变分别为

$N_{sr,\text{III}}=0.22400\text{MN}$

$\varepsilon_{sm,\text{III}}=1.1917\times10^{-5}$

2）底座板检算

根据我国《混凝土结构设计规范》（GB 50010－2010）和《铁路桥涵钢筋混凝土和预应力结构设计规范》（TB 10002.3－2005）规定：无砟轨道对应环境其最大裂缝宽度应控制在 0.2mm 以下。但对于 CRTSⅡ型板式无砟轨道，轨道板设置预裂缝允许开裂，开裂后的轨道板可视为纵向串联的宽轨枕结构型式，砂浆与轨道板之间的黏结作用也能充分地限制开裂后轨道板的几何形位；底座板作为钢筋混凝土结构，正常工作情况下也是带裂纹工作的，此时才能体现出其承载能力。针对 CRTSⅡ型板式无砟轨道的特殊性，《高速铁路无砟轨道线路维修规则》规定，轨道板间接缝处混凝土裂不得大于 0.2mm，接缝现浇混凝土与轨道板间离缝不得大于 0.3mm；桥梁地段连续底座板（含后浇带部位）混凝土裂缝不得大 0.3mm。规定无砟轨道伤损等级分为Ⅰ、Ⅱ、Ⅲ级。对Ⅰ级伤损应做好记录，对Ⅱ级伤损应列入维修计划并适时进行修补。对Ⅲ级伤损应及时补修。Ⅱ级伤损对应底座板裂缝宽度限值为 0.3mm，因此，综合《高速铁路无砟轨道线路维修规则》对于底座板裂缝宽度限值的规定，选取裂缝宽度 0.3mm 为评判标准。桥上普通直线段底座板配筋为 58Φ16，剪力齿槽处配有加强钢筋，与同位置钢筋绑扎成一束，即 58Φ16＋8Φ20，因此底座板在固结机构处断面承载能力得到加强，未配置加强筋处底座板相对地为"薄弱截面"。固结机构处底座板所承受的拉压力与相邻截面和固结机构受力总是处于平衡状态，固结机构处底座板受力连续，薄弱截面相对于固结机构处加强的底座板受力更为不利，因此在本书中只检算薄弱截面是合理且偏于安全的。参照《高速铁路轨道技术深化研究》，收缩应变换算成温度变化幅度，取为降温 30℃，不折减。

参照王森荣在《无砟轨道轨道板温度测量与温度应力分析》中对轨道板进行的温度测量，得出轨道板上表面和底面最高温度较当地最高气温分别高出 16℃ 和 3℃ 左右，轨道板上下表面的最大温差为 10~13℃。据已有研究，混凝土温度变化相当于气温变化有滞后，混凝土温度变化较气温变化小。参照铁路无缝线路设计规范（TB 10015－2012）对于无砟轨道梁年温差的规定，取无砟轨道混凝土（包括轨道板和底座板）年温度变化值为 30℃。算例是以跨北京五环大桥为例，参照 1951－2009 年北京地区历年最低气温，如图 2-67 所示，其历年最低气温为－27.4℃，混凝土热的不良导体导致混凝土温度变化迟滞，基本符合规范的取值要求。通过图 2-68，清晰极限状态法检算流程。

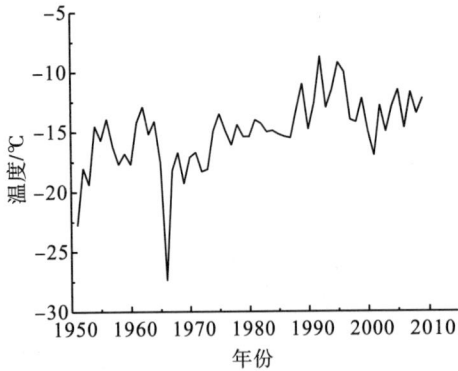

图 2-67　北京过去 60 年最低气温图

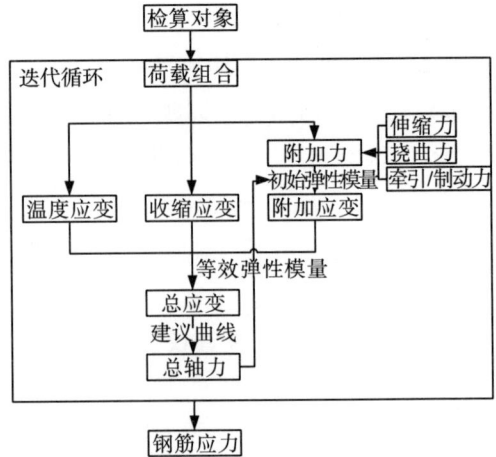

图 2-68　清晰极限状态法检算流程图

1）正常使用极限状态检算

（1）温度荷载为主的荷载组合。

$\psi_1^{\Delta T}$、ψ_1^{D}、ψ_1^{TB}、ψ_1^{E} 分别为温度力、挠曲力、牵引/制动力、桥梁伸缩力折减系数。检算对象为底座板，荷载组合系数分别为温度荷载取降温 30℃，$\psi_1^{\Delta T}=1.0$；混凝土收缩取为等效降温 30℃；不考虑活载、制动荷载；忽略轨道板、底座板温差附加力，后续检算也未考虑。

温度荷载为主时，温度和收缩引起的应变：

$$\varepsilon_{\Delta T}=\alpha_T \times \Delta T=1\times10^{-5}\times(30+30)=6.0000\times10^{-4}$$

此时底座板温度力为

$$N_{\Delta T}=0.22400+(6.0000\times10^{-4}-1.1917\times10^{-5})\times2\times10^{5}\times0.011662=1.5956\text{MN}$$

$$\sigma_s=\frac{N_{\Delta T}}{A_s}=\frac{1.5956}{0.011662}=136.82\text{MPa}$$

参照我国 CRTS Ⅱ型板式无砟轨道设计资料，当钢筋直径为 16mm，裂纹宽度为 0.3mm 时，钢筋应力为 264MPa。在温度荷载和混凝土收缩作用下，混凝土底座板钢筋应力较设计限值小，意味着混凝土底座板开裂还未达到裂纹宽度限值，此时满足正常使用耐久性要求。

（2）活载/制动力为主的荷载组合（11♯固结机构）。

检算对象为连续梁桥固结机构附近处底座板，荷载组合系数分别为 $\psi_1^{\Delta T}=0.5$；$\psi_1^{D}=1.0$、$\psi_1^{TB}=1.0$、$\psi_1^{E}=0.5$。

对于温度和收缩引起的应变：

$$\varepsilon_{\Delta T}=\alpha_T \times \Delta T=1\times10^{-5}\times(0.5\times30+30)=4.5000\times10^{-4}$$

由牵引/制动引起的附加力：$N_1=1.0\times174=174.00\text{kN}$。

由挠曲附引起的附加力：$N_2=1.0\times625=625.00\text{kN}$。

由桥梁伸缩附引起的附加力：$N_3=0.5\times1685.09=842.545\text{kN}$。

总附加力为

$$N_{\text{total}}=N_1+N_2+N_3=174.00+625.00+842.545=1641.545\text{kN}$$

采用迭代法进行以下计算。

取等效弹性模量：$E_{eff} = 4506.7 \text{MPa}$。

附加力引起的应变：$\varepsilon_N = \dfrac{N_{total}}{(A \cdot E_{eff})} = \dfrac{1.641}{(0.56050 \times 4506.7)} = 6.5 \times 10^{-4}$。

总应变：$\varepsilon_{total} = \varepsilon_N + \varepsilon_{\Delta T} = 6.5 \times 10^{-4} + 4.5000 \times 10^{-4} = 1.19 \times 10^{-3}$
$$> 1.1916 \times 10^{-5}$$

$N_{total} = 2332.3 \varepsilon_{total} + 0.19621 = 2.9713 \text{MN}$

用迭代法计算出的等效弹性模量是正确的。

$$\sigma_s = \frac{N_{total}}{A_s} = \frac{2.9713}{0.011662} = 254.787 \text{MPa}$$

在活载/制动力为主的荷载组合作用下，混凝土底座板钢筋应力较设计限值小，意味着混凝土底座板开裂还未达到裂纹宽度限值 0.3mm，此时满足正常使用耐久性要求。

(3)活载/制动力为主的荷载组合(6♯固结机构)。

检算对象为 6♯简支梁桥固结机构附近处底座板，荷载组合系数分别为 $\psi_1^{\Delta T} = 0.5$；收缩；$\psi_1^D = 1.0$、$\psi_1^{TB} = 1.0$、$\psi_1^E = 0.5$。

对于温度和收缩引起的应变：
$$\varepsilon_{\Delta T} = \alpha_T \Delta T = 1 \times 10^{-5} \times (0.5 \times 30.0 + 30) = 4.500 \times 10^{-4}$$

由牵引/制动引起的附加力：$N_1 = 1.0 \times 701.43 = 701.43 \text{kN}$。

由挠曲附引起的附加力：$N_2 = 1.0 \times 130.11 = 130.11 \text{kN}$。

由桥梁伸缩引起的附加力：$N_3 = 0.5 \times 643.74 = 321.87 \text{kN}$。

总附加力为
$$N_{total} = N_1 + N_2 + N_3 = 701.43 + 130.11 + 321.87 = 1182.2 \text{kN}$$

采用迭代法进行以下计算。

取等效弹性模量：$E_{eff} = 4563.9 \text{MPa}$。

附加力引起的应变：$\varepsilon_N = \dfrac{N_{total}}{(AE_{eff})} = \dfrac{1.182}{(0.56050 \times 4563.9)} = 4.62 \times 10^{-4}$。

总应变：$\varepsilon_{total} = \varepsilon_N + \varepsilon_{\Delta T} = 4.62 \times 10^{-4} + 4.5000 \times 10^{-4} = 9.01 \times 10^{-4} > 1.1916 \times 10^{-5}$。

$$N_{total} = 2332.3 \varepsilon_{total} + 0.19621 = 2.5335 \text{MN}$$

用迭代法计算出的等效弹性模量是正确的。

$$\sigma_s = \frac{N_{total}}{A_s} = \frac{2.5335}{0.011662} = 217.25 \text{MPa}$$

在活载/制动力为主的荷载组合作用下，混凝土底座板钢筋应力较设计限值小，意味着混凝土底座板开裂还未达到裂纹宽度限值 0.3mm，此时满足正常使用耐久性要求。

2)承载力极限状态检算

(1)温度为主的荷载组合。

检算对象为底座板，荷载组合系数分别为 $\psi_1^{\Delta T} = 1.0$；收缩；$\psi_1^D = 1.0$、$\psi_1^{TB} = 1.0$、$\psi_1^E = 0.0$。

温度荷载为主时，温度和收缩引起的应变：
$$\varepsilon_{\Delta T} = \alpha_T \Delta T = 1 \times 10^{-5} \times (30 \times 1.0 + 30) = 6.0000 \times 10^{-4}$$

选取 6# 简支梁桥固结机构处底座板为检算对象，此时最不利荷载组合如下。

由牵引/制动引起的附加力：$N_1=1.0\times701.43=701.43\text{kN}$。

由挠曲附引起的附加力：$N_2=1.0\times158.9=158.90\text{kN}$。

总附加力为
$$N_{\text{total}}=N_1+N_2=701.43+158.90=860.33\text{kN}$$

采用迭代法进行以下计算。

取等效弹性模量：$E_{\text{eff}}=4534.1\text{MPa}$。

附加力引起的应变：$\varepsilon_N=\dfrac{N_{\text{total}}}{(A\cdot E_{\text{eff}})}=\dfrac{0.86033}{(0.56050\times4534.1)}=3.3853\times10^{-4}$。

总应变：$\varepsilon_{\text{total}}=\varepsilon_N+\varepsilon_{\Delta T}=6.0000\times10^{-4}+3.3853\times10^{-4}=9.3853\times10^{-4}>1.1916\times10^{-5}$。
$$N_{\text{total}}=2332.3\,\varepsilon_{\text{total}}+0.19621=2.3852\text{MN}$$

假设弹性模量的检验：
$$E_{\text{eff}}=N_{\text{total}}/(\varepsilon_{\text{total}}A)=4534.1\text{MPa}$$

用迭代法计算出的等效弹性模量是正确的。
$$\sigma_s=\frac{N_{\text{total}}}{A_s}=\frac{2.3852}{0.011662}=204.53\text{MPa}$$

在温度荷载、混凝土收缩及活载作用下，混凝土底座板钢筋应力远小于 HRB500 的抗拉设计强度 $f_y=435\text{MPa}$，此时混凝土底座板处于安全状态。

(2)活载/制动为主的荷载组合(11# 固结机构处)。

检算对象为连续梁桥固结机构附近处底座板，荷载组合系数分别为 $\psi_1^{\Delta T}=0.8$；$\psi_1^D=1.0$、$\psi_1^{TB}=1.0$、$\psi_1^E=0.8$；

对于温度和收缩引起的应变：
$$\varepsilon_{\Delta T}=\alpha_T\Delta T=1\times10^{-5}\times(0.8\times30+30)=5.4000\times10^{-4}$$

由牵引/制动引起的附加力：$N_1=1.0\times174=174.00\text{kN}$。

由挠曲附引起的附加力：$N_2=1.0\times625=625.00\text{kN}$。

由桥梁伸缩附引起的附加力：$N_3=0.8\times1685.09=1384.07\text{kN}$。

总附加力为
$$N_{\text{total}}=N_1+N_2+N_3=174.00+625.00+1384.07=2147.07\text{kN}$$

采用迭代法进行以下计算。

取等效弹性模量：$E_{\text{eff}}=4438.5\text{MPa}$。

附加力引起的应变：$\varepsilon_N=\dfrac{N_{\text{total}}}{(A\cdot E_{\text{eff}})}=\dfrac{2.147}{(0.56050\times4438.5)}=8.63\times10^{-4}$。

总应变：$\varepsilon_{\text{total}}=\varepsilon_N+\varepsilon_{\Delta T}=5.4000\times10^{-4}+8.63\times10^{-4}=1.43\times10^{-3}>1.1916\times10^{-5}$。
$$N_{\text{total}}=2332.3\,\varepsilon_{\text{total}}+0.19621=3.468\text{MN}$$

假设弹性模量的检验：
$$E_{\text{eff}}=N_{\text{total}}/(\varepsilon_{\text{total}}A)=4438.6\text{MPa}$$

用迭代法计算出的等效弹性模量是正确的。
$$\sigma_s=\frac{N_{\text{total}}}{A_s}=\frac{3.468}{0.011662}=297.4\text{MPa}$$

在活载为主的荷载组合作用下，混凝土底座板钢筋应力小于 HRB500 的抗拉设计强度 $f_y=435$ MPa，此时混凝土底座板处于安全状态。

（3）活载/制动为主的荷载组合（6♯固结机构）。

检算对象为 6♯简支梁桥固结机构附近处底座板，荷载组合系数分别为 $\psi_1^{\Delta T}=0.8$；收缩；$\psi_1^D=1.0$、$\psi_1^{TB}=1.0$、$\psi_1^E=0.8$。

对于温度和收缩引起的应变：

$$\varepsilon_{\Delta T}=\alpha_T\Delta T=1\times10^{-5}\times(0.8\times30+30)=5.4000\times10^{-4}$$

由牵引/制动引起的附加力：$N_1=1.0\times701.43=701.43$ kN。

由挠曲附引起的附加力：$N_2=1.0\times158.90=158.90$ kN。

由桥梁伸缩附引起的附加力：$N_3=0.8\times643.74=514.99$ kN。

总附加力为

$$N_{total}=N_1+N_2+N_3=701.43+158.90+514.99=1375.32\text{kN}$$

采用迭代法进行以下计算。

取等效弹性模量：$E_{eff}=4499.7$ MPa。

附加力引起的应变：$\varepsilon_N=\dfrac{N_{total}}{(A\cdot E_{eff})}=\dfrac{1.375}{(0.56050\times4499.7)}=5.45\times10^{-4}$。

总应变：$\varepsilon_{total}=\varepsilon_N+\varepsilon_{\Delta T}=5.45\times10^{-4}+5.4000\times10^{-4}=1.085\times10^{-3}>1.1916\times10^{-5}$。

$$N_{total}=2332.3\,\varepsilon_{total}+0.19621=2.727\text{MN}$$

假设弹性模量的检验：

$$E_{eff}=N_{total}/(\varepsilon_{total}A)=4499.8\text{MPa}$$

用迭代法计算出的等效弹性模量是正确的。

$$\sigma_s=\frac{N_{total}}{A_s}=\frac{2.727}{0.011662}=233.88\text{MPa}$$

在活载为主的荷载组合作用下，混凝土底座板钢筋应力小于 HRB500 的抗拉设计强度 $f_y=435$ MPa，此时混凝土底座板处于安全状态。

3）钢轨检算

列车为 CRH2 或者 CRH3，其中轴重为 15t，固定轴距 2.5m，运行速度 350km/h，所以速度系数为 $\alpha=1$。未被平衡超高，故偏载系数 $\beta=0$，因线路位于直线地段，故横向水平力系数 $f=1.25$；无砟轨道钢轨支座刚度 D 取 23kN/mm，轨枕间距 $a=0.65$m。由表 2-16 可计算得出钢轨动弯应力值。

表 2-16　动弯应力计算表

动弯应力计算			其他参数	
轮位	1	2	E	210000
P_0	75000	75000	I	32170000
x	0	2500	D	23000
kx	0	2.6743	W_d	396000
μ_0	1	-0.0926	a	650

动弯应力计算			其他参数	
$P_0\mu_0$	75000	-6947	α	1
$\sum P_0\mu_0$	68053		β	0
M_d	31808859		f	1.25
σ_d	100		k	0.00106972

因此，轨底动弯应力为 100MPa，钢轨的允许强度为 352MPa，所以除去钢轨动弯作用，其钢轨的允许纵向力为 1952kN。在降温 50℃ 的温度荷载作用下，钢轨所承受温度力为 $F_T=E\alpha\Delta tA=959.6$kN。在对钢轨进行强度检算时，除去动弯应力和温度力，钢轨允许承受的附加力为 992.4kN。由本节算例计算结果可知，钢轨承受的挠曲附加力、桥梁伸缩附加力、制动附加力不同位置最大值之和约为 645kN，钢轨受力处于安全状态。

桥上 CRTSⅡ 型板式轨道结构主要包括钢轨、轨道板和底座板。其中轨道板为制板厂预制生产，在轨道板承轨台间设置预裂缝，其设计理念是允许预裂缝开裂，形成由纵向钢筋串联而成的宽轨枕结构。参照曾毅的学位论文《纵连式轨道板垂向稳定性研究》，在最不利荷载工况作用下，轨道板发生垂向失稳的可能性较小；以及在桥上 CRTSⅡ 型板式无砟轨道结构中，底座板是轨道结构的主要承重结构。基于上述原因，本章未对轨道板进行检算，重点对底座板和钢轨进行受力和变形的检算。

6. 算例小结

通过对轨道结构（底座板）分别采用正常使用极限状态和承载力极限状态进行检算，现将计算结果汇总如表 2-17 所示。

表 2-17　极限状态检算结果汇总表

荷载组合		铁三院建议曲线	结果
正常使用极限状态检算	(1)温度荷载为主的荷载组合	$N_{\Delta T}=1.5956$MN $\sigma_s=136.82$MPa	满足
	(2)活载/制动力为主的荷载组合 (11#固结机构处)	$N_{total}=2.5587$MN $E_{eff}=4506.7$MPa $\sigma_s=236.79$MPa	满足
	(3)活载/制动力为主的荷载组合 (6#固结机构处)	$N_{total}=2.5335$MN $E_{eff}=4563.9$MPa $\sigma_s=217.25$MPa	满足
承载力极限状态检算	(1)温度为主的荷载组合	$N_{total}=2.3852$MN $E_{eff}=4534.1$MPa $\sigma_s=204.53$MPa	满足
	(2)活载/制动为主的荷载组合 (11#固结机构处)	$N_{total}=3.468$MN $E_{eff}=4438.6$MPa $\sigma_s=297.4$MPa	满足
	(3)活载/制动为主的荷载组合 (6#固结机构处)	$N_{total}=2.727$MN $E_{eff}=4499.8$MPa $\sigma_s=233.88$MPa	满足

算例以跨北京五环大桥为例，极限状态法检算结果均可满足要求。正常使用极限状态检算较承载能力极限状态检算更为严格，起控制作用。由分析结果可知，在连续梁固结机构处底座板受力最不利，其中影响最大的为桥梁升温工况。由此可以预测，在一定温度跨度以内，随着温度跨度的增加，固结机构处底座板受力随之增大，也即本章的研究内容，具体变化规律参见 2.3.4 节。

2.3.4　大跨连续梁桥合理温度跨度研究

通过 2.3.3 节对于跨北京五环大桥算例的研究，在此基础上，探讨不同温度跨度时，轨道结构受力分布及其变化规律，以及在符合相应的正常使用极限状态和承载能力极限状态的检算条件下温度跨度极限值的探讨。

在京津城际北京跨五环特大桥的基础上构造本章分析计算连续梁桥，逐步在固定支座两端增加 128m 长的桥跨数，构造桥梁示意图如图 2-39 所示。不断变化固定支座左、右两边跨度为 128m 跨数 i 和 j 的数值，且 $i \geqslant j$，以此来获得最大温度跨度，如表 2-18 所示。当 $i=0$、$j=1$ 时为北京跨五环特大桥，温度跨度为 208m。

表 2-18　不同桥跨布置方式

编号	温度跨度/m	连续梁桥	i、j 数值
①	208	80+128×1+80	$i=0$、$j=1$
②	240	80+128×1+80	$i=1$、$j=0$
③	240	80+128×2+80	$i=1$、$j=1$
④	368	80+128×3+80	$i=2$、$j=1$
⑤	320	80+80+128+80+80	$i=3$、$j=2$

1.　三跨连续梁桥（80+1×128+80）温度跨度研究

本小节探讨三跨连续梁桥，对应构造桥梁示意图，$i=1$、$j=0$，桥跨布置与北京跨五环大桥相同，区别仅在于中间连续梁支座设置位置有所不同，此时连续梁桥温度跨度为 240m。此时计算结果如图 2-69 和图 2-70 所示，其中图例"桥梁降温30℃(1)"表示轨道板、底座板完全开裂时，即轨道板与底座板钢筋承担所有荷载，与 Temp+1 相同。轨道结构受力图与 2.3.3 节较为接近，因此此处略去检算部分。

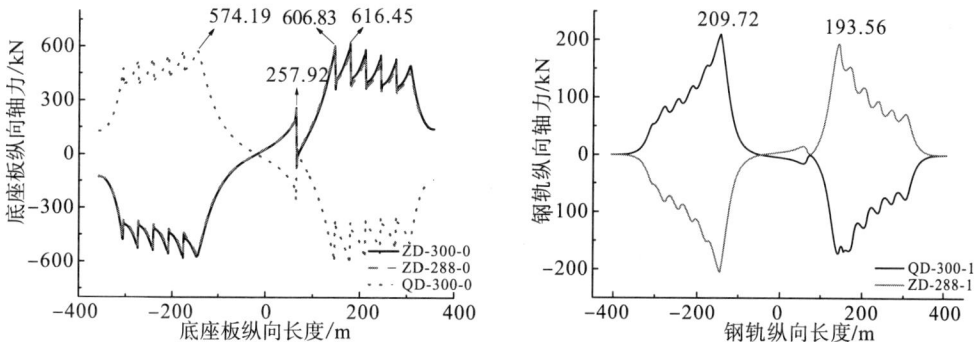

图 2-69　底座板、钢轨牵引/制动力

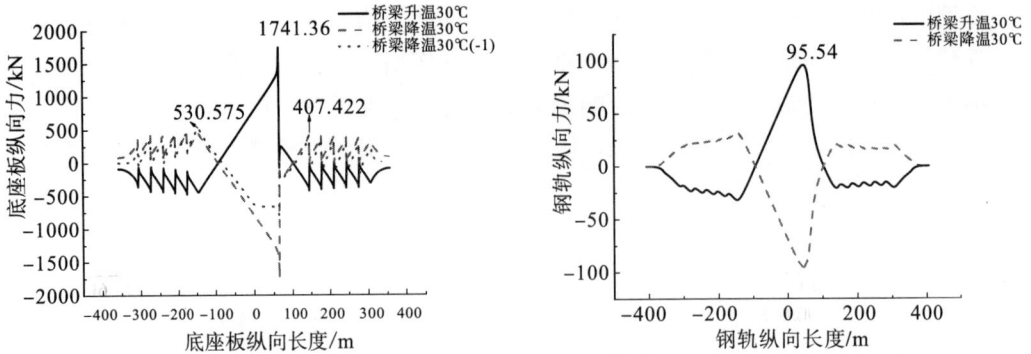

图 2-70　底座板、钢轨伸缩力

2. 四跨连续梁桥(80+2×128+80)温度跨度研究

本小节探讨四跨连续梁桥，对应构造桥梁示意图，$i=1$、$j=1$，此时连续梁桥为对称结构，温度跨度达到 240m。

1)轨道结构受力分析及其结果

在模型上施加不同位置的牵引/制动荷载，以寻找最不利荷载。因轨道板与底座板之间 CA 砂浆层的黏结作用，轨道板与底座板表现出协同受力的特性，且轨道板与底座板截面拉压刚度接近。考虑混凝土开裂而导致拉压刚度折减，采用一定的折减系数来模拟混凝土开裂，表现出轨道板、底座板整体受力较为接近。通过对混凝土弹性模量折减来模拟混凝土开裂，因开裂后钢筋混凝土能承受压力，拉力靠截面所配钢筋承受。要真实模拟混凝土的不同程度、不同位置的开裂，非常难实现。因此本章在对其研究时，采用一定的折减系数来模拟混凝土开裂，取不同折减系数时轨道结构最不利受力来进行相关检算。在四跨连续梁桥温度跨度的研究中，在不同位置施加荷载以获得最不利工况，得到相应的轴向力。对于底座板受力，施加牵引/制动荷载较桥梁升降温影响小，桥梁升降温影响最大，在升温 30℃时，底座板在连续梁桥固结机构处受力达到 1251.6kN；在降温 30℃时，底座板在简支梁桥固结机构处受力达到 911.97kN。在桥梁升降温荷载作用下，钢轨受力与底座板受力趋势一致，均在固结机构处、连续梁桥活动端处达到最大值。底座板、钢轨受力如图 2-72 所示，图 2-71、图 2-72 分别为底座板、钢轨在牵引制动荷载和桥梁升降温作用下沿纵向长度纵向力分布图。其最大纵向力值以及关注位置纵向力值和对应位置见表 2-19。

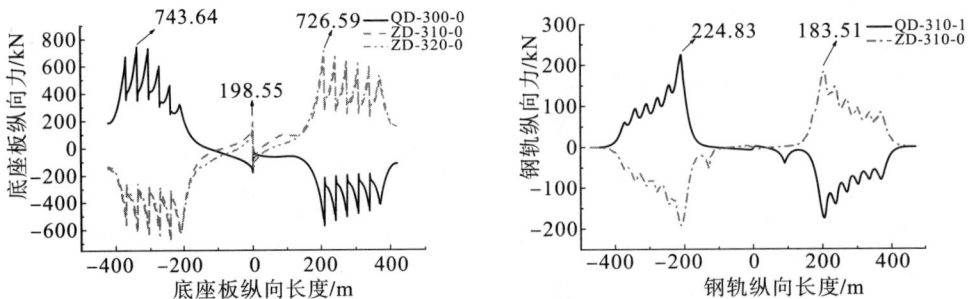

图 2-71　底座板、钢轨牵引/制动力

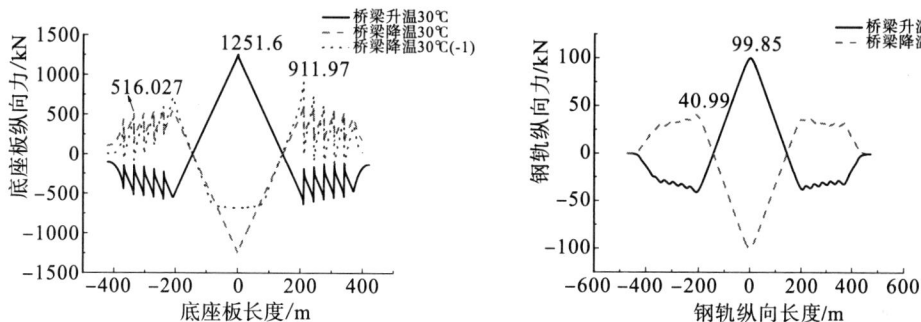

图 2-72　底座板、钢轨伸缩力

表 2-19　4 跨连续梁桥计算结果汇总

轨道结构部件	荷载类型	最大纵向力/kN	荷载	位置
底座板	挠曲附加力	158.90	—	简支梁桥固结机构
		625.00	—	连续梁桥固结机构
	牵引/制动附加力	743.64	QD−300−0	2♯固结机构
		726.59	ZD−320−0	6♯固结机构
		198.55	ZD−310−0	11♯固结机构
	伸缩附加力	−516.03		2♯固结机构
		−911.97	桥梁升温 30℃	6♯固结机构
		1251.6		11♯固结机构
		516.03		2♯固结机构
		911.97	桥梁降温 30℃	6♯固结机构
		−1251.6		11♯固结机构
钢轨	牵引/制动附加力	224.83	QD−310−1	11♯左活动端
		183.51	ZD−310−0	11♯右活动端
	伸缩附加力	99.85	桥梁升温 30℃	11♯固结机构左
		40.99	桥梁降温 30℃	11♯左活动端

注：表中未列出钢轨挠曲附加力是因为在固结机构处受力较小（由 2.3.3 节可知）。

2）底座板检算

（1）正常使用极限状态检算。

①温度荷载为主的荷载组合。温度荷载为主时，荷载组合与 2.3.3 节相同，满足正常使用耐久性要求 0.3mm。

②活载/制动力为主的荷载组合（11♯固结机构）。检算对象为连续梁桥固结机构附近处底座板，荷载组合系数分别为 $\psi_1^{\Delta T}=0.5$；收缩；$\psi_1^D=1.0$、$\psi_1^{TB}=1.0$、$\psi_1^E=0.5$。

对于温度和收缩引起的应变：

$$\varepsilon_{\Delta T}=\alpha_T\Delta T=1\times10^{-5}\times(0.5\times30+30)=4.5000\times10^{-4}$$

由牵引/制动引起的附加力：$N_1=1.0\times198.553=198.55\text{kN}$。

由挠曲附引起的附加力：$N_2 = 1.0 \times 625 = 625.00\text{kN}$。

由桥梁伸缩附引起的附加力：$N_3 = 0.5 \times 1251.6 = 625.8\text{kN}$。

总附加力为

$$N_{\text{total}} = N_1 + N_2 + N_3 = 198.55 + 625.00 + 625.8 \approx 1449.35\text{kN}$$

采用迭代法进行等效弹性模量计算，得到等效弹性模量为 $E_{\text{eff}} = 4529.1\text{MPa}$。此时截面纵向力为 $N_{\text{total}} = 2.577\text{MN}$；钢筋应力为 $\sigma_s = 221.01\text{MPa}$。

在活载/制动力为主的荷载组合作用下，混凝土底座板钢筋应力较设计限值小，意味着混凝土底座板开裂还未达到裂纹宽度限值 0.3mm，此时满足正常使用耐久性要求。

③活载/制动为主的荷载组合（6#固结机构）。检算对象为 6#简支梁桥固结机构附近处底座板，荷载组合系数分别为 $\psi_1^{\Delta T} = 0.5$；收缩；$\psi_1^D = 1.0$、$\psi_1^{TB} = 1.0$、$\psi_1^E = 0.5$。

对于温度和收缩引起的应变：

$$\varepsilon_{\Delta T} = \alpha_T \Delta T = 1 \times 10^{-5} \times (0.5 \times 30.0 + 30) = 4.5000 \times 10^{-4}$$

由牵引/制动引起的附加力：$N_1 = 1.0 \times 726.594 = 726.59\text{kN}$。

由挠曲附引起的附加力：$N_2 = 1.0 \times 158.90 = 158.90\text{kN}$。

由桥梁伸缩附引起的附加力：$N_3 = 0.5 \times 911.97 = 455.99\text{kN}$。

总附加力为 $N_{\text{total}} = N_1 + N_2 + N_3 = 726.59 + 158.90 + 455.99 = 1341.48\text{kN}$。

与 11#固结机构处底座板计算分析对比可知，6#固结机构处底座板在活载/制动力为主的荷载组合作用下，混凝土底座板钢筋应力较设计限值小，此时满足正常使用耐久性要求 0.3mm。

④活载/制动力为主的荷载组合（2#固结机构）。检算对象为 2#简支梁桥固结机构附近处底座板，荷载组合系数分别为 $\psi_1^{\Delta T} = 0.5$；收缩；$\psi_1^D = 1.0$、$\psi_1^{TB} = 1.0$、$\psi_1^E = 0.5$。

对于温度和收缩引起的应变：

$$\varepsilon_{\Delta T} = \alpha_T \Delta T = 1 \times 10^{-5} \times (0.5 \times 30 + 30) = 4.5000 \times 10^{-4}$$

由牵引/制动引起的附加力：$N_1 = 1.0 \times 743.641 = 743.64\text{kN}$。

由挠曲附引起的附加力：$N_2 = 1.0 \times 158.90 = 158.90\text{kN}$。

由桥梁伸缩附引起的附加力：$N_3 = 0.5 \times 516.03 = 258.02\text{kN}$。

总附加力为 $N_{\text{total}} = N_1 + N_2 + N_3 = 743.64 + 158.90 + 258.02 = 1160.56\text{kN}$。

与 11#固结机构处底座板计算分析对比可知，2#固结机构处底座板在活载/制动力为主的荷载组合作用下，混凝土底座板钢筋应力较设计限值小，此时满足正常使用耐久性要求 0.3mm。

(2)承载力极限状态检算。

①温度为主的荷载组合。检算对象为底座板，荷载组合系数分别为 $\psi_1^{\Delta T} = 1.0$；收缩；$\psi_1^D = 1.0$、$\psi_1^{TB} = 1.0$、$\psi_1^E = 0.0$。

温度荷载为主时，温度和收缩引起的应变：

$$\varepsilon_{\Delta T} = \alpha_T \Delta T = 1 \times 10^{-5} \times (30 \times 1.0 + 30) = 6.0000 \times 10^{-4}$$

选取 2#简支梁桥固结机构处底座板为检算对象，此时最不利荷载组合如下。

由牵引/制动引起的附加力：$N_1 = 1.0 \times 743.641 = 743.64\text{kN}$。

由挠曲附引起的附加力：$N_2 = 1.0 \times 158.9 = 158.90\text{kN}$。

总附加力为

$$N_{\text{total}} = N_1 + N_2 = 743.64 + 158.90 = 902.54 \text{kN}$$

采用迭代法进行等效弹性模量计算，得到等效弹性模量为 $E_{\text{eff}} = 4527.4 \text{MPa}$。此时截面纵向力为 $N_{\text{total}} = 2.4251 \text{MN}$；钢筋应力为 $\sigma_s = 207.96 \text{MPa}$。

在温度荷载、混凝土收缩以及活载作用下，混凝土底座板钢筋应力远小于 HRB500 的抗拉设计强度 $f_y = 435 \text{MPa}$，此时混凝土底座板处于安全状态。

②活载/制动为主的荷载组合（11♯固结机构处）。检算对象为连续梁桥固结机构附近处底座板，荷载组合系数分别为：$\psi_1^{\Delta T} = 0.8$；收缩；$\psi_1^D = 1.0$、$\psi_1^{TB} = 1.0$、$\psi_1^E = 0.8$。

对于温度和收缩引起的应变：

$$\varepsilon_{\Delta T} = \alpha_T \Delta T = 1 \times 10^{-5} \times (0.8 \times 30 + 30) = 5.4000 \times 10^{-4}$$

由牵引/制动引起的附加力：$N_1 = 1.0 \times 198.553 = 198.55 \text{kN}$。

由挠曲附引起的附加力：$N_2 = 1.0 \times 625 = 625.00 \text{kN}$。

由桥梁伸缩附引起的附加力：$N_3 = 0.8 \times 1251.6 = 1001.28 \text{kN}$。

总附加力为

$$N_{\text{total}} = N_1 + N_2 + N_3 = 198.55 + 625.00 + 1001.28 = 1824.83 \text{kN}$$

采用迭代法进行等效弹性模量计算，得到等效弹性模量为 $E_{\text{eff}} = 4463.8 \text{MPa}$。此时截面纵向力为 $N_{\text{total}} = 3.1567 \text{MN}$；钢筋应力为 $\sigma_s = 270.69 \text{MPa}$。

在活载为主的荷载组合作用下，混凝土底座板钢筋应力小于 HRB500 的抗拉设计强度 $f_y = 435 \text{MPa}$，此时混凝土底座板处于安全状态。

③活载/制动为主的荷载组合（6♯固结机构）。检算对象为 6♯简支梁桥固结机构附近处底座板，荷载组合系数分别为 $\psi_1^{\Delta T} = 0.8$；收缩；$\psi_1^D = 1.0$、$\psi_1^{TB} = 1.0$、$\psi_1^E = 0.8$。

对于温度和收缩引起的应变：

$$\varepsilon_{\Delta T} = \alpha_T \Delta T = 1 \times 10^{-5} \times (0.8 \times 30 + 30) = 5.4000 \times 10^{-4}$$

由牵引/制动引起的附加力：$N_1 = 1.0 \times 726.594 = 726.59 \text{kN}$。

由挠曲附引起的附加力：$N_2 = 1.0 \times 158.90 = 158.90 \text{kN}$。

由桥梁伸缩附引起的附加力：$N_3 = 0.8 \times 911.97 = 725.58 \text{kN}$。

总附加力为

$$N_{\text{total}} = N_1 + N_2 + N_3 = 726.59 + 158.90 + 724.58 = 1615.07 \text{kN}$$

与 11♯固结机构处底座板计算分析对比可知，6♯固结机构处底座板在活载/制动力为主的荷载组合作用下，混凝土底座板钢筋应力小于 HRB500 的抗拉设计强度 $f_y = 435 \text{MPa}$，此时混凝土底座板处于安全状态。

④活载/制动为主的荷载组合（2♯固结机构）。检算对象为 2♯简支梁桥固结机构附近处底座板，荷载组合系数分别为：$\psi_1^{\Delta T} = 0.8$；收缩；$\psi_1^D = 1.0$、$\psi_1^{TB} = 1.0$、$\psi_1^E = 0.8$。

对于温度和收缩引起的应变：

$$\varepsilon_{\Delta T} = \alpha_T \Delta T = 1 \times 10^{-5} \times (0.8 \times 30 + 30) = 5.4000 \times 10^{-4}$$

由牵引/制动引起的附加力：$N_1 = 1.0 \times 743.641 = 743.64 \text{kN}$。

由挠曲附引起的附加力：$N_2 = 1.0 \times 158.90 = 158.90 \text{kN}$。

由桥梁伸缩附引起的附加力：$N_3 = 0.8 \times 516.03 = 412.82 \text{kN}$。

总附加力为

$$N_{total}=N_1+N_2+N_3=743.64+158.90+412.82=1315.36kN$$

与 11♯ 固结机构处底座板计算分析对比可知，6♯ 固结机构处底座板在活载/制动力为主的荷载组合作用下，混凝土底座板钢筋应力小于 HRB500 的抗拉设计强度 $f_y=435MPa$，此时混凝土底座板处于安全状态。

3)钢轨检算

当连续梁桥经过列车时，荷载分布为"QD-310-1"和桥梁降温 30℃ 两种荷载工况作用下，钢轨受力达到最不利，此时受力为 671.65kN，比 2.3.3 节中允许值小，所以钢轨承受桥梁伸缩附加力、牵引制动附加力最不利荷载组合时，钢轨受力处于安全状态。

4)小结

通过以上对四跨连续梁桥(80+128×2+80)底座板检算，结果表明，简支梁桥固结机构处底座板受力比连续梁桥固结机构处底座板小，连续梁桥固结机构处底座板受力起控制作用。正常使用极限状态检算满足要求，在温度跨度为 240m 时，底座板裂缝宽度在规定限值以内；承载能力极限状态检算也满足要求，此时钢筋应力小于允许值。

3. 5 跨连续梁桥(80+128×3+80)温度跨度研究

本小节探讨 5 跨连续梁桥(80+128×3+80)，对应构造桥梁示意图，$i=2$、$j=1$，此时连续梁桥为非对称结构，温度跨度达到 368m。

1)轨道结构受力分析及其结果

与算例及上一类似，在模型上施加不同位置的牵引制动荷载，以寻找最不利荷载，计算结果如图 2-73 所示。对于底座板受力，施加牵引/制动荷载比桥梁升降温影响小，桥梁升降温影响最大，在升温 30℃ 时，底座板在连续梁桥固结机构处受力达到 2337.34kN；在降温 30℃ 时，底座板在连续梁桥左活动端处受力为 1004.7kN。图 2-73 和图 2-74 分别为底座板、钢轨在牵引、制动荷载和桥梁升降温作用下沿纵向长度纵向力分布图。其最大纵向力值以及关注位置纵向力值和对应位置见表 2-20。

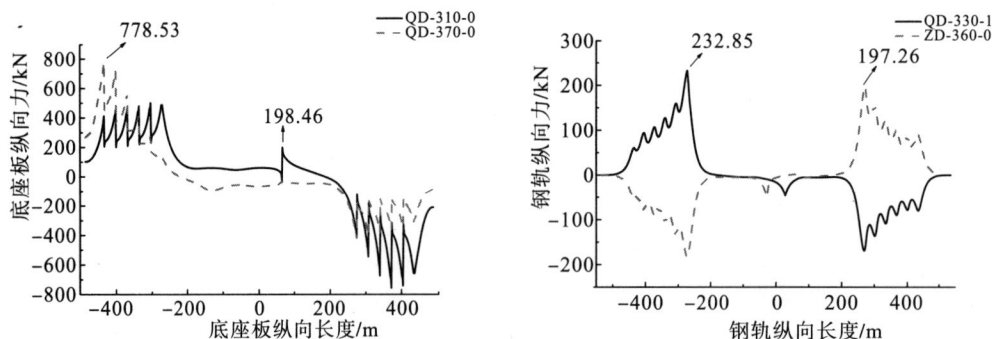

图 2-73　底座板、钢轨牵引/制动附加力

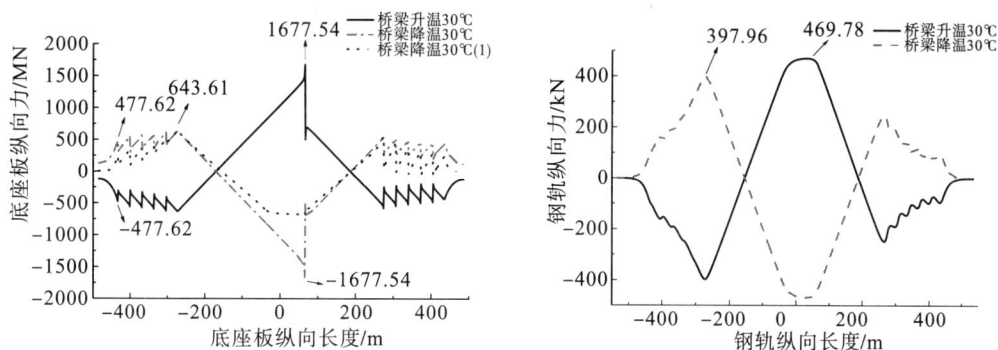

图 2-74　底座板、钢轨伸缩附加力

表 2-20　5 跨连续梁桥计算结果汇总表

轨道结构部件	荷载类型	最大纵向力/kN	荷载	位置
底座板	挠曲附加力	158.90	—	简支梁桥固结机构
		625.00	—	连续梁桥固结机构
	牵引/制动附加力	778.53	QD−310−0	1#固结机构
		198.46	QD−370−0	11#固结机构
	伸缩附加力	−756.51		1#固结机构
		−1004.7	桥梁升温 30℃	11#左活动端
		2337.34		11#固结机构
		756.51		1#固结机构
		1004.7	桥梁降温 30℃	11#左活动端
		−2337.34		11#固结机构
钢轨	牵引/制动附加力	232.85	QD−330−1	11#左活动端
		197.26	ZD−360−1	11#右活动端
	伸缩附加力	154.32	桥梁升温 30℃	11#固结机构左
		69.71	桥梁降温 30℃	11#左活动端

注：表中未列出钢轨挠曲附加力是因为在固结机构处受力较小(由 2.3.3 节可知)。

2)底座板检算

(1)正常使用极限状态检算。

①温度荷载为主的荷载组合。温度荷载为主时，荷载组合与 2.3.3 节相同，满足正常使用耐久性要求 0.3mm。

②活载/制动力为主的荷载组合(11#固结机构)。检算对象为连续梁桥固结机构附近处底座板，荷载组合系数分别为 $\psi_1^{\triangle T}=0.5$；收缩；$\psi_1^D=1.0$、$\psi_1^{TB}=1.0$、$\psi_1^F=0.5$。

对于温度和收缩引起的应变：
$$\varepsilon_{\Delta T}=\alpha_T\Delta T=1\times10^{-5}\times(0.5\times30+30)=4.5000\times10^{-4}$$

由牵引/制动引起的附加力：$N_1=1.0\times198.46=198.464\mathrm{kN}$。

由挠曲附引起的附加力：$N_2=1.0\times625=625.00\mathrm{kN}$。

由桥梁伸缩附引起的附加力：$N_3=0.5\times2337.34=1168.67\mathrm{kN}$。

总附加力为$N_{\mathrm{total}}=N_1+N_2+N_3=198.46+625.00+1168.67=1992.13\mathrm{kN}$。

采用迭代法进行等效弹性模量计算，得到等效弹性模量为$E_{\mathrm{eff}}=4475.7\mathrm{MPa}$。此时截面纵向力为$N_{\mathrm{total}}=3.0978\mathrm{MN}$；钢筋应力为$\sigma_s=265.63\mathrm{MPa}$。

在活载/制动力为主的荷载组合作用下，混凝土底座板钢筋应力比设计限值小，意味着混凝土底座板开裂还未达到裂纹宽度限值为0.3mm，此时满足正常使用耐久性要求0.3mm。

③活载/制动力为主的荷载组合（1♯固结机构）。检算对象为1♯简支梁桥固结机构附近处底座板，荷载组合系数分别为$\psi_1^{\Delta T}=0.5$；收缩；$\psi_1^D=1.0$、$\psi_1^{TB}=1.0$、$\psi_1^E=0.5$。

对于温度和收缩引起的应变：
$$\varepsilon_{\Delta T}=\alpha_T\Delta T=1\times10^{-5}\times(0.5\times30.0+30)=4.500\times10^{-4}$$

由牵引/制动引起的附加力：$N_1=1.0\times778.53=778.53\mathrm{kN}$。

由挠曲附引起的附加力：$N_2=1.0\times158.90=158.90\mathrm{kN}$。

由桥梁伸缩附引起的附加力：$N_3=0.5\times756.51\approx378.26\mathrm{kN}$。

总附加力为$N_{\mathrm{total}}=N_1+N_2+N_3=778.53+158.90+378.26=1315.68\mathrm{kN}$。

与11♯固结机构处底座板计算分析对比可知，1♯固结机构处底座板在活载/制动力为主的荷载组合作用下，混凝土底座板钢筋应力比设计限值小，此时满足正常使用耐久性要求0.3mm。

（2）承载力极限状态检算。

①温度为主的荷载组合。检算对象为底座板，荷载组合系数分别为：$\psi_1^{\Delta T}=1.0$；收缩；$\psi_1^D=1.0$、$\psi_1^{TB}=1.0$、$\psi_1^E=0.0$。

温度荷载为主时，温度和收缩引起的应变：
$$\varepsilon_{\Delta T}=\alpha_T\Delta T=1\times10^{-5}\times(30\times1.0+30)=6.0000\times10^{-4}$$

选取1♯简支梁桥固结机构处底座板为检算对象，此时最不利荷载组合如下。

由牵引/制动引起的附加力：$N_1=1.0\times778.53=778.53\mathrm{kN}$。

由挠曲附引起的附加力：$N_2=1.0\times158.90=158.90\mathrm{kN}$。

总附加力为$N_{\mathrm{total}}=N_1+N_2=778.53+158.90=937.43\mathrm{kN}$。

采用迭代法进行等效弹性模量计算，得到等效弹性模量为$E_{\mathrm{eff}}=4522.1\mathrm{MPa}$。此时截面纵向力为$N_{\mathrm{total}}=2.4582\mathrm{MN}$；钢筋应力为$\sigma_s=210.79\mathrm{MPa}$。

在温度荷载、混凝土收缩及活载作用下，混凝土底座板钢筋应力远小于HRB500的抗拉设计强度$f_y=435\mathrm{MPa}$，此时混凝土底座板处于安全状态。

②活载/制动为主的荷载组合（11♯固结机构处）。检算对象为连续梁桥固结机构附近处底座板，荷载组合系数分别为：$\psi_1^{\Delta T}=0.8$；收缩；$\psi_1^D=1.0$、$\psi_1^{TB}=1.0$、$\psi_1^E=0.8$。

对于温度和收缩引起的应变：

$$\varepsilon_{\Delta T}=\alpha_T\Delta T=1\times10^{-5}\times(0.8\times30+30)=5.4000\times10^{-4}$$

由牵引/制动引起的附加力：$N_1=1.0\times198.46=198.46\text{kN}$。

由挠曲附引起的附加力：$N_2=1.0\times625=625.00\text{kN}$。

由桥梁伸缩附引起的附加力：$N_3=0.8\times2337.34\approx1869.87\text{kN}$。

总附加力为 $N_{\text{total}}=N_1+N_2+N_3=198.46+625.00+1869.87=2693.33\text{kN}$。

采用迭代法进行等效弹性模量计算，得到等效弹性模量为 $E_{\text{eff}}=4408.3\text{MPa}$。此时截面纵向力为 $N_{\text{total}}=3.9978\text{MN}$；钢筋应力为 $\sigma_s=342.81\text{MPa}$。

在活载为主的荷载组合作用下，混凝土底座板钢筋应力小于 HRB500 的抗拉设计强度 $f_y=435\text{MPa}$，此时混凝土底座板处于安全状态。

③活载/制动为主的荷载组合(1♯固结机构)。检算对象为 1♯简支梁桥固结机构附近处底座板，荷载组合系数分别为 $\varphi_1^{\Delta T}=0.8$；收缩；$\varphi_1^D=1.0$、$\varphi_1^{TB}=1.0$、$\varphi_1^E=0.8$。

对于温度和收缩引起的应变：

$$\varepsilon_{\Delta T}=\alpha_T\Delta T=1\times10^{-5}\times(0.8\times30+30)=5.4000\times10^{-4}$$

由牵引/制动引起的附加力：$N_1=1.0\times778.53=778.53\text{kN}$。

由挠曲附引起的附加力：$N_2=1.0\times158.90=158.90\text{kN}$。

由桥梁伸缩附引起的附加力：$N_3=0.8\times756.51\approx605.21\text{kN}$。

总附加力为 $N_{\text{total}}=N_1+N_2+N_3=778.53+158.90+605.21=1542.64\text{kN}$。

与 11♯固结机构处底座板计算分析对比可知，1♯固结机构处底座板在活载/制动力为主的荷载组合作用下，混凝土底座板钢筋应力小于 HRB500 的抗拉设计强度 $f_y=435\text{MPa}$，此时混凝土底座板处于安全状态。

3)钢轨检算

当连续梁桥经过列车时，荷载分布为"QD-330-1"和桥梁降温 30℃ 两种荷载工况作用下，钢轨受力在连续梁桥左活动端达到最不利，此时受力为 630.81kN，比 8.3.5 节中的允许值小，所以钢轨承受桥梁伸缩附加力、牵引制动附加力最不利荷载组合时，钢轨受力处于安全状态。

4)小结

通过以上对 5 跨连续梁桥(80+128×3+80)底座板检算，结果表明，简支梁桥固结机构处底座板受力比连续梁桥固结机构处底座板小，连续梁桥固结机构处底座板受力起控制作用。正常使用极限状态检算满足要求，在温度跨度为 368m 时，底座板裂缝宽度在规定限值以内；承载能力极限状态检算也满足要求，此时钢筋应力小于允许值。

4. 5 跨连续梁桥(80+80+128+80+80)温度跨度研究

本小节探讨 5 跨连续梁桥(80+80+128+80+80)，对应构造桥梁示意图，$i=3$、$j=2$，此时连续梁桥为非对称结构，温度跨度达到 320m。

1)轨道结构受力分析及其结果

与算例及上一小节类似，在模型上施加不同位置的牵引制动荷载，以寻找最不利荷载，计算结果如图 2-75 所示。对于底座板受力，施加牵引/制动荷载较桥梁升降温影响小,桥梁升降温影响最大。在升温 30℃时,底座板在连续梁桥固结机构处受力达到 1687.13kN;在降温 30℃时,底座板在连续梁桥左活动端处受力达到 713.31kN。图 2-75、图 2-76 分别为底座板、钢轨在牵引制动荷载和桥梁升降温作用下沿纵向长度的纵向力分布图。其最大纵向力值及关注位置纵向力值和对应位置见表 2-21。

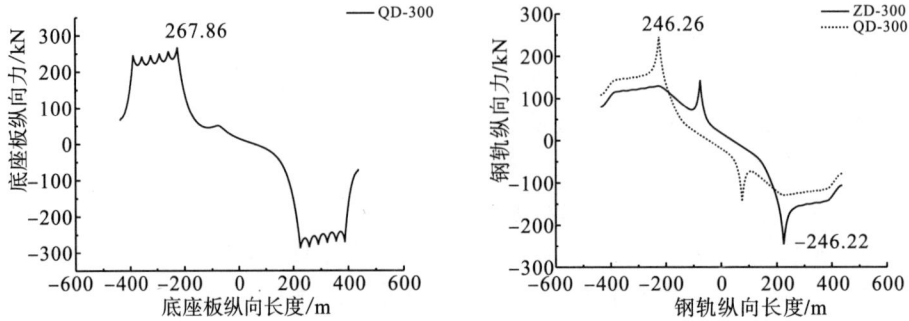

图 2-75 底座板、钢轨牵引/制动附加力

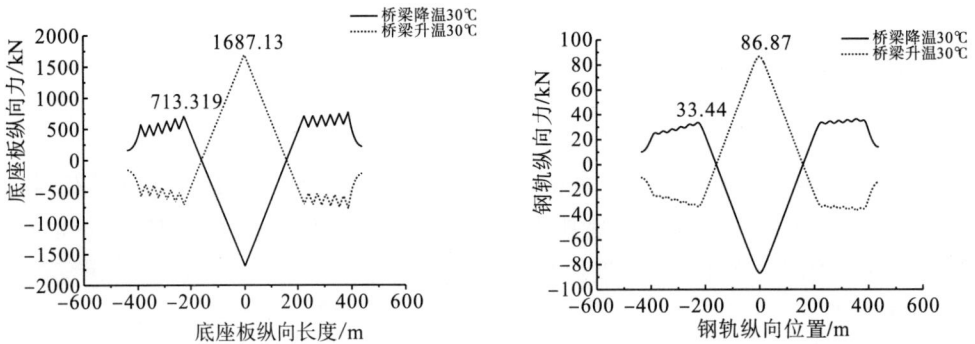

图 2-76 底座板、钢轨伸缩附加力

表 2-21 5 跨连续梁桥计算结果汇总

轨道结构部件	荷载类型	最大纵向力/kN	荷载	位置
底座板	挠曲附加力	158.90	—	简支梁桥固结机构
		625.00	—	连续梁桥固结机构
	牵引/制动附加力	267.86	QD−300−0	1# 左固定端
		52.43	QD−300−0	11# 固结机构
	伸缩附加力	−713.319	桥梁升温 30℃	11# 左活动端
		1687.13		11# 固结机构
		713.319	桥梁降温 30℃	11# 左活动端
		−1687.13		11# 固结机构

续表

轨道结构部件	荷载类型	最大纵向力/kN	荷载	位置
钢轨	牵引/制动附加力	246.26	QD-300-0	11♯左活动端
		-246.22	ZD-300-0	11♯右活动端
	伸缩附加力	86.87	桥梁升温 30℃	11♯固结机构
		33.44	桥梁降温 30℃	11♯左活动端

注：表中未列出钢轨挠曲附加力是因为在固结机构处受力较小(由 8.3.1 节可知)。

2)底座板检算

(1)正常使用极限状态检算

①温度荷载为主的荷载组合。温度荷载为主时，荷载组合与 8.3.5 节相同，满足正常使用耐久性要求 0.3mm。

②活载/制动力为主的荷载组合(11♯固结机构)。检算对象为连续梁桥固结机构附近处底座板，荷载组合系数分别为 $\psi_1^{\Delta T}=0.5$；收缩；$\psi_1^D=1.0$、$\psi_1^{TB}=1.0$、$\psi_1^E=0.5$。

对于温度和收缩引起的应变：

$$\varepsilon_{\Delta T}=\alpha_T\Delta T=1\times10^{-5}\times(0.5\times30+30)=4.5000\times10^{-4}$$

由牵引/制动引起的附加力：$N_1=1.0\times214.222=214.222\text{kN}$。

由挠曲引起的附加力：$N_2=1.0\times625=625.00\text{kN}$。

由桥梁伸缩附引起的附加力：$N_3=0.5\times1687.13\approx843.57\text{kN}$。

总附加力为

$$N_{\text{total}}=N_1+N_2+N_3=214.222+625.00+843.57=1682.792\text{kN}$$

采用迭代法进行等效弹性模量计算，得到等效弹性模量为 $E_{\text{eff}}=4451.2\text{MPa}$。此时截面纵向力为 $N_{\text{total}}=2.6485\text{MN}$；钢筋应力为 $\sigma_s=227.11\text{MPa}$。

在活载/制动力为主的荷载组合作用下，混凝土底座板钢筋应力比设计限值小，意味着混凝土底座板开裂还未达到裂纹宽度限值为 0.3mm，此时满足正常使用耐久性要求 0.3mm。

(2)承载力极限状态检算。

①温度为主的荷载组合。检算对象为底座板，荷载组合系数分别为 $\psi_1^{\Delta T}=1.0$；收缩；$\psi_1^D=1.0$、$\psi_1^{TB}=1.0$、$\psi_1^E=0.0$。

温度荷载为主时，温度和收缩引起的应变：

$$\varepsilon_{\Delta T}=\alpha_T\Delta T=1\times10^{-5}\times(30\times1.0+30)=6.0000\times10^{-4}$$

选取 1♯简支梁桥固结机构处底座板为检算对象，此时最不利荷载组合如下。

由牵引/制动引起的附加力：$N_1=1.0\times245.86=245.86\text{kN}$。

由挠曲引起的附加力：$N_2=1.0\times158.90=158.90\text{kN}$。

总附加力为 $N_{\text{total}}=N_1+N_2=245.86+158.90=404.76\text{kN}$。

采用迭代法进行等效弹性模量计算，得到等效弹性模量为 $E_{\text{eff}}=4512.1\text{MPa}$。此时截面纵向力为 $N_{\text{total}}=1.9688\text{MN}$；钢筋应力为 $\sigma_s=168.82\text{MPa}$。

在温度荷载、混凝土收缩及活载作用下，混凝土底座板钢筋应力远小于 HRB500 的

抗拉设计强度 $f_y=435\mathrm{MPa}$，此时混凝土底座板处于安全状态。

②活载/制动为主的荷载组合（11♯固结机构处）。检算对象为连续梁桥固结机构附近处底座板，荷载组合系数分别为 $\psi_1^{\Delta T}=0.8$；收缩；$\psi_1^D=1.0$、$\psi_1^{TB}=1.0$、$\psi_1^E=0.8$。

对于温度和收缩引起的应变：

$$\varepsilon_{\Delta T}=\alpha_T\Delta T=1\times10^{-5}\times(0.8\times30+30)=5.4000\times10^{-4}$$

由牵引/制动引起的附加力：$N_1=1.0\times52.43=52.43\mathrm{kN}$。

由挠曲附引起的附加力：$N_2=1.0\times625.00=625.00\mathrm{kN}$。

由桥梁伸缩附引起的附加力：$N_3=0.8\times1687.13\approx1349.7\mathrm{kN}$。

总附加力为 $N_{\mathrm{total}}=N_1+N_2+N_3=52.43+625.00+1349.7=2027.13\mathrm{kN}$。

采用迭代法进行等效弹性模量计算，得到等效弹性模量为 $E_{\mathrm{eff}}=4384.9\mathrm{MPa}$。此时截面纵向力为 $N_{\mathrm{total}}=3.8437\mathrm{MN}$；钢筋应力为 $\sigma_s=329.60\mathrm{MPa}$

在活载为主的荷载组合作用下，混凝土底座板钢筋应力小于 HRB500 的抗拉设计强度 $f_y=435\mathrm{MPa}$，此时混凝土底座板处于安全状态。

3）钢轨检算

由 8.3.5 节的计算可知，钢轨能承受的最大附加力为 992.40kN。当连续梁桥经过列车时，荷载分布为"QD-330-1"和桥梁降温30℃两种荷载工况作用下，钢轨受力在连续梁桥左活动端达到最不利，此时受力为 246.26kN，比允许值小，所以钢轨承受桥梁伸缩附加力、牵引、制动附加力最不利荷载组合时，钢轨强度检算处于安全状态，但此时钢轨受力较接近容许值。

4）小结

通过以上对 5 跨连续梁桥（80+80+128+80+80）底座板检算，检算结果表明，简支梁桥固结机构处底座板受力比连续梁桥固结机构处底座板小，连续梁桥固结机构处底座板受力起控制作用。在温度跨度为 320m 时，承载能力极限状态检算满足要求，此时钢筋应力小于允许值。底座板裂缝宽度没有超过规定，满足正常使用极限状态，检算满足要求。

5. 小结

通过 2.3.4 节对桥上 CRTSⅡ型板温度跨度的研究可知，当桥梁温度跨度增加时，底座板所承受的桥梁伸缩附加力、牵引/制动附加力均有不同程度的增加，其中桥梁伸缩附加力增加幅度较大，且在整个底座板受力占有较大的比例，如图 2-77 所示。由于第⑤座桥桥跨形式不一样，故没有放入图中。

由图 2-77 可知，轨道结构承受的伸缩力整体上随温度跨度的增加而增长，底座板所承受的伸缩力在温度跨度为 208m 时为 1287.99 kN，温度跨度为 368m 时增长到2337.34 kN，增幅达 81.47%；钢轨所承受的伸缩力在温度跨度为 208m 时为 91.63 kN，温度跨度为 368m 时增长到 154.32 kN，增幅达 68.42%。也可以看出，由于底座板承受较大的伸缩附加力，钢轨受到的作用力较小。桥跨结构随着温度跨度的增长而增长，桥梁与轨道结构作用长度也随之增长，在保持其他条件不变的前提下，桥梁伸缩力必随桥跨长度的增长而增大。

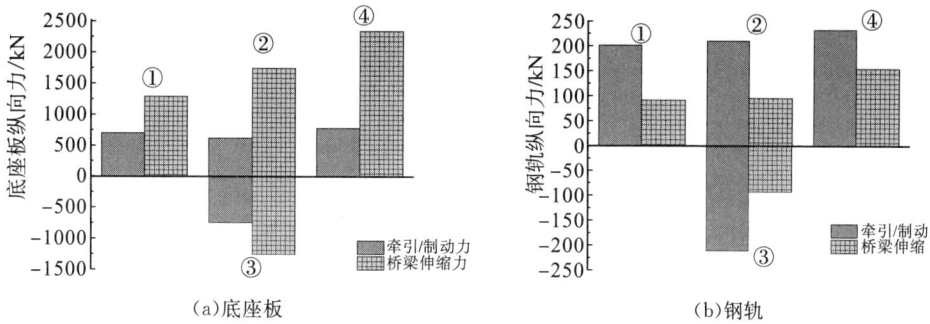

(a)底座板　(b)钢轨

图 2-77　不同温度跨度下轨道结构受力

在不同荷载工况作用下，本章各小节均对底座板受力较大处按相应的荷载组合进行检算，最不利荷载组合检算结果如图 2-78 所示，图中虚线为正常使用极限状态钢筋应力控制值 264MPa。由图可知，对于同一大跨连续梁桥，底座板正常使用极限状态检算比承载能力极限状态检算更严格。随着温度跨度的增长，最不利荷载组合对应的钢筋应力也逐渐增大，直到温度跨度达到 368m 时，以活载/制动力为主的荷载组合作用时，正常使用极限状态检算钢筋应力 σ_s＝265.63MPa，此时超过钢筋应力控制值。因底座板受力和变形影响因素众多，可认为温度跨度达到 368m 时，底座板达到正常使用极限状态。当温度跨度为 320m 时，底座板正常使用极限状态和承载能力极限状态都满足要求。

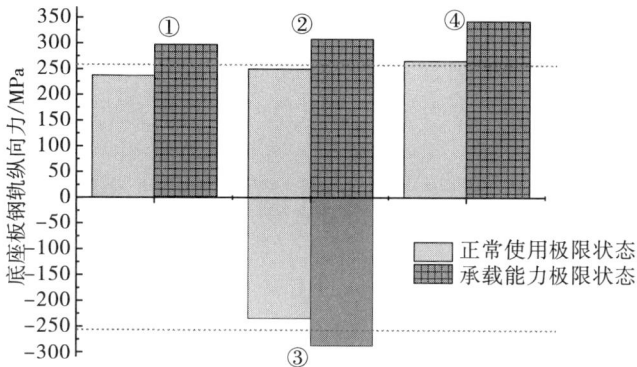

图 2-78　不同温度跨度下底座板钢筋应力

本 节 小 结

本节借助大型有限元软件，建立桥上 CRTS II 型板式无砟轨道线－板－桥非线性空间模型。考虑模型在不同的温度跨度下，能铺设 CRTS II 型板式无砟轨道的最大连续梁桥温度跨度。根据桥梁与轨道结构的相互作用特点，桥梁伸缩刚度与桥梁截面直接相关，未用简化截面去模拟桥梁，而是用变截面去较真实地模拟桥梁，以此来获得较为精确的桥梁与轨道结构相互作用力，保证计算结果的有效性。在保证结果的有效性方面，本章也进行了简支梁桥配跨研究，得出在中间跨两端配跨 1~5 跨时，中间跨的受力趋于重合，在后续连续梁桥分析中，能较为真实地模拟实际桥梁、轨道结构受力。在参数取值方面采用我国规范规定的参数进行相关计算，其中，混凝土抗拉强度采用设计值。

　　桥上 CRTS Ⅱ 型板式无砟轨道因轨道结构的特点，轨道板允许沿预裂缝开裂，而底座板在正常使用的过程中，开裂也是无法避免的，带裂纹工作才能体现钢筋混凝土的承载能力。然而要在上千米的模型中真实模拟混凝土开裂，不同程度、不同位置的开裂，是非常难实现的，因此本书在进行研究时，采用一定的折减系数来模拟混凝土开裂，取不同折减系数时的轨道结构最不利受力来进行相关检算。开裂后，钢筋混凝土能协同承受压力，而承受拉力时仅靠截面所配钢筋承受。真实轨道结构在荷载作用时，不同位置受拉受压是同时存在的，通过对混凝土弹性模量折减来模拟混凝土开裂，真实的受力是包含在不同折减刚度计算的包络曲线内的，取最不利受力来进行相关检算是合理的。

　　本节通过建立桥上 CRTS Ⅱ 型板式无砟轨道线－板－桥－墩非线性空间一体化模型，运用桥上无缝线路设计理论、极限状态法，在有限元软件中分析轨道结构受力和变形随温度跨度增长的变化规律。由上述分析计算可得出以下结论。

　　(1)建立桥梁－轨道结构相互作用计算模型时，当连续梁桥两端有多于 5 跨 32m 简支梁桥时，可采用 5 跨 32m 简支梁桥来代替两端实际的多跨简支梁桥，轨道结构受力与实际受力接近，从而简化计算模型。

　　(2)底座板、钢轨所承受的桥梁伸缩力随温度跨度的增加而增长，承受的牵引/制动力增幅较小。

　　(3)相同温度跨度时，桥跨对称布置在一定程度上能降低桥梁－轨道结构的相互作用，此时底座板受力减小，但会小幅增加钢轨受力。

　　(4)本节从轨道结构在不同荷载工况作用下受力和变形的角度得出 CRTS Ⅱ 型板式无砟轨道极限温度跨度约为 368m 出现正常使用极限状态不满足要求的情况。计算温度跨度为 320m 时满足正常使用和承载力极限状态，故极限温度跨度可能为 320~368m。

2.4　双块式无砟轨道合理温度跨度

　　双块式无砟轨道是我国无砟轨道结构的主要形式之一。按照施工工序的不同分为 CRTS Ⅰ 型双块式无砟轨道和 CRTS Ⅱ 型双块式无砟轨道。目前主要运用在武广客专、郑西客专等高速铁路。铺设双块式无砟轨道的大跨度混凝土桥梁在国内应用广泛，武广线上的王灌冲特大桥(70+125+70)m 和郑西线上的渭南渭河二跨特大桥[7－(48+4×80+48)m 连续梁+(40+2－64+40)m 连续梁]为目前国内温度跨度较大的铺设双块式桥梁，其中没设钢轨伸缩调节器的最大温度跨度达 208m。尽管大跨度混凝土桥梁结构型式被广泛运用，但铺设双块式轨道结构的极限温度跨度仍是困扰桥上无缝线路的设计难题。本节将对其进行研究。

2.4.1　计算模型与参数

1. 钢轨－道床板－桥梁－墩台垂向耦合静力学模型

　　桥上双块式无砟轨道在设计、施工时，底座板通过梁体预埋套筒植筋或预埋钢筋与桥梁连接，使底座板与桥梁形成一个整体。底座上设置凹槽，实现道床板的纵、横向限位，凹槽侧面及顶面设橡胶弹性垫层以缓冲道床板对底座的振动冲击作用。底座顶面设置隔离层，隔离层材料为土工布或 EPDM。道床板为轨道结构的承载主体，将承受列车荷载、温度荷载，并将承受的荷载通过凹槽或凸形挡台传递至底座及保护层上，并进一步传递至桥梁。

基于桥上无缝线路基本原理和桥上双块式无砟轨道结构，建立钢轨－道床板－桥梁－墩台垂向耦合静力分析模型，如图 2-79 所示，由于线路的对称性，取桥梁半结构。模型中，钢轨、道床板、桥梁均采用梁单元（beam3）模拟，扣件纵向采用非线性弹簧（combin39）模拟，垂向采用线性弹簧（combin14）模拟，道床板与底座间的摩擦、限位凸形挡台与凹槽间弹性垫板、桥梁固定墩台均用线性弹簧（combin14）模拟。

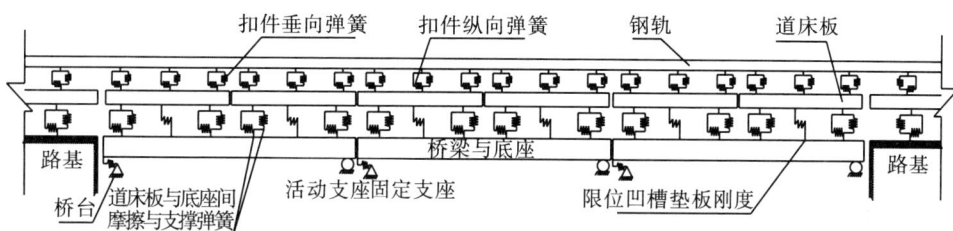

图 2-79　钢轨－道床板－桥梁－墩台一体化计算模型

2. 计算参数

(1)钢轨：弹性模量 $E=2.1\times10^5$MPa，线膨胀系数 $\alpha=11.8\times10^{-6}$，泊松比为 0.3，截面面积 $A=77.45$cm^2，截面惯性矩 $I=3217$cm^4，截面高度 $H=176$cm，允许应力为 351MPa。

(2)道床板：弹性模量 $E=3.6\times10^4$ MPa，线膨胀系数 $\alpha=1\times10^{-5}$，泊松比为 0.2，长度为 6.5m，截面宽 2.8m，截面高为 0.26m，板缝为 0.1m，截面面积 0.728m^2，截面惯性矩为 0.0041m^4。

(3)32m 简支梁：弹性模量 $E=3.25\times10^4$MPa，线膨胀系数 $\alpha=1\times10^{-5}$，泊松比为 0.2，截面面积为 9m^2，截面高度为 3m，截面惯性矩为 11m^4，桥梁纵向刚度为 350kN/cm。

(4)连续梁：截面面积为 15m^2，截面高度为 5m，截面惯性矩为 45m^4，桥墩纵向刚度为 1500kN/cm，桥台纵向刚度取 3000kN/cm。

(5)扣件：武广线上采用 WJ-7 型扣件，郑西线上采用 WJ-8 型扣件。本书均采用 WJ-8 型扣件，其垂向刚度为 35kN/mm，纵向阻力如图 2-4 所示。

可知，常阻力扣件极限位移为 2mm，小阻力扣件的极限位移为 0.5mm。

(6)道床板与底座间的摩擦阻力为 9.1kN/cm，限位凹槽橡胶垫板刚度为 180kN/mm。

3. 荷载

采用与 2.1 节相同的荷载组合。

2.4.2 最大温度跨度研究评价指标

1. 钢轨强度

钢轨强度检算是无缝线路设计检算的重要工作内容，其目的是确保钢轨截面的最大工作应力必须在钢轨容许应力范围之内。钢轨强度检算公式为

$$\sigma_d + \sigma_t + \sigma_f \leqslant [\sigma] = \frac{\sigma_s}{K} \tag{2-2}$$

式中，σ_s 为考虑了焊接接头质量的钢轨屈服强度，钢轨取 457MPa；K 为安全系数，一般取为 1.0 或 1.3，考虑了钢轨疲劳应力、残余应力、焊接接头缺陷等因素的影响，本书取 1.3；σ_d 为轨底边缘动弯应力；σ_t 为钢轨最大温度应力；σ_f 为钢轨最大附加应力，根据不同的荷载情况取不同的叠加组合及安全系数。

本节计算主要参照郑西客运专线参数，车型设计为 CRH2 或者 CRH3，其中轴重为 15t，固定轴距 2.5m，运行速度 350km/h，所以速度系数为 $\alpha = 1$。未被平衡超高，故偏载系数 $\beta = 0$，因线路位于直线地段，故横向水平力系数 $f = 1.25$；无砟轨道钢轨支座刚度 D 取 23kN/mm，轨枕间距 $a = 0.65$m。

表 2-21 动弯应力计算表

	动弯应力计算			其他参数
轮位	−	−	E	210000 MPa
P_0	75000 N	75000 N	I	32170000 mm⁴
x	0	2500 mm	D	23000 kN/m
kx	0	2.6743	W_d	396000 mm³
μ_0	1	−0.0926	a	650 mm
$P_0\mu_0$	75000	−6947	α	1
$\sum P_0\mu_0$	68053		β	0
M_d	31808859 N·m		f	1.25
σ_d	100 MPa		k	0.00106972

因此，轨底边缘动弯应力为 100MPa，钢轨的允许强度为 352MPa，所以最大温度应力与附加应力之和的允许值为 252MPa。换算成钢轨的纵向力允许值为 1952kN。

2. 梁轨相对位移

在制动力作用下，有砟轨道桥上无缝线路从保持道床稳定性的角度考虑，UIC 规范中曾建议梁轨快速相对位移不超过 4mm，有钢轨伸缩调节器时不宜超过 30mm。在无砟轨道桥上无缝线路检算中，虽然不存在道床稳定性的问题，但同样存在扣件稳定性的问题。建议借鉴此标准，控制常阻力扣件的梁轨或板轨相对位移(不同无砟轨道结构采用不同的相对位移)不超过 4mm，允许钢轨滑动的小阻力扣件不超过 30mm。

3. 钢轨断缝

规范规定无砟轨道在一般情况下的钢轨断缝容许值为 70mm，特殊情况下为 90mm。

4. 道床板抗拉强度

道床板浇筑时采用 C40 混凝土，其极限抗拉强度为 1.71MPa。

5. 凸形挡台的抗剪承载力

桥上双块式无砟轨道抗剪凸形挡台横断面尺寸为 600mm×600mm，钢筋采用 HRB335 级钢筋，钢筋用量为 $12\varphi12$，采用 C40 混凝土浇筑。由《混凝土结构设计规范》可知，深受弯截面抗剪承载力计算如下：

当 $h_w/b=h_0/b=520/600=0.87<4$ 时，抗剪承载力为

$$[V]=\frac{1}{60}(10+10/h)\cdot\beta_c\cdot f_c\cdot b\cdot h_0=1025\text{kN}$$

式中，h_w/b 为截面模板高度；h_0 为有效高度。

6. 墩顶最大位移

列车制动时，桥墩的纵向力及纵向位移均不可过大。根据《铁路桥涵基本设计规范》可知，桥墩顶帽的弹性水平位移应小于 $5\sqrt{L}$（L 为桥梁跨度）。

2.4.3　简支梁不设伸缩调节器的最大温度跨度研究

常见简支梁温度跨度有 32m、48m、64m。本节将分别计算这三种桥梁在温度荷载及制动荷载作用下的钢轨纵向力、梁轨相对位移，并验算这三种跨度是否满足强度与变形要求。

1. 工况分析

简支梁的常见跨度分别为 32m、48m、64m，现考虑以下三种工况验算其是否满足钢轨强度要求及变形要求。

(1)工况一：5－32m 简支梁(温度跨度 32m)。

(2)工况二：5－48m 简支梁(温度跨度 48m)。

(3)工况三：5－64m 简支梁(温度跨度 64m)。

2. 温度荷载

对于简支梁，因为温度跨度较小，均采用常阻力扣件。其中，钢轨降温 50℃，道床板和桥梁降温 30℃，计算钢轨的纵向力和梁轨相对位移。其计算结果如图 2-80 和图 2-81 所示。

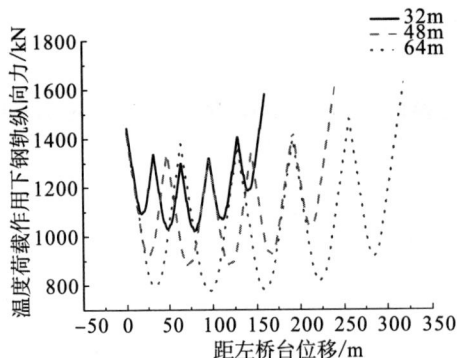

图 2-80　钢轨纵向力

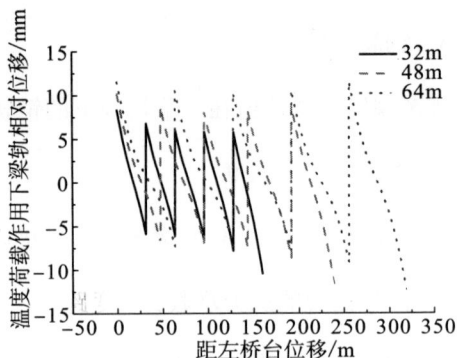

图 2-81　梁轨相对位移

由图 2-80 和图 2-81 可知，温度荷载作用下，钢轨最大纵向力和梁轨相对位移最大值均出现在桥梁右端，且随着温度跨度的增加而增大，当温度跨度为 32m、48m、64m 时，纵向力最大值分别为 1581kN、1593kN、1600kN；相对位移最大值分别为 10.43mm、11.46mm、12.28mm。

3. 列车制动荷载

对于简支梁，因为温度跨度较小，均采用常阻力扣件。给钢轨施加制动荷载，车头作用在伸缩力最大处（即桥梁的右端），制动长度 400m，不足 400m 的全桥制动。计算钢轨的纵向力和梁轨相对位移。其计算结果如图 2-82 和图 2-83 所示。

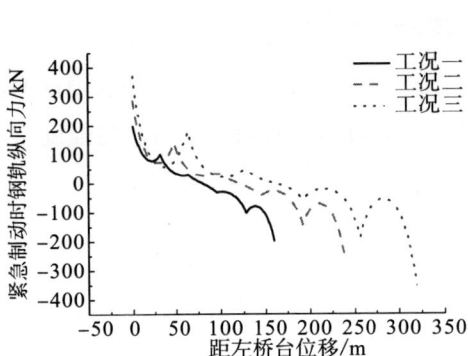

图 2-82　钢轨纵向力

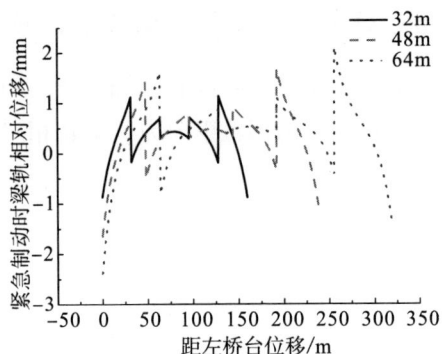

图 2-83　梁轨相对位移

由图 2-82 和图 2-83 可知，列车制动时，最大制动附加力和梁轨快速相对位移均出现在桥梁的右端，且随着温度跨度的增加，最大值均变大。当温度跨度为 32m、48m、64m 时，最大制动附加力值分别为 198kN、273kN、338kN；最大相对位移分别为 0.88mm、1.17mm、1.48mm。

4. 简支梁最大温度跨度分析

根据统计可知，当简支梁温度跨度增加时，各项指标的极值如表 2-22 所示，其中温度荷载作用下和制动荷载作用下的钢轨纵向力叠加为钢轨纵向力。

表 2-22　不同温度跨度简支梁极值汇总

项目	工况一	工况二	工况三
温度跨度/m	32	48	64
钢轨纵向力/kN	1779	1866	1938
温度荷载作用下梁轨相对位移/mm	10.43	11.46	12.28
列车制动时梁轨相对位移/mm	0.88	1.17	1.48

由表 2-22 可知，简支梁温度跨度为 32m、48m、64m 时，其钢轨纵向力分别为 1779kN、1866kN、1938kN，均小于钢轨允许的纵向力 1952kN，故满足钢轨强度要求。温度荷载作用下，当简支梁温度跨度为 32m、48m、64m 时，其梁轨相对位移分别为 10.43mm、11.46mm、12.28mm，相对于渭河特大桥较小。列车制动时，当简支梁温度跨度为 32m、48m、64m 时，梁轨快速相对位移分别为 0.88mm、1.17mm、1.48mm，均小于其限制 4mm。

2.4.4　连续梁不设伸缩调节器的最大温度跨度研究

对于桥上无缝线路，温度跨度对钢轨纵向力、梁轨相对位移及列车制动时梁轨快速相对位移的影响很大。所以本节将逐步提升温度跨度，找出对于铺设常阻力扣件及小阻力扣件的连续梁桥不设伸缩调节器的最大温度跨度。

1. 工况分析

本节计算的桥跨形式如图 2-84 所示，采用如下几种工况，其温度跨度分别为 112m、164m、208m、260m、320m，分别计算温度荷载和制动荷载作用下是否满足强度和变形要求。

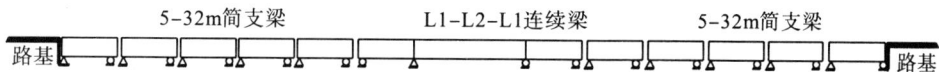

图 2-84　桥梁支座布置形式

(1) 5－32m 简支梁＋48－64－48m(h-g－h-h) 连续梁＋5－32m 简支梁(112m)。

(2) 5－32m 简支梁＋64－100－64m(h-g－h-h) 连续梁＋5－32m 简支梁(164m)。

(3) 5－32m 简支梁＋80－128－80m(h-g－h-h) 连续梁＋5－32m 简支梁(208m)。

(4) 5－32m 简支梁＋100－160－100m(h-g－h-h) 连续梁＋5－32m 简支梁(260m)。

(5) 5－32m 简支梁＋120－200－120m(h-g－h-h) 连续梁＋5－32m 简支梁(320m)。

2. 连续梁温度跨度温度跨度研究

1) 温度荷载作用下不同温度跨度下的钢轨纵向力

针对以上 5 种工况，桥上无缝线路分别铺设常阻力扣件、小阻力扣件和设置伸缩调节器时，给钢轨降温 50℃，桥梁和道床板降温 30℃，5 种工况的钢轨纵向力(即温度力＋伸缩附加力)计算结果如图 2-85 所示。

由图 2-85(a)和图 2-85(b)可知，不设伸缩调节器时，温度荷载作用下，钢轨最大纵向力发生在连续梁的活动端；随着温度跨度的增加，最大钢轨纵向力也增大，当温度跨度为 112m、164m、208m、260m、320m 时，铺设常阻力扣件时最大值分别为 1514kN、1705kN、1848kN、2044kN、2229kN；铺设小阻力扣件时最大值分别为 1175kN、1288kN、1380kN、1495kN、1608kN。

由图 2-85(c)可知，当在连续梁活动端设置伸缩调节器时，连续梁活动端处钢轨纵向力显著减小，最大钢轨纵向力出现在桥梁最右端；且随着温度跨度的增大，最大钢轨纵向力基本保持不变。

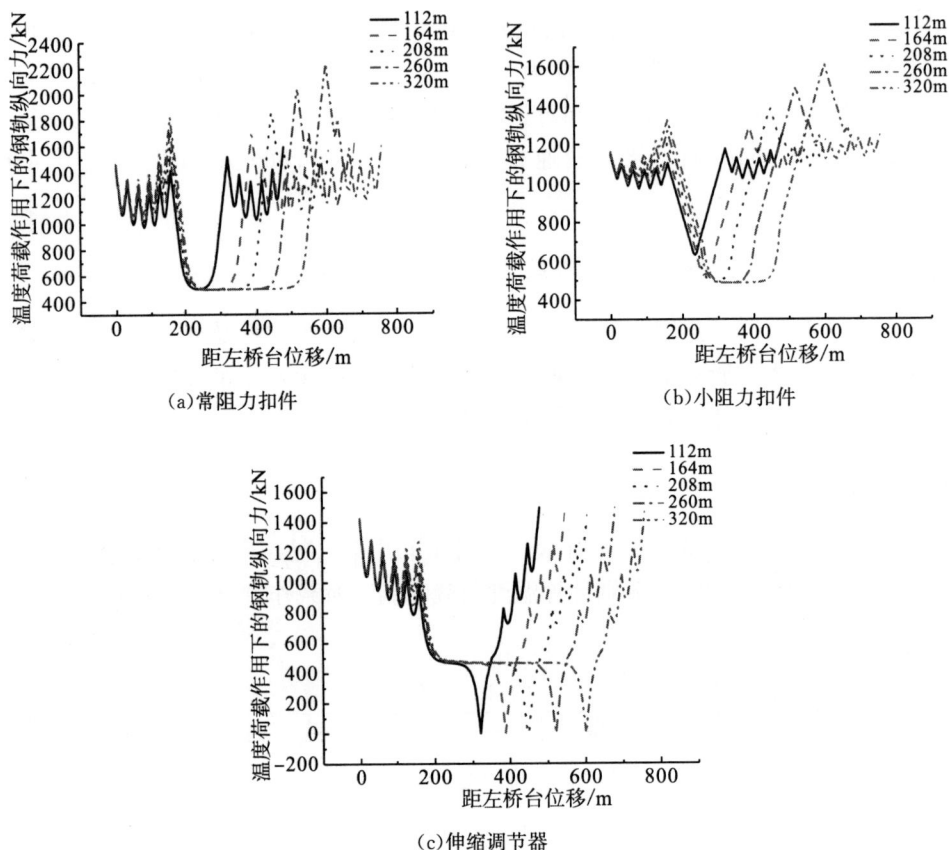

(a)常阻力扣件

(b)小阻力扣件

(c)伸缩调节器

图 2-85 温度荷载作用下钢轨纵向力值

2)温度荷载作用下不同温度跨度下梁轨相对位移

桥上无缝线路分别铺设常阻力扣件、小阻力扣件和设置伸缩调节器时，给钢轨降温 50℃，桥梁和道床板降温 30℃，5 种工况的梁轨相对位移计算结果如图 2-86 所示。

由图 2-86(a)和图 2-86(b)可知，不设伸缩调节器时，温度荷载作用下，最大梁轨相对位移发生在连续梁的活动端；随着温度跨度的增加，最大梁轨相对位移也增大，当温度跨度为 112m、164m、208m、260m、320m 时，铺设常阻力扣件下的最大值分别为 14.58mm、20.13mm、26.79mm、31.95mm、39.61mm；铺设小阻力扣件下的最大值分别为 21.91mm、30.58mm、38.80mm、47.41mm、57.92mm。

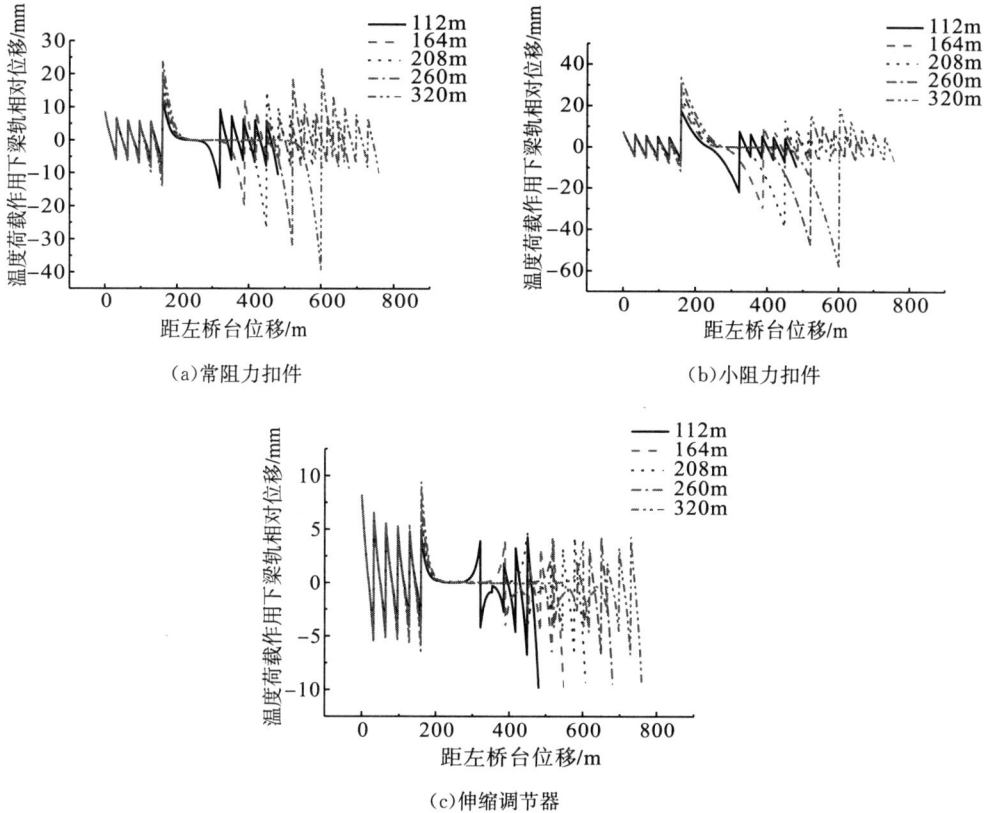

(a)常阻力扣件

(b)小阻力扣件

(c)伸缩调节器

图 2-86　温度荷载作用下的梁轨相对位移值

由图 2-86(c)可知，当在连续梁活动端设置伸缩调节器时，连续梁活动端处梁轨相对位移显著减小，最大梁轨相对位移出现在桥梁最右端；且随着温度跨度的增大，最大梁轨相对位移基本保持不变。

3)制动荷载作用下不同温度跨度下钢轨纵向力

桥上无缝线路分别铺设常阻力扣件、小阻力扣件和设置伸缩调节器时，给钢轨施加制动荷载时，其中车头作用在伸缩力最大处(即连续梁活动端处)，制动长度 400m，5 种工况的钢轨纵向力(即制动力)计算结果如图 2-87 所示。

由图 2-87(a)和图 2-87(b)可知，不设伸缩调节器时，在制动荷载作用下，最大钢轨制动附加力发生在连续梁的活动端；随着温度跨度的增加，最大钢轨制动附加力也增大，当温度跨度为 112m、164m、208m、260m、320m 时，铺设常阻力扣件下的最大值分别为 295kN、386kN、460kN、543kN、580kN；铺设小阻力扣件的最大值分别为 273kN、346kN、410kN、463kN、506kN。

由图 2-87(c)可知，当在连续梁活动端设置伸缩调节器时，连续梁活动端及右侧简支梁处钢轨纵向力显著减小直至为 0；最大钢轨纵向力发生在连续梁左端；随着温度跨度的增大，最大钢轨纵向力也增大。

（a）常阻力扣件

（b）小阻力扣件

（c）伸缩调节器

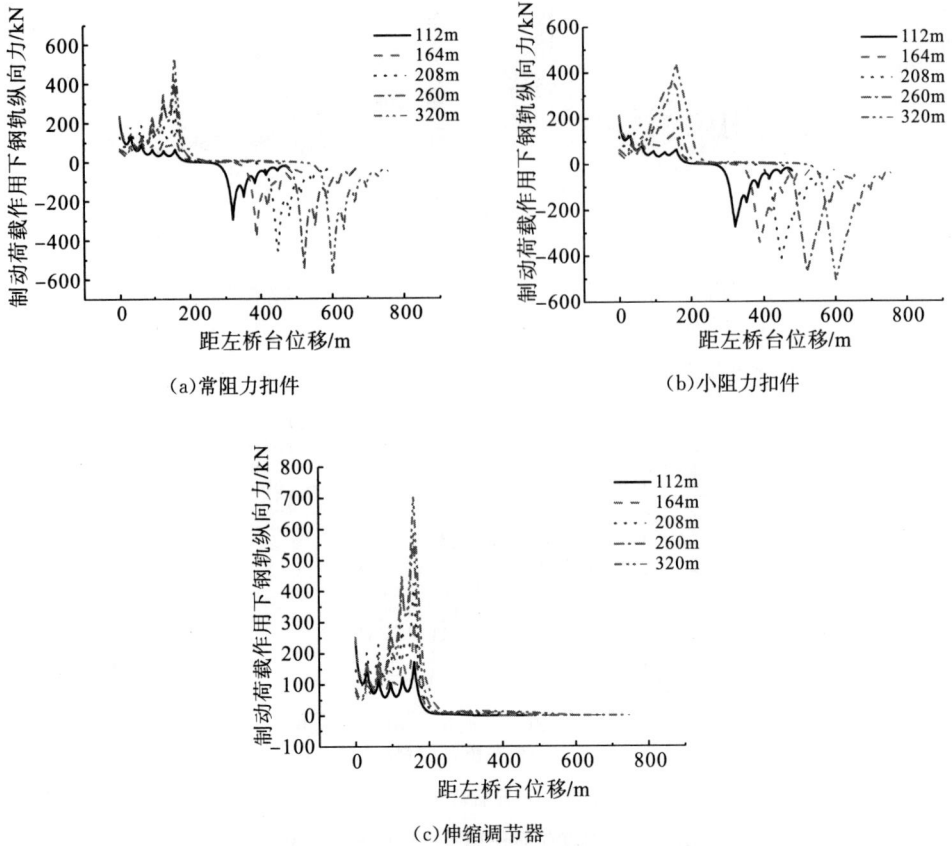

图 2-87　制动荷载作用下钢轨纵向力值

4）制动荷载作用下不同温度跨度下梁轨相对位移

桥上无缝线路分别铺设常阻力扣件、小阻力扣件和设置伸缩调节器时，给钢轨施加制动荷载时，其中车头作用在伸缩力最大处（即连续梁活动端处），制动长度 400m，5 种工况的梁轨相对位移计算结果如图 2-88 所示。

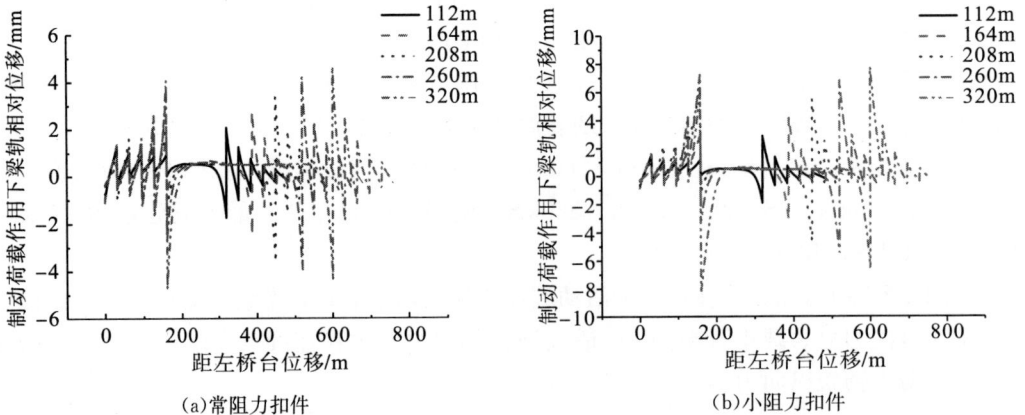

（a）常阻力扣件

（b）小阻力扣件

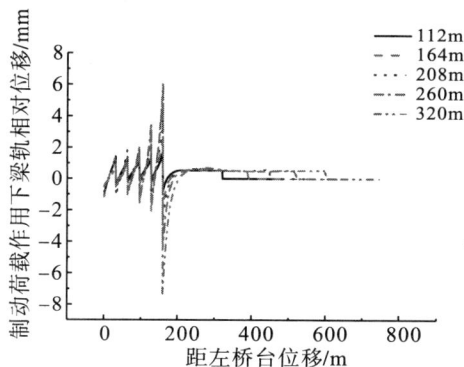

(c) 伸缩调节器

图 2-88 制动荷载作用下的梁轨相对位移值

由图 2-88(a)和图 2-88(b)可知,不设伸缩调节器时,制动荷载作用下,最大梁轨快速相对位移发生在连续梁的活动端;随着温度跨度的增加,最大梁轨快速相对位移也增大,当温度跨度为 112m、164m、208m、260m、320m 时,铺设常阻力扣件下的最大值分别为 1.74mm、2.43mm、3.59mm、3.93mm、4.37mm;铺设小阻力扣件下的最大值分别为 1.91mm、3.11mm、4.65mm、5.75mm、6.61mm。

由图 2-88(c)可知,当在连续梁活动端设置伸缩调节器时,连续梁活动端及右侧简支梁处梁轨相对位移显著减小直至为 0;最大梁轨相对位移发生在连续梁左端;随着温度跨度的增大,最大梁轨相对位移也增大。

5)列车荷载作用下不同温度跨度下钢轨纵向力

桥上无缝线路分别铺设常阻力扣件、小阻力扣件和设置伸缩调节器时,给钢轨施加列车静荷载(即 ZK 标准荷载)时,作用位置在连续梁活动端的第一、二跨,5 种工况的钢轨纵向力(即挠曲附加力)计算结果如图 2-89 所示。

由图 2-89(a)和图 2-89(b)可知,不设伸缩调节器时,列车荷载作用下,最大钢轨挠曲附加力发生在连续梁的跨中;随着温度跨度的增加,最大的钢轨挠曲附加力也增大,当温度跨度为 112m、164m、208m、260m、320m 时,铺设常阻力扣件下的最大值分别为 19.45kN、60.78kN、106.88kN、167.20kN、252.03kN;铺设小阻力扣件的最大值分别为 19.33kN、63.95kN、110.63kN、169.39kN、253.64kN。

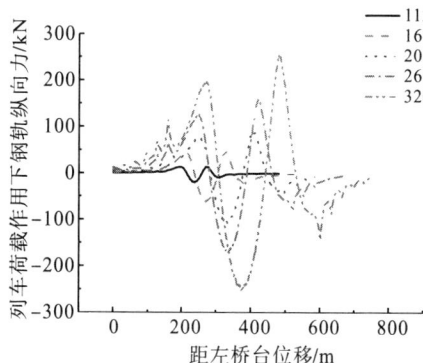

(a)常阻力扣件钢轨纵向力

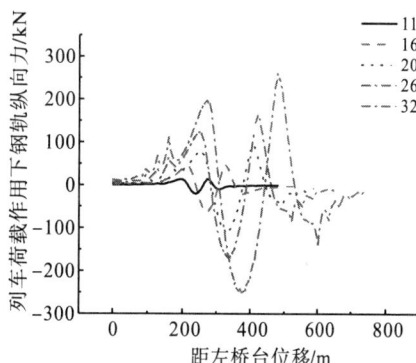

(b)小阻力扣件钢轨纵向力

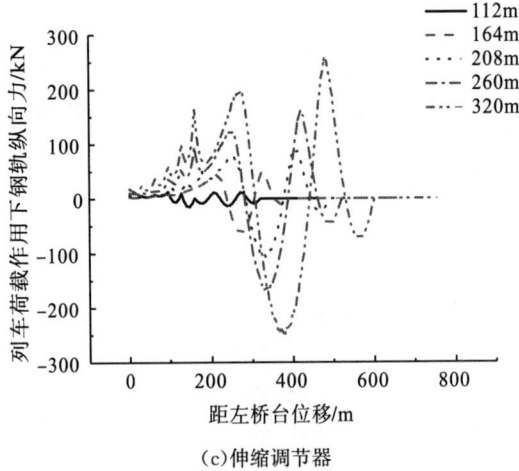

图 2-89　列车荷载作用下钢轨纵向力值

　　由图 2-89(c)可知，当在连续梁活动端设置伸缩调节器时，列车荷载作用下，最大钢轨挠曲附加力仍发生在连续梁的跨中；随着温度跨度的增加，最大的钢轨挠曲附加力也增大；当温度跨度为 112m、164m、208m、260m、320m 时，其最大值分别为 13.19kN、61.25kN、105.25kN、165.52kN、246.62kN；相比于铺设常阻力和小阻力扣件，钢轨挠曲附加力略有减小。

3. 连续梁不设伸缩调节器的最大温度跨度研究

1)基于钢轨强度的温度跨度研究

　　钢轨强度检算时，钢轨附加应力应取伸缩力和挠曲力的较大值进行检算。本书计算可知伸缩力远大于挠曲力，所以，检算时取伸缩力。综上可知，温度荷载作用下钢轨纵向力及钢轨制动力的最大值均出现在连续梁的活动端，将两者叠加为钢轨纵向力。表 2-23 为 5 种工况的最大钢轨纵向力统计值。

表 2-23　最大钢轨纵向力

项目	工况 1	工况 2	工况 3	工况 4	工况 5
温度跨度/m	112	164	208	260	320
常阻力扣件/kN	1809	2091	2308	2587	2809
小阻力扣件/kN	1448	1634	1790	1958	2114

　　由图 2-90 可知，不设伸缩调节器时，钢轨最大纵向力随着温度跨度的增加而增大；且温度跨度一定时，铺设常阻力扣件的最大钢轨纵向力比铺设小阻力的最大钢轨纵向力大。

　　由钢轨纵向力的允许值为 1952kN，并结合图 2-90 可知，对于常阻力扣件不设伸缩调节器的温度跨度为 135m，而对于小阻力扣件，不设伸缩调节器的温度跨度为 260m。

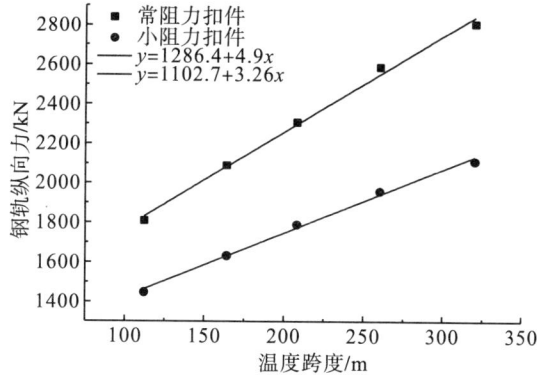

图 2-90 不同温度跨度下最大钢轨纵向力

2)基于温度荷载作用下梁轨相对位移的温度跨度研究

综上可知，温度荷载作用下最大梁轨相对位移出现在连续梁的活动端。表 2-24 为 5 种工况的最大梁轨相对位移统计值。

表 2-24 最大梁轨相对位移

项目	工况 1	工况 2	工况 3	工况 4	工况 5
温度跨度/m	112	164	208	260	320
常阻力扣件/mm	14.58	20.13	26.79	31.95	39.61
小阻力扣件/mm	21.91	30.58	38.80	47.41	57.92

由图 2-91 可知，不设伸缩调节器时，温度荷载作用下，最大梁轨相对位移随着温度跨度的增加而增大；且温度跨度一定时，铺设常阻力扣件的最大梁轨相对位移比铺设小阻力的最大梁轨相对位移小。

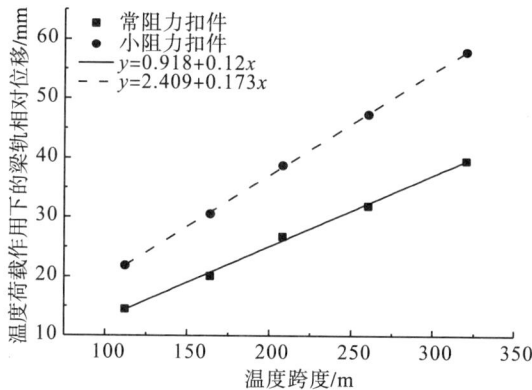

图 2-91 不同温度跨度下梁轨相对位移

由图 2-91 可知，对于常阻力扣件，当温度跨度达到 135m 时，对应的温度荷载作用下梁轨相对位移为 17.2mm；对于小阻力扣件，当温度跨度达到 260m 时，对应的温度荷载作用下梁轨相对位移为 47.38mm。

3)基于制动荷载作用下梁轨相对位移的温度跨度研究

综上可知，制动荷载作用下最大梁轨相对位移出现在连续梁的活动端。表 2-25 为 5

种工况的制动荷载作用下时最大梁轨相对位移统计值。

表 2-25　制动荷载作用时最大梁轨相对位移

项目	工况 1	工况 2	工况 3	工况 4	工况 5
温度跨度/m	112	164	208	260	320
常阻力扣件/mm	1.74	2.43	3.59	3.93	4.37
小阻力扣件/mm	1.91	2.97	4.48	5.75	6.61

由图 2-92 可知，不设伸缩调节器时，制动荷载作用下，最大梁轨相对位移随着温度跨度的增加而增大；且温度跨度一定时，铺设常阻力扣件的最大梁轨相对位移比铺设小阻力的最大梁轨相对位移小。

由图 2-92 可知，对于常阻力扣件，当温度跨度达 135m 时，制动荷载作用时梁轨相对位移为 2.20mm，而铺设常阻力扣件时制动荷载作用下梁轨相对位移限值为 4mm，满足要求。对于小阻力扣件，当温度跨度达到 260m 时，制动荷载作用时梁轨相对位移为 6.82mm。

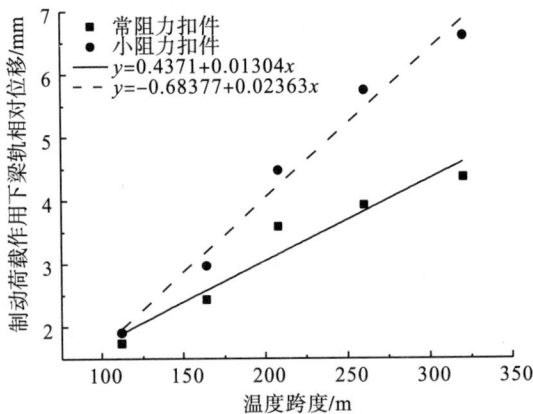

图 2-92　不同温度跨度下制动荷载作用时最大梁轨相对位移

4）基于道床板受力的温度跨度研究

桥上铺设双块式无砟轨道，其道床板为单元式。道床板为钢筋混凝土结构，应满足其强度要求。表 2-26 为 5 种工况道床板的最大纵向力统计值。

表 2-26　最大道床板纵向力

项目	工况 1	工况 2	工况 3	工况 4	工况 5
温度跨度/m	112	164	208	260	320
常阻力扣件/kN	103	103	104	105	107
小阻力扣件/kN	33	34	35	35	36

由图 2-93 可知，随着温度跨度的增加，道床板的最大纵向力变化不大。相对于铺设常阻力扣件，铺设小阻力扣件道床板最大纵向力较小。

铺设常阻力扣件时，道床板最大纵向力为 107kN，此时道床板的拉应力为 0.14MPa，小于混凝土的抗拉强度 1.71MPa。

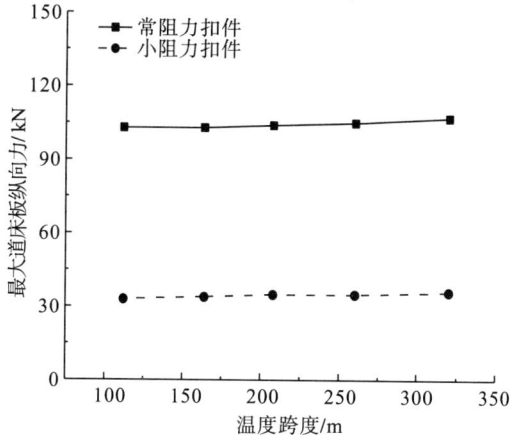

图 2-93　不同温度跨度下最大道床板纵向力

铺设小阻力扣件时，道床板最大纵向力为 36kN，此时道床板的拉应力为 0.05MPa，小于混凝土的抗拉强度 1.71MPa。

5) 基于抗剪凸形挡台承载力的温度跨度研究

桥上双块式无砟轨道结构底座上设限位凹槽，道床板相应位置设抗剪凸形挡台，以实现传递水平力和限位作用。抗剪凸形挡台通过箍筋与道床板连接，与底座板之间的接触面上采用弹性垫片。温度荷载作用下，桥梁伸缩带动道床板与底座间的相对滑动，将会在抗剪凸形挡台上产生较大的纵向力。表 2-27 为抗剪凸形挡台最大纵向力统计值。

表 2-27　凸形挡台最大纵向力

项目	工况 1	工况 2	工况 3	工况 4	工况 5
温度跨度/m	112	164	208	260	320
常阻力扣件/kN	156	158	157	160	161
小阻力扣件/kN	61	62	63	62	62

由图 2-94 可知，随着温度跨度的增大，抗剪凸形挡台最大纵向力保持不变；但是扣件阻力减小时，抗剪凸形挡台最大纵向力也随之减小。

由图 2-94 可知，抗剪凸形挡台最大纵向力为 160kN，远小于抗剪凸形挡台的的抗剪承载力 1025kN，故抗剪凸形挡台较安全。

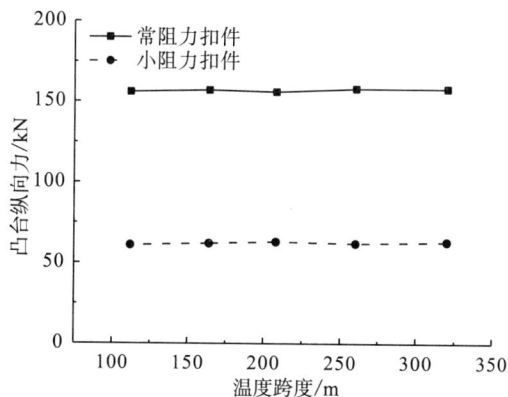

图 2-94　抗剪凸形挡台最大纵向力与温度跨度的关系

6)基于桥墩安全的温度跨度研究

列车制动时，桥墩的纵向力及纵向位移均不可过大。根据《铁路桥涵基本设计规范》可知，桥墩顶帽的弹性水平位移应小于 $5\sqrt{L}$（L 为桥梁跨度）。

(1)温度跨度对墩顶纵向力的影响。

列车制动时，墩顶最大纵向力出现在连续梁的固定墩处。表 2-28 为 5 种工况的桥梁墩顶最大纵向力的统计值。

表 2-28　最大墩顶纵向力

项目	工况 1	工况 2	工况 3	工况 4	工况 5
温度跨度/m	112	164	208	260	320
常阻力扣件/kN	472	644	772	958	1142
小阻力扣件/kN	432	604	712	848	996

由图 2-95 可知，随着温度跨度的增大，墩顶最大纵向力也增大；相比于常阻力扣件，小阻力扣件的墩顶最大纵向力较小。

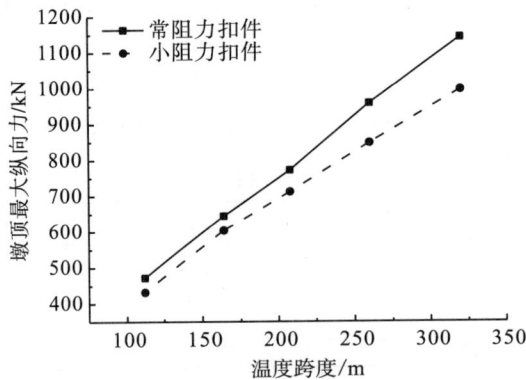

图 2-95　不同温度跨度下最大墩顶纵向力

(2)温度跨度对墩顶纵位移的影响。

当列车制动时，墩顶最大纵向位移出现在连续梁梁端的活动墩处。表 2-29 为 5 种工况的桥梁墩顶最大纵向位移的统计值。

表 2-29　最大墩顶纵向位移

项目	工况 1	工况 2	工况 3	工况 4	工况 5
温度跨度/m	112	164	208	260	320
$5\sqrt{L}$/mm	40	50	56.6	63.2	70.7
常阻力扣件/mm	2.36	3.22	3.86	4.79	5.71
小阻力扣件/mm	2.16	3.02	3.56	4.24	4.98

由图 2-96 可知，随着温度跨度的增大，墩顶最大纵向位移也增大；相比于常阻力扣件，小阻力扣件的墩顶纵向位移较小。

由表 2-29 可知，墩顶纵向位移均小于其限值。

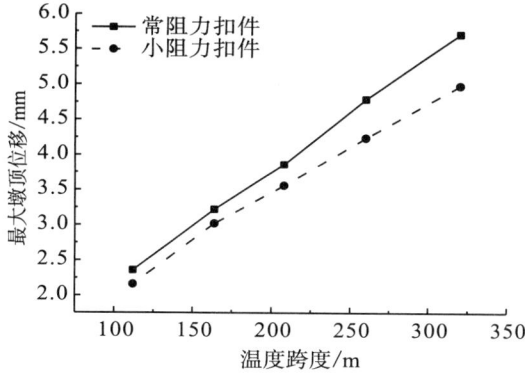

图 2-96　不同温度跨度下最大墩顶纵向位移

7）基于钢轨断缝的温度跨度研究

规范规定无砟轨道一般情况下的钢轨断缝容许值为 70mm，特殊情况下为 90mm。

钢轨断缝值的计算关系到行车安全及是否需要采用伸缩调节器，是桥上无缝线路设计的核心内容之一。在钢轨最大降温条件下，若一根钢轨折断，相邻轨条会通过限制墩顶纵向位移而阻止钢轨断缝的继续扩大。

断轨位置依据规范设定在伸缩附加力最大位置处，同样也是制动起始点位置处（即连续梁的活动端处），将其中一根钢轨在此处折断，其他钢轨保持不变。考虑钢轨降温 50℃。

由图 2-97 可知，钢轨断缝值随着温度跨度的增加几乎不变，当温度跨度为 112m、164m、208m、260m、320m 时，铺设常阻力扣件下的最大值分别为 27.36mm、27.43mm、27.55mm、27.88mm、28.21mm；铺设小阻力扣件下的最大值分别为 77.98mm、78.33mm、78.64mm、78.83mm、78.94mm。

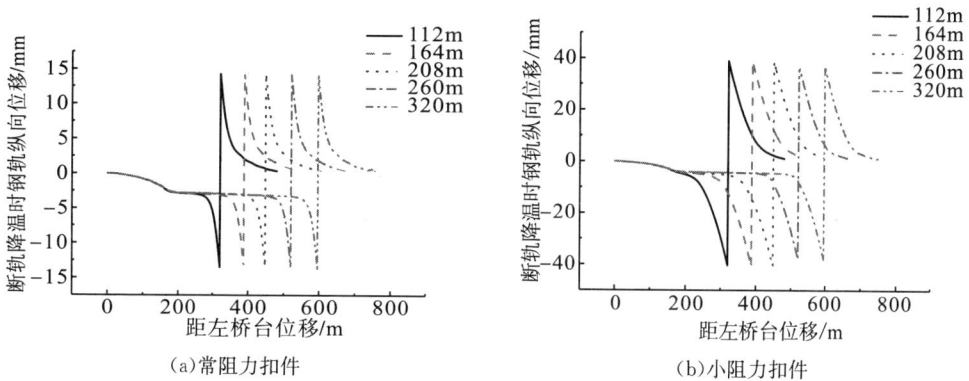

（a）常阻力扣件　　　　　　（b）小阻力扣件

图 2-97　不同温度跨度下的钢轨位移

表 2-30 为 5 种工况的钢轨断缝的统计值。

表 2-30　钢轨断缝值

项目	工况 1	工况 2	工况 3	工况 4	工况 5
温度跨度/m	112	164	208	260	320
常阻力扣件/mm	27.36	27.43	27.55	27.88	28.21
小阻力扣件/mm	77.98	78.33	78.64	78.83	78.94

由图 2-98 可知，钢轨断缝值随着温度跨度的增加几乎不变。相比于常阻力扣件，铺设小阻力扣件时，钢轨断缝值较大。对于常阻力扣件，钢轨断缝值均小于其限值 70mm，对于小阻力扣件(因为温度降 50℃，可看作特殊情况)，钢轨断缝值小于在特殊情况下的钢轨断缝限值 90mm。所以均满足要求。

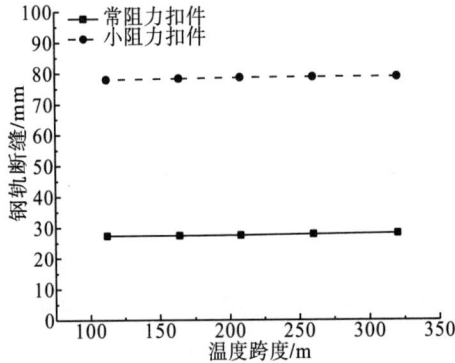

图 2-98 不同温度跨度下的钢轨断缝值

2.4.5 连续刚构不设伸缩调节器的最大温度跨度研究

对于桥上无缝线路，温度跨度对钢轨纵向力、梁轨相对位移及列车制动时梁轨快速相对位移的影响很大。所以本节将逐步提升温度跨度，找出对于铺设常阻力扣件及小阻力扣件的连续刚构桥不设伸缩调节器的最大温度跨度。

1. 工况分析

本节计算的桥跨形式如图 2-99 所示，采用如下几种工况，其温度跨度分别为 112m、146m、176m、212m、252m，分别计算温度荷载和制动荷载作用下是否满足强度和变形要求。

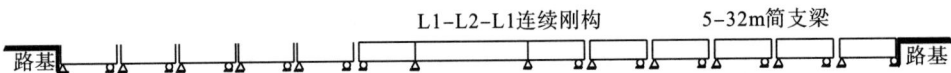

图 2-99 桥梁支座布置形式

(1)5−32m 简支梁＋48−64−48m(h−g−g−h)连续刚构＋5−32m 简支梁(112m)。
(2)5−32m 简支梁＋64−100−64m(h−g−g−h)连续刚构＋5−32m 简支梁(146m)。
(3)5−32m 简支梁＋80−128−80m(h−g−g−h)连续刚构＋5−32m 简支梁(176m)。
(4)5−32m 简支梁＋100−160−100m(h−g−g−h)连续刚构＋5−32m 简支梁(212m)。
(5)5−32m 简支梁＋120−200−120m(h−g−g−h)连续刚构＋5−32m 简支梁(252m)。

2. 连续刚构梁温度跨度研究

1)温度荷载作用下不同温度跨度下的钢轨纵向力
针对以上 5 种工况，桥上无缝线路分别铺设常阻力扣件、小阻力扣件和设置伸缩调节器时，给钢轨降温 50℃，桥梁和道床板降温 30℃。5 种工况的钢轨纵向力（即温度力＋伸缩附加力）计算结果如图 2-100 所示。

由图 2-100(a)及图 2-100(b)可知，不设伸缩调节器时，温度荷载作用下，钢轨最大纵向力发生在连续刚构的左端；随着温度跨度的增加，最大钢轨纵向力也增大，当温度跨度为 112m、146m、176m、212m、252m 时，常阻力扣件下的最大值分别为 1507kN、1658kN、1765kN、1919kN、2061kN；小阻力扣件下的最大值分别为 1173kN、1256kN、1329kN、1410kN、1494kN。

由图 2-100(c)可知，当在连续刚构右端设置伸缩调节器时，连续刚构右端处钢轨纵向力显著减小，当温度跨度较小时，最大钢轨纵向力出现在桥梁的最右端，此时随着温度跨度的增大，最大钢轨纵向力几乎不变；当温度跨度达到一定值后，最大钢轨纵向力出现在连续刚构的左端，此时随着温度跨度的增大，最大钢轨纵向力增大。

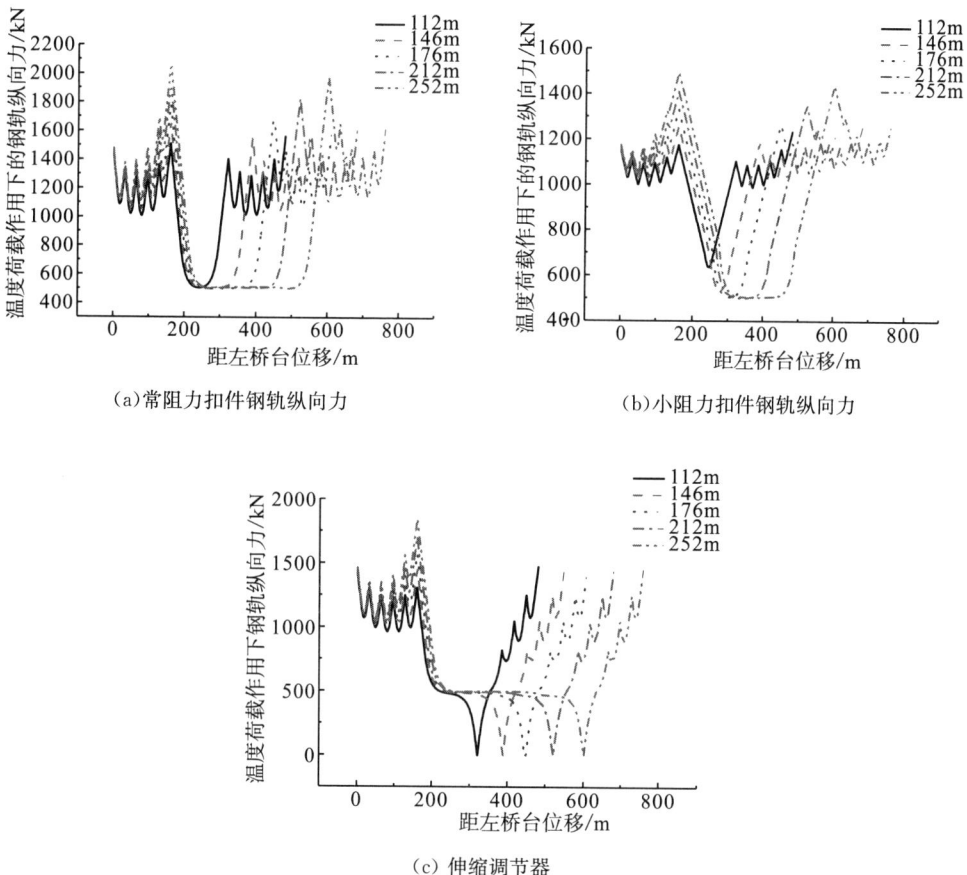

（a）常阻力扣件钢轨纵向力　　　　　　　　（b）小阻力扣件钢轨纵向力

（c）伸缩调节器

图 2-100　温度荷载作用下钢轨纵向力值

2）温度荷载作用下不同温度跨度下梁轨相对位移

桥上无缝线路分别铺设常阻力扣件、小阻力扣件和设置伸缩调节器时，给钢轨降温 50℃，桥梁和道床板降温 30℃，5 种工况的梁轨相对位移计算结果如图 2-101 所示。

由图 2-101(a)和图 2-101(b)可知，不设伸缩调节器时，温度荷载作用下，最大梁轨相对位移发生在连续刚构的左端；随着温度跨度的增加，最大梁轨相对位移也增大，当温度跨度为 112m、146m、176m、212m、252m 时，常阻力扣件下的最大值分别为 14.77mm、18.89mm、22.70mm、27.54mm、32.93mm；小阻力扣件下的最大值分别为 21.80mm、28.09mm、33.48mm、40.05mm、47.26mm。

　　由图 2-101(c)可知，当在连续刚构右端设置伸缩调节器时，连续刚构右端处梁轨相对位移显著减小，最大梁轨相对位移出现在连续刚构的左端；且随着温度跨度的增大，最大梁轨相对位移也呈增加趋势。

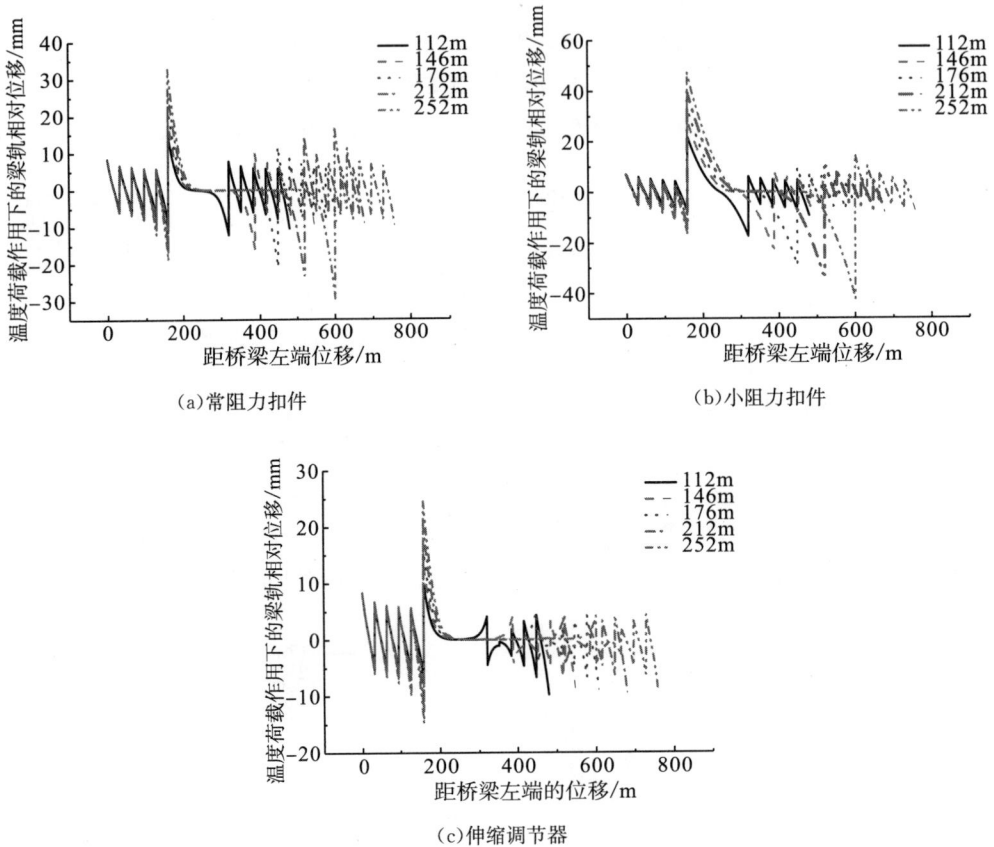

(a)常阻力扣件　　　　　　　　　　　　　　　　(b)小阻力扣件

(c)伸缩调节器

图 2-101　温度荷载作用下的梁轨相对位移

3)制动荷载作用下不同温度跨度下钢轨纵向力

　　桥上无缝线路分别铺设常阻力扣件、小阻力扣件和设置伸缩调节器时，给钢轨施加制动荷载时，其中车头作用在伸缩力最大处(即连续刚构左端处)，制动长度 400m，5 种工况的钢轨纵向力(即制动力)计算结果如图 2-102 所示。

　　由图 2-102(a)和图 2-102(b)可知，不设伸缩调节器时，制动荷载作用下，最大钢轨制动附加力发生在连续刚构的左端；随着温度跨度的增加，最大钢轨制动附加力也增大，当温度跨度为 112m、146m、176m、212m、252m 时，常阻力扣件下的最大值分别为 199kN、261kN、314kN、366kN、391kN；小阻力扣件下的最大值分别为 194kN、246kN、289kN、330kN、351kN。

由图 2-102(c)可知，当在连续刚构右端设置伸缩调节器时，连续刚构右端及右侧简支梁处钢轨纵向力显著减小；最大钢轨纵向力发生在连续刚构左端；随着温度跨度的增大，最大钢轨纵向力也增大。

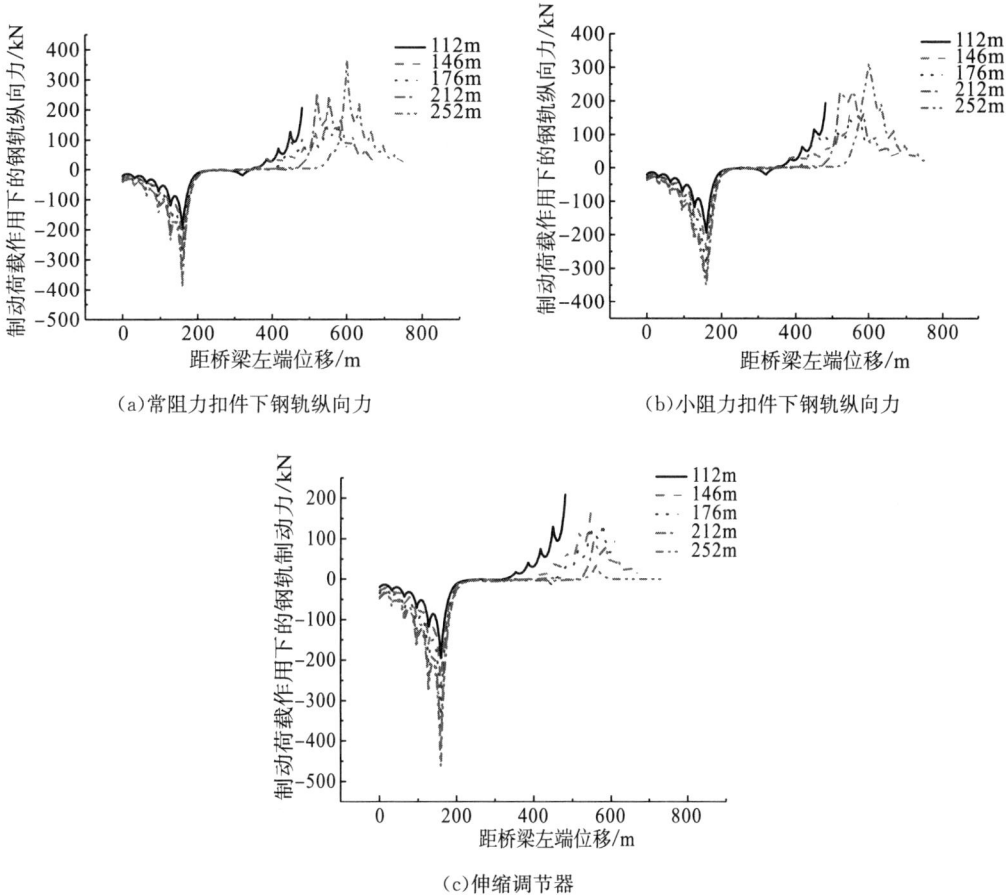

(a)常阻力扣件下钢轨纵向力　　　　　　　　　　　(b)小阻力扣件下钢轨纵向力

(c)伸缩调节器

图 2-102　制动荷载作用下钢轨纵向力值

4)制动荷载作用下不同温度跨度下梁轨相对位移

桥上无缝线路分别铺设常阻力扣件、小阻力扣件和设置伸缩调节器时，给钢轨施加制动荷载时，其中车头作用在伸缩力最大处(即连续刚构左端处)，制动长度 400m，5 种工况的梁轨相对位移计算结果如图 2-103 所示。

由图 2-103(a)和图 2-103(b)可知，不设伸缩调节器时，制动荷载作用下，当温度跨度较小时，最大梁轨快速相对位移发生在连续刚构的左端。当温度跨度增大到一定值时，最大梁轨快速相对位移发生在连续刚构的右端。原因是温度跨度增大到一定值后，制动荷载只作用在连续刚构部分。随着温度跨度的增加，最大梁轨快速相对位移也增大，当温度跨度为 112m、146m、176m、212m、252m 时，常阻力扣件下的最大值分别为 1.01mm、1.55mm、1.87mm、2.42mm、3.08mm；小阻力扣件下的最大值分别为 1.02mm、1.60mm、2.19mm、2.84mm、4.54mm。

由图 2-103(c)可知，当在连续刚构右端设置伸缩调节器时，连续刚构右端及右侧简支梁处快速梁轨相对位移显著减小；最大快速梁轨相对位移发生在连续刚构左端。随着温度跨度的增大，最大快速梁轨相对位移也增大。

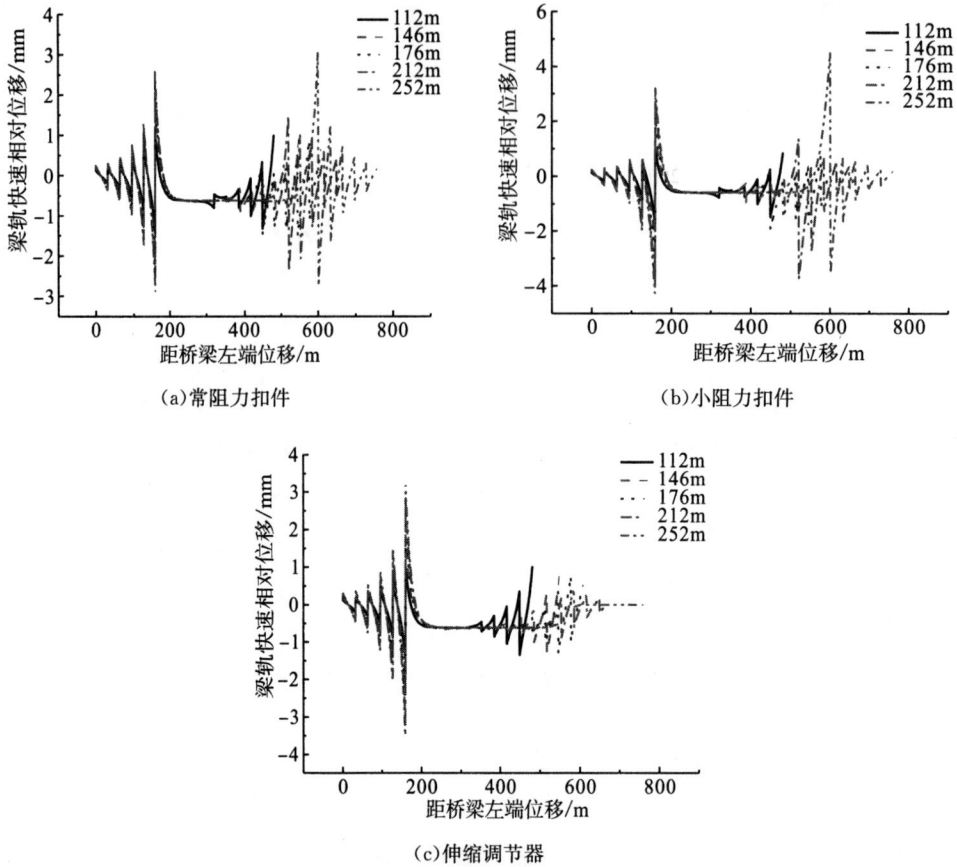

（a）常阻力扣件

（b）小阻力扣件

（c）伸缩调节器

图 2-103　制动荷载作用下的梁轨相对位移值

5）列车荷载作用下不同温度跨度下钢轨纵向力

桥上无缝线路分别铺设常阻力扣件、小阻力扣件和设置伸缩调节器时，给钢轨施加列车静荷载（即 ZK 标准荷载）时，作用位置在连续刚构右端的第一、二跨，5 种工况的钢轨纵向力（即挠曲附加力）计算结果如图 2-104 所示。

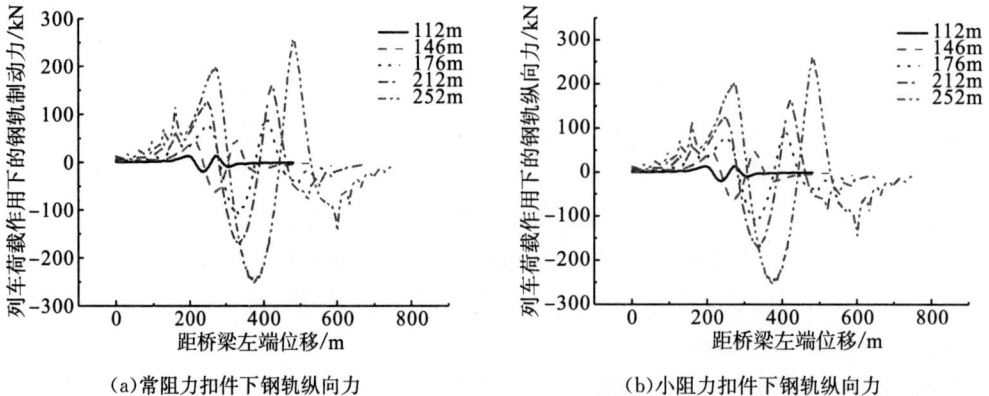

（a）常阻力扣件下钢轨纵向力

（b）小阻力扣件下钢轨纵向力

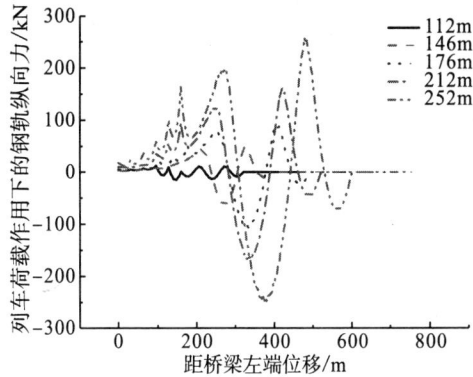

(c)伸缩调节器

图 2-104　列车荷载作用下钢轨纵向力值

由图 2-104(a)和图 2-104(b)可知，不设伸缩调节器时，列车荷载作用下，最大钢轨挠曲附加力发生在连续刚构的跨中。随着温度跨度的增加，最大的钢轨挠曲附加力也增大，当温度跨度为 112m、146m、176m、212m、252m 时，铺设常阻力扣件下的最大值分别为 19.45kN、60.78kN、106.88kN、167.20kN、252.03kN；铺设小阻力扣件下的最大值分别为 19.33kN、63.95kN、110.63kN、169.39kN、253.64kN。

由图 2-104(c)可知，当在连续刚构活动端设置伸缩调节器时，列车荷载作用下，最大钢轨挠曲附加力仍发生在连续刚构的跨中。随着温度跨度的增加，最大的钢轨挠曲附加力也增大；当温度跨度为 112m、146m、176m、212m、252m 时，其最大值分别为 13.19kN、61.25kN、105.25kN、165.52kN、246.62kN。相比于铺设常阻力和小阻力扣件，钢轨挠曲附加力略有减小。

3. 连续刚构梁不设伸缩调节器的最大温度跨度研究

1)基于钢轨强度的温度跨度研究

钢轨强度检算时，钢轨附加应力应取伸缩力和挠曲力的较大值进行检算。本书计算可知伸缩力远大于挠曲力，所以，检算时取伸缩力。综上可知，温度荷载作用下，钢轨纵向力及钢轨制动力的最大值均出现在连续刚构的左端，将两者叠加为钢轨纵向力。表 2-31 为 5 种工况的最大钢轨纵向力统计值。

表 2-31　最大钢轨纵向力

项目	工况 1	工况 2	工况 3	工况 4	工况 5
温度跨度/m	112	146	176	212	252
常阻力扣件/kN	1706	1919	2070	2285	2452
小阻力扣件/kN	1367	1502	1618	1740	1943

由图 2-105 可知，不设伸缩调节器时，钢轨最大纵向力随着温度跨度的增加而增大；且温度跨度一定时，铺设常阻力扣件的最大钢轨纵向力比铺设小阻力的最大钢轨纵向力大。

由钢轨纵向力的允许值为 1952kN，并结合图 2-105 可知：对于常阻力扣件不设伸缩调节器的温度跨度为 155m，而对于小阻力扣件，不设伸缩调节器的温度跨度为 278m。

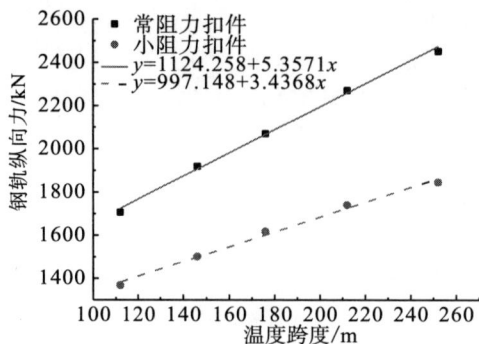

图 2-105　不同温度跨度下最大钢轨纵向力

2)基于温度荷载作用下梁轨相对位移的温度跨度研究

综上可知，温度荷载作用下最大梁轨相对位移出现在连续刚构的活动端。表 2-32 为 5 种工况的最大梁轨相对位移统计值。

表 2-32　最大梁轨相对位移

项目	工况 1	工况 2	工况 3	工况 4	工况 5
温度跨度/m	112	146	176	212	252
常阻力扣件/mm	14.77	18.89	22.70	27.54	32.93
小阻力扣件/mm	21.80	28.09	33.48	40.05	47.26

由图 2-106 可知，不设伸缩调节器时，温度荷载作用下，最大梁轨相对位移随着温度跨度的增加而增大；且温度跨度一定时，铺设常阻力扣件的最大梁轨相对位移比铺设小阻力的最大梁轨相对位移小。

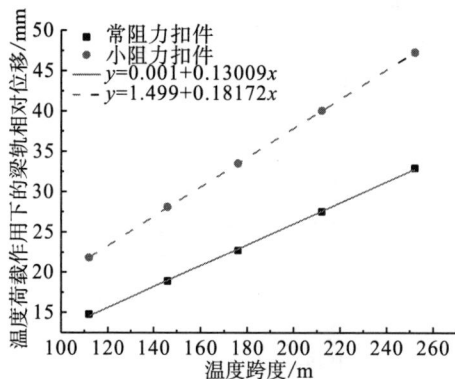

图 2-106　不同温度跨度下最大梁轨相对位移

由图 2-106 可知，对于常阻力扣件，当温度跨度达到 155m 时，对应的温度荷载作用下梁轨相对位移为 20.16mm；对于小阻力扣件，当温度跨度达到 278m 时，对应的温度荷载作用下梁轨相对位移为 52.02mm。

3）基于制动荷载作用下梁轨相对位移的温度跨度研究

综上可知，制动荷载作用下最大梁轨相对位移出现在连续刚构的活动端。表 2-33 为 5 种工况的制动荷载作用下时最大梁轨相对位移统计值。

表 2-33　制动荷载作用时最大梁轨相对位移

项目	工况 1	工况 2	工况 3	工况 4	工况 5
温度跨度/m	112	146	176	212	252
常阻力扣件/mm	1.01	1.54	1.87	2.42	3.08
小阻力扣件/mm	1.02	1.60	2.19	2.84	4.54

由图 2-107 可知，不设伸缩调节器时，制动荷载作用下，最大梁轨相对位移随着温度跨度的增加而增大；且温度跨度一定时，铺设常阻力扣件的最大梁轨相对位移比铺设小阻力的最大梁轨相对位移小。

由图 2-107 可知，对于常阻力扣件，当温度跨度达 155m 时，制动荷载作用时梁轨相对位移为 1.62mm，而铺设常阻力扣件时制动荷载作用下梁轨相对位移限值为 4mm，满足要求。对于小阻力扣件，当温度跨度达到 278m 时，制动荷载作用时梁轨相对位移为 4.82mm，小于其限值 30mm，满足要求。

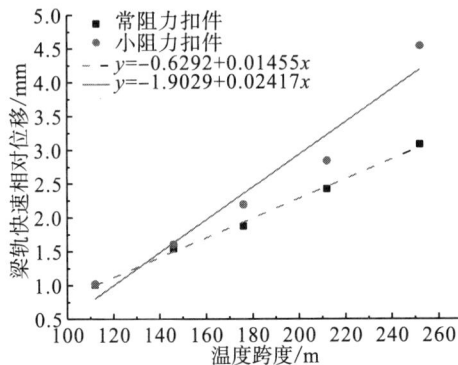

图 2-107　不同温度跨度下制动荷载作用时最大梁轨相对位移

4）温度跨度对道床板受力的影响

桥上铺设双块式无砟轨道，其道床板为单元式。温度荷载作用下，道床板承受着较大的纵向力。道床板为钢筋混凝土结构，应满足其强度要求。表 2-34 为 5 种工况道床板的最大纵向力统计值。

表 2-34　最大道床板纵向力

项目	工况 1	工况 2	工况 3	工况 4	工况 5
温度跨度/m	112	146	176	212	252
常阻力扣件/kN	105	108	108	108	109
小阻力扣件/kN	34	35	35	35	36

由图 2-108 可知，随着温度跨度的增加，道床板的最大纵向力变化不大。相对于铺设常阻力扣件，铺设小阻力扣件道床板的最大纵向力较小。铺设常阻力扣件时，道床板

最大纵向力为 109kN，此时道床板的拉应力为 0.14MPa，小于混凝土抗拉强度 1.71MPa。铺设小阻力扣件时，道床板最大纵向力为 37kN，此时道床板的拉应力为 0.05MPa，小于混凝土抗拉强度 1.71MPa。

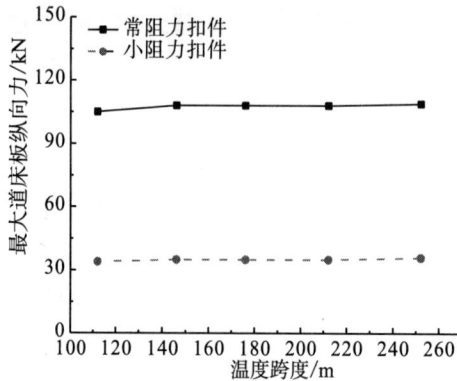

图 2-108　不同温度跨度下最大道床板纵向力

5) 温度跨度对道床板下凸形挡台受力的影响

桥上双块式无砟轨道结构底座上设限位凹槽，道床板相应位置设抗剪凸形挡台，以实现传递水平力和限位作用。抗剪凸形挡台通过箍筋与道床板连接，与底座板之间的接触面上采用弹性垫片。温度荷载作用下，桥梁伸缩带动道床板与底座间的相对滑动，将会在抗剪凸形挡台上产生较大的纵向力。表 2-35 为凸形挡台最大纵向力统计值。

表 2-35　凸形挡台最大纵向力

项目	工况 1	工况 2	工况 3	工况 4	工况 5
温度跨度/m	112	146	176	212	252
常阻力扣件/kN	160	161	160	161	162
小阻力扣件/kN	65	66	66	66	65

由图 2-109 可知，随着温度跨度的增大，抗剪凸形挡台最大纵向力基本保持不变；但是扣件阻力减小时，抗剪凸形挡台最大纵向力也随之减小。

由图 2-109 可知，抗剪凸形挡台最大纵向力为 162kN，远小于抗剪凸形挡台的的抗剪承载力 1025kN，故抗剪凸形挡台较安全。

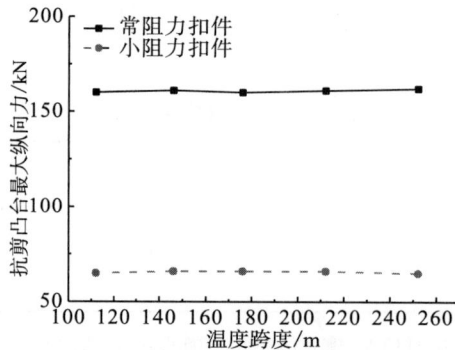

图 2-109　抗剪凸形挡台最大纵向力与温度跨度的关系

6)温度跨度对桥墩的影响

列车制动时,桥墩的纵向力及纵向位移均不可过大。根据《铁路桥涵基本设计规范》可知桥墩顶帽的弹性水平位移应小于 $5\sqrt{L}$(L 为桥梁跨度)。

(1)温度跨度对墩顶纵向力的影响。

列车制动时,墩顶最大纵向力出现在连续刚构的右固定墩处。表 2-36 为 5 种工况的桥梁墩顶最大纵向力的统计值。

表 2-36　最大墩顶纵向力

项目	工况 1	工况 2	工况 3	工况 4	工况 5
温度跨度/m	112	146	176	212	252
常阻力扣件/kN	1330	1790	2176	2542	2678
小阻力扣件/kN	1344	1822	2248	2672	2858

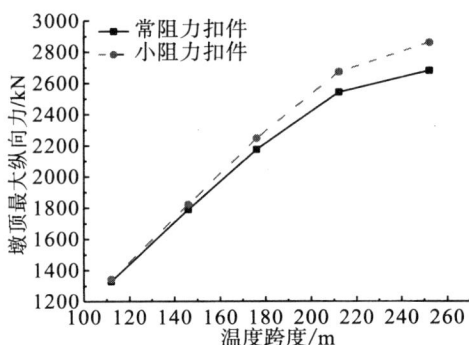

图 2-110　不同温度跨度下最大墩顶纵向力

由图 2-110 可知,随着温度跨度的增大,墩顶纵向力增大;相比于常阻力扣件,小阻力扣件的墩顶纵向力较大。

(2)温度跨度对墩顶纵位移的影响。

当列车制动时,墩顶最大纵向位移出现在连续刚构的活动墩处。表 2-37 为 5 种工况的桥梁墩顶最大纵向位移的统计值。

表 2-37　最大墩顶纵向位移

项目	工况 1	工况 2	工况 3	工况 4	工况 5
温度跨度/m	112	146	176	212	252
$5\sqrt{L}$/mm	40	50	56.6	63.2	70.7
常阻力扣件/mm	6.65	8.95	10.88	12.71	13.39
小阻力扣件/mm	6.72	9.11	11.24	13.36	14.29

由图 2-111 可知,随着温度跨度的增大,墩顶纵向位移也增大;相比于常阻力扣件,小阻力扣件的墩顶纵向位移变大。

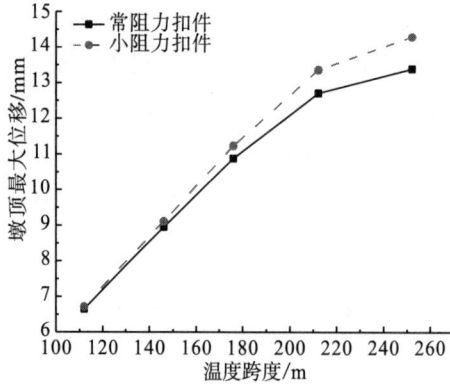

图 2-111　不同温度跨度下最大墩顶纵向位移

由表 2-37 可知，墩顶纵向位移均小于其限值。

7）断缝检算

规范规定无砟轨道一般情况下的钢轨断缝容许值为 70mm，特殊情况下为 90mm。

钢轨断缝值的计算关系到行车安全及是否需要采用伸缩调节器，是桥上无缝线路设计的核心内容之一。在钢轨最大降温条件下，若一根钢轨折断，相邻轨条会通过限制墩顶纵向位移而阻止钢轨断缝的继续扩大。

断轨位置依据规范设定在伸缩附加力的最大位置处，同样也是制动起始点位置处（即连续刚构的左端处），将其中一根钢轨在此处折断，其他钢轨保持不变。考虑钢轨降温 50℃。

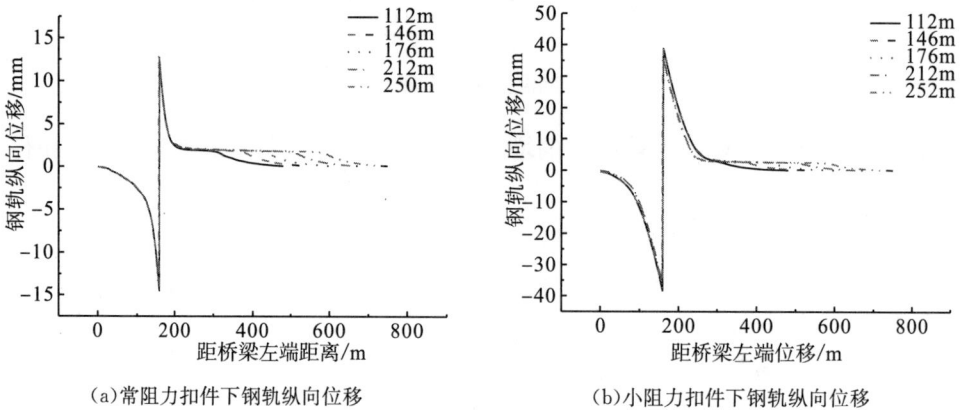

（a）常阻力扣件下钢轨纵向位移　　　　　　（b）小阻力扣件下钢轨纵向位移

图 2-112　不同温度跨度下的钢轨位移

由图 2-112（a）和图 2-112（b）可知，钢轨断缝值随着温度跨度的增加几乎不变。当温度跨度为 112m、146m、176m、212m、252m 时，铺设常阻力扣件下的最大值分别为 27.25mm、27.28mm、27.32mm、27.35mm、27.40mm；铺设小阻力扣件下的最大值分别为 77.59mm、77.73mm、77.74mm、72.85mm、73.06mm。

表 2-38 为 5 种工况的钢轨断缝的统计值。

表 2-38　钢轨断缝值

项目	工况 1	工况 2	工况 3	工况 4	工况 5
温度跨度/m	112	146	176	212	252
常阻力扣件/mm	27.25	27.28	27.32	27.35	27.40
小阻力扣件/mm	77.59	77.73	77.74	72.85	73.06

由图 2-113 可知，随着温度跨度的增加，当桥上铺设常阻力扣件时，钢轨断缝值几乎不变，当桥上铺设小阻力扣件时，钢轨断缝值略微有所减小；相比于常阻力扣件，铺设小阻力扣件时，钢轨断缝值较大。对于常阻力扣件，钢轨断缝值均小于其限值 70mm，对于小阻力扣件(因为温度降 50℃，可看做特殊情况)，钢轨断缝值小于在特殊情况下的钢轨断缝限值 90mm。所以均满足要求。

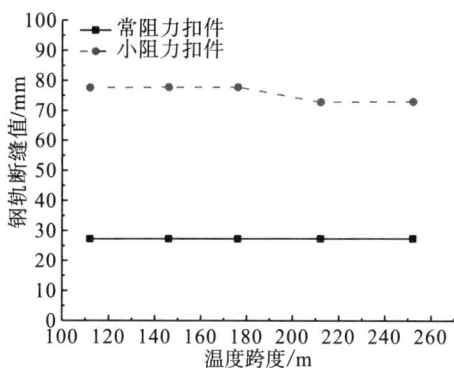

图 2-113　钢轨断缝值

本 节 小 结

本节通过建立桥上双块式无砟轨道线－板－桥－墩非线性空间一体化模型，运用桥上无缝线路设计理论，在有限元软件中分析轨道结构受力和变形随温度跨度增长的变化规律，得出以下结论。

1)连续梁结论

(1)随着桥梁温度跨度的增加，钢轨伸缩、挠曲、制动附加力和梁轨相对位移均不断增大，制动附加力及制动时梁轨相对位移的增长梯度在温度跨度达到一定值后减小；道床板、抗剪凸形挡台纵向力及钢轨断缝几乎保持不变。

(2)桥上采用小阻力扣件可降低钢轨最大纵向附加力及轨道结构的受力，同时又增大了梁轨相对位移和钢轨断缝值，故扣件纵向阻力不宜过小。

(3)对于连续梁桥，桥上双块式无砟轨道无缝线路铺设常阻力扣件时，桥梁温度跨度限值建议为 135m，而铺设小阻力扣件时，桥梁温度跨度限值建议为 260m。

2)连续刚构结论

(1)随着桥梁温度跨度的增加，钢轨伸缩、挠曲、制动附加力和梁轨相对位移均不断增大，制动附加力及制动时梁轨相对位移的增长梯度在温度跨度达到一定值后减小；道床板、抗剪凸形挡台纵向力及钢轨断缝几乎保持不变。

(2)桥上采用小阻力扣件可降低钢轨最大纵向附加力及轨道结构的受力，同时增大了梁轨相对位移和钢轨断缝值，故扣件纵向阻力不宜过小。

(3)对于连续刚构桥，桥上双块式无砟轨道无缝线路铺设常阻力扣件时，桥梁温度跨度限值建议为155m，而铺设小阻力扣件时，桥梁温度跨度限值建议为278m。

第 3 章　典型伤损静力特性影响分析

尽管我国对无砟轨道和桥上无缝线路研究历史较长，是目前在建和投入运营高速铁路及铺设桥上无砟轨道无缝线路最多的国家，但是大部分都是在最近几年通过再创新建成的，对无砟轨道系统尤其是 CRTS 系列桥上无砟轨道无缝线路突出问题及典型伤损的研究还处于初步研究阶段，亟待解决。本章研究在资料整理、现场调研和成因分析的基础之上，针对胶垫滑出、钢轨碎弯、凸形挡台拉裂、CRTSⅡ型板开裂和上拱 5 类大跨桥上无砟轨道系统典型病害，建立相应耦合静力分析模型，并对其进行静力特性影响分析，主要研究内容如下。

(1)胶垫滑出主要针对大跨桥上双块式轨道板梁端胶垫滑出病害进行静力研究。通过实验测试胶垫滑出后的纵向阻力。在实验结果基础上建立含轨下胶垫滑出的静力学有限元建模。在桥梁伸缩、列车荷载和牵引/制动荷载作用下，分析钢轨受力、梁端相对位移随胶垫滑出量的变化趋势。

(2)钢轨碎弯。主要针对大跨桥上钢轨碎弯病害进行静力研究。根据铁科院 2007 年对遂渝线无砟轨道试验段嘉陵江大桥、蒋家大桥、土鱼山隧道口等地段的轨距和轨向调查结果，在建立大跨桥上无砟轨道无缝线路力学模型时，将蒋家大桥桥头过渡段碎弯为初始变形。在此基础上对梁轨系统的纵横向力和位移进行计算分析。

(3)凸形挡台拉裂。主要针对大跨桥上 CRTSⅠ型板式轨道梁端半圆形凸形挡台拉裂病害进行静力研究。以梁端半圆形凸形挡台为例，对凸形挡台底座处抗剪承载能力进行计算，并作为后期计算的检算标准。根据调研结果，在有限元中建立对应的轨道结构-桥梁纵向耦合静力分析模型，对扣件取不同纵向阻力时，在不同荷载工况作用下，对凸形挡台受力进行分析研究。并在上述分析基础上，对凸形挡台有、无拉裂进行对比分析。

(4)CRTSⅡ型板开裂。主要针对 CRTSⅡ型板宽接缝开裂和假缝进行静力研究。通过建立桥上 CRTSⅡ型板式无砟轨道静力学模型，分别考虑宽接缝和假缝开裂，计算分析轨道结构各部件的应力。

(5)CRTSⅡ型板上拱。主要对桥上 CRTSⅡ型板上拱病害进行静力研究。基于第二类稳定理论，建立桥上 CRTSⅡ型板垂向稳定性计算模型，提出轨道板垂向稳定性计算公式。利用稳定性计算公式，分别计算分析轨道板截面抗弯刚度、自重及层间黏结应力对轨道板垂向稳定性的影响。

3.1　胶垫滑出静力特性影响分析

郑西客运专线陕西省境内段渭南二跨渭河特大桥为双线桥，在运营的过程中出现了轨下胶垫大量滑出的现象。胶垫滑出后扣件的纵向阻力将发生变化，影响轨道结构的受力与变形。本章以渭南二跨渭河特大桥为例，研究大跨桥上无砟轨道轨下胶垫滑出的静力特性。渭南二跨渭河特大桥桥跨布置形式为 7−32m 简支梁＋7−(48+4×80+48)m 连续梁＋(40+2−64+40)m 连续梁＋7−32m 简支梁，如图 3-1 所示。全桥采用小阻力扣件，设置 4 组钢轨伸缩调节器，分别位于第一、三、五、七联连续梁的活动端处。

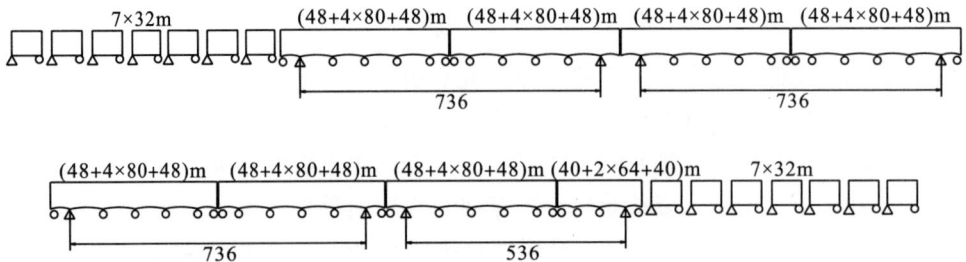

图 3-1　桥梁示意图

3.1.1　计算工况

本节以渭南二跨渭河特大桥为例，进行静力学计算。因桥梁端位移过大，容易引起轨下胶垫滑出，故考虑 8 联连续梁右端均有 50 组扣件的胶垫滑出，其滑出区域为 32.5m。其中，分别计算轨下胶垫无滑出、滑出 10mm、滑出 30mm、滑出 60mm 和滑出 90mm5 种工况，以此分析轨下胶垫滑出对大跨桥上双块式轨道结构的影响。

3.1.2　胶垫滑出纵向阻力测试

1. 实验目的

测试 5 种不同工况下 WJ-8 型扣件的纵向阻力，从而得出 WJ-8 型扣件轨下胶垫滑出后扣件纵向阻力的值及扣件纵向阻力与胶垫滑出量的关系，为静力学计算提供依据。

2. 实验准备

1）实验设备

实验设备与第 1 章胶垫滑出机理研究实验相同

2）实验工装

实验工装只是用来测试扣件纵向阻力的，故实验工装在第一章胶垫滑出机理研究实验的基础上撤下了一边的挡板，如图 3-2 和图 3-3 所示。实验时将液压千斤顶支撑于工装挡板和钢轨之间，其中一端为实验钢轨，另一端用于提供反作用力的工装挡板。根据作用与反作用原理，加载时，实验钢轨将受到另一端挡板传递过来的纵向力作用。

3）实验原理

扣件阻力是指扣件抵抗钢轨沿线路纵向移动的阻力，主要由钢轨与橡胶垫板面之间的摩阻力和扣压件(弹条)与轨底扣着面之间的摩阻力组成。摩阻力大小取决于扣件扣压力和摩擦系数的大小。螺栓扣件扣压力与螺栓拉力成正比，与螺帽拧紧力矩有关，一般随扭力矩的增大而增大。

实验时,将扣件安装在轨枕上,采用液压式千斤顶对钢轨轨底施加纵向拉力,采用百分表测量钢轨相对于钢轨的位移。纵向阻力测试原理图如图 3-4 所示。

图 3-2　胶垫滑出机理研究实验工装

图 3-3　本次实验实验工装

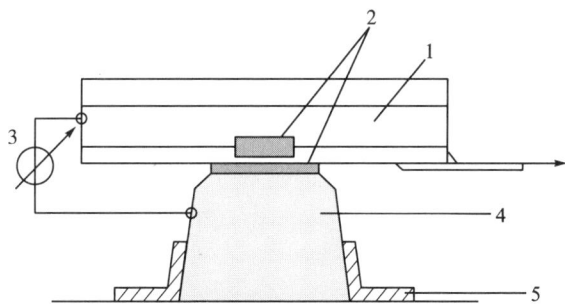

1 为钢轨;2 为扣件系统;3 为百分表;4 为轨枕;5 为刚性支撑

图 3-4　纵向阻力测试原理图

4)实验工况

本次实验共有如下五种工况(胶垫尺寸:175mm×156mm×4mm)。

工况 1:轨下橡胶垫板无滑出。

工况 2:轨下橡胶垫板滑出 10mm。

工况 3:轨下橡胶垫板滑出 30mm。

工况 4:轨下橡胶垫板滑出 60mm。

工况 5:轨下橡胶垫板滑出 90mm。

3. 实验方案与步骤

(1)该实验在常温下进行,温度保持在(20±5)℃。用于实验的所有部件要在实验开始前在该温度下至少放置 4h。

(2)检查橡胶垫板是否与钢轨充分接触、是否有破损,如有异常,必须更换。

(3)检查相关仪器设备工作是否正常。

（4）将扭力扳手的扭力值调至 110N·M，将实验扣件逐个扣紧。

（5）将工装就位，保证钢轨断面与工装结合紧密，如图 3-5 所示。

（6）安装加载设备，并按照预设的滑出量安放胶垫，如图 3-6。

图 3-5　工装安装　　　　　　　　　　　图 3-6　安装加载设备

（7）按 0.2MPa/次分级加载，同时进行百分表数据的读取，如图 3-7 所示。

图 3-7　加载和百分表数据的读取

（8）当千斤顶油压表读数不能再上升时，迅速读取此时的油压表读数。

（9）卸载。

（10）重复以上操作，进行下一次实验。

4. 实验结果分析

1）加载系统的标定

实验采用的加载设备为量程为 25MPa 的液压千斤顶，其精度为 0.1kN，最大量程为 100kN。对钢轨施加推力，但是要建立起扣件纵向阻力的荷载与位移曲线，还需要对千斤顶进行标定。总共对液压千斤顶进行了三次标定，标定结果如表 3-1~表 3-3 所示。对三次标定的数据取平均值，得出与实际荷载的关系。

表 3-1　千斤顶第一次标定值

千斤顶读数/MPa	0.4	1.2	2.0	2.8	3.6	4.4	5.2	6.0	6.8	7.6	8.0
对应读数/kN	0	1.54	3.95	6.50	8.82	11.40	13.90	16.40	18.80	21.66	22.80

表 3-2　千斤顶第二次标定值

千斤顶读数/MPa	0.4	1.2	2.0	2.8	3.6	4.4	5.2	6.0	6.8	7.6	8.0
对应读数/kN	0	1.62	4.11	6.34	8.70	11.20	13.70	16.32	18.90	21.50	22.80

表 3-3　千斤顶第三次标定值

千斤顶读数/MPa	0.4	1.2	2.0	2.8	3.6	4.4	5.2	6.0	6.8	7.6	8.0
对应读数/kN	0	1.50	4.12	6.30	8.60	11.20	13.60	16.00	18.76	21.30	22.58

将三次标定所得的数据取均值,并绘制成散点图,发现,其读数与荷载的变化呈明显的线性变化,因此将其拟合成线性变化曲线,如图 3-8 所示,并得出其读数与荷载的变化关系。

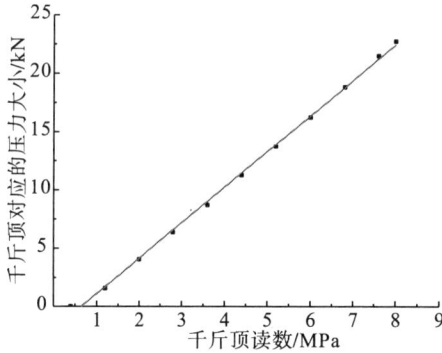

图 3-8　拟合曲线

根据拟合结果,确定千斤顶读数与实际荷载之间的关系为 $y = 3.05x - 2.03$

式中,y 为千斤顶读数对应的力的大小,单位为 kN。

x 为千斤顶读数,单位为 MPa。

2)实验结果分析

(1)本次测试的是轨下胶垫没有滑出时的扣件阻力值,其结果如图 3-9 所示。

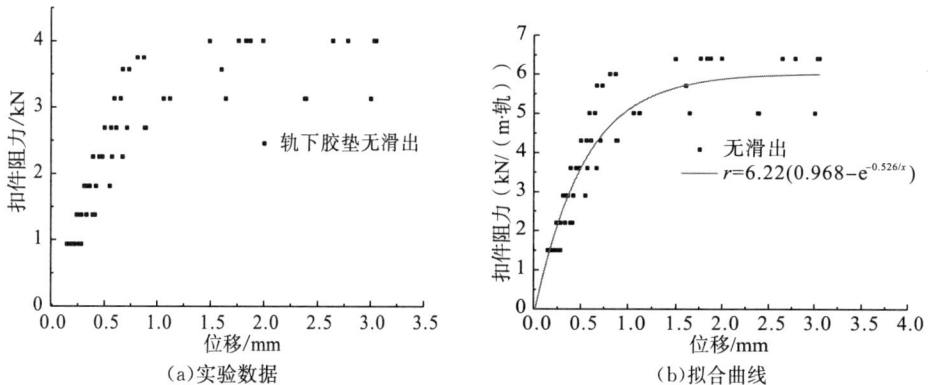

(a)实验数据　　　　　　　　　　　(b)拟合曲线

图 3-9　轨下胶垫无滑出时的扣件纵向阻力值

由图 3-9(a)可知，胶垫无滑出时，扣件的弹塑性临界点为 0.5~1mm，扣件的滑移阻力在 4kN 左右。由图 3-9(b)可知，对测试结果拟合成幂指数形式：$r=6.22(0.986-e^{-0.526/x})$，阻力最大值为 6.13kN/(m·轨)。

(2)本次测试的是轨下胶垫滑出 10mm 时的扣件阻力值，其结果如图 3-10 所示。

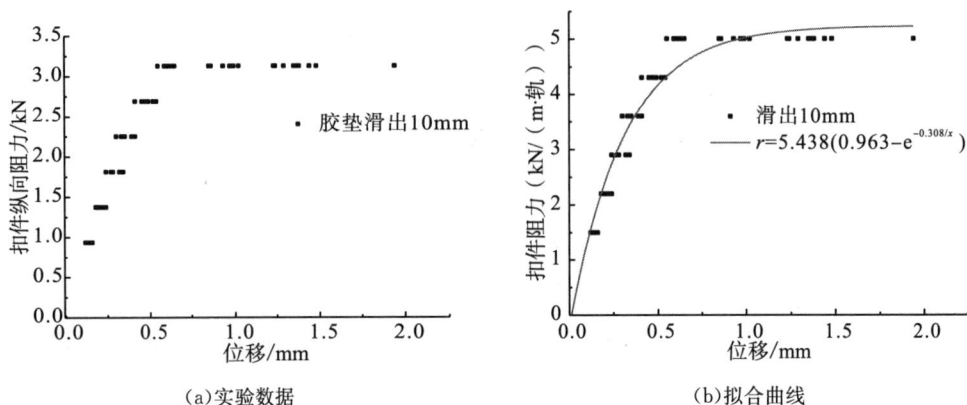

(a)实验数据　　　　　　　　(b)拟合曲线

图 3-10　轨下胶垫滑出 10mm 时的扣件纵向阻力值

由图 3-10(a)可知，胶垫滑出 10mm 时，扣件的弹塑性临界点在 0.5mm 左右，扣件的滑移阻力在 3.25kN 左右。由图 3-10(b)可知，对测试结果拟合成幂指数形式：$r=5.438(0.963-e^{-0.308/x})$，阻力最大值为 5.24kN/(m·轨)。

(3)本次测试的是轨下胶垫滑出 30mm 时的扣件阻力值，其结果如图 3-11 所示。

由图 3-11(a)可知，胶垫滑出 30mm 时，扣件的弹塑性临界点在 0.5mm 左右，扣件的滑移阻力在 2.5kN 左右。由图 3-11(b)可知，对测试结果拟合成幂指数形式：$r=4.05(0.989-e^{-0.218/x})$，阻力最大值为 4kN/m/轨。

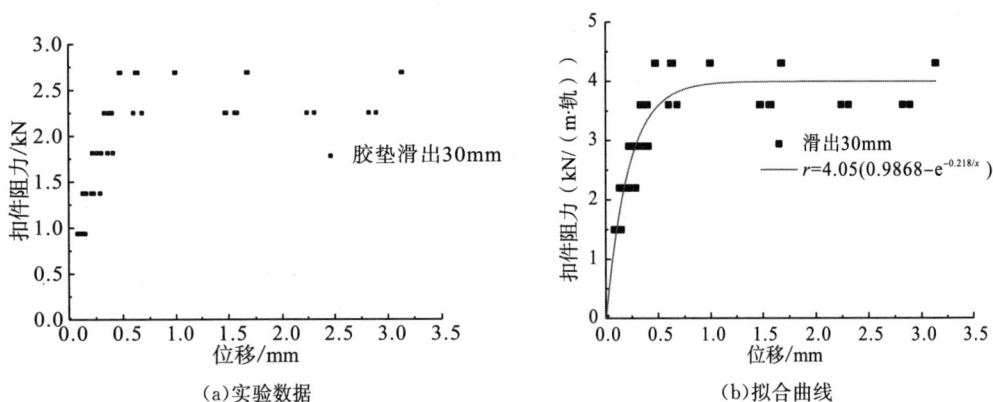

(a)实验数据　　　　　　　　(b)拟合曲线

图 3-11　轨下胶垫滑出 30mm 时的扣件纵向阻力值

(4)本次测试的是轨下胶垫滑出 60mm 时的扣件阻力值，其结果如图 3-12 所示。

由图 3-12(a)可知，胶垫滑出 60mm 时，扣件的弹塑性临界点在 0.5mm 左右，扣件的滑移阻力在 2.0kN 左右。由图 3-12(b)可知，对测试结果拟合成幂指数形式：$r=3.578(0.983-e^{-0.262/x})$，阻力最大值为 3.52kN/(m·轨)。

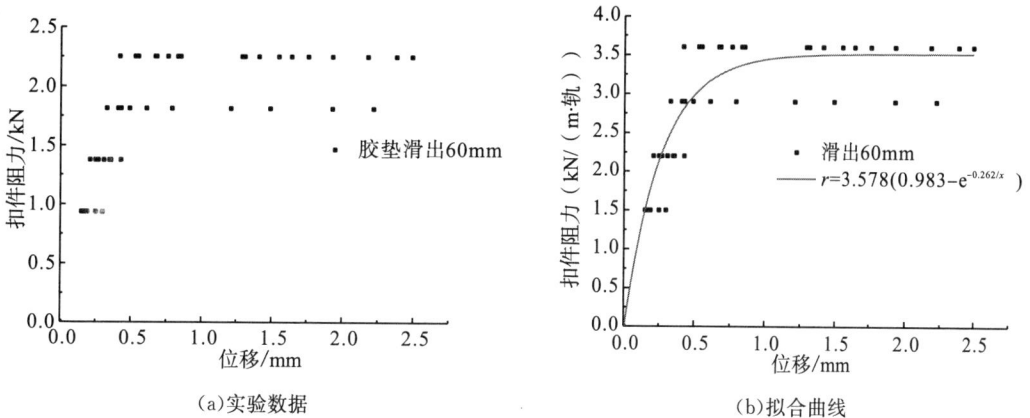

(a)实验数据　　　　　　　　　　　　　　　　(b)拟合曲线

图 3-12　轨下胶垫滑出 60mm 时的扣件纵向阻力值

（5）本次测试的是轨下胶垫滑出 90mm 时的扣件阻力值，其结果如图 3-13 所示。

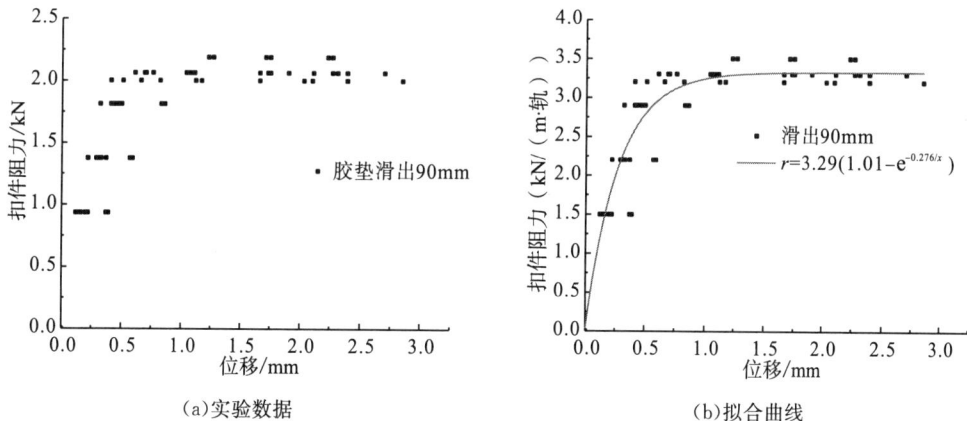

(a)实验数据　　　　　　　　　　　　　　　　(b)拟合曲线

图 3-13　轨下胶垫滑出 90mm 时的扣件纵向阻力值

由图 3-13(a)可知，胶垫滑出 90mm 时，扣件的弹塑性临界点在 0.5mm 左右，扣件的滑移阻力在 2.0kN 左右。由图 10-13(b)可知，对测试结果拟合成幂指数形式：$r = 3.29(1.01 - e^{-0.276/x})$，阻力最大值为 3.32kN/m/轨。

5. 实验小结

经实验数据分析可得如图 3-14 所示的扣件纵向阻力与轨下胶垫滑出量的关系。

由图 3-14 可知，随着轨下胶垫滑出量的增加，扣件纵向阻力值逐渐减小，轨下胶垫滑出量从 0mm 增大到 90mm 时，扣件纵向阻力由 6.13kN/(m·轨)减小到 3.32kN/(m·轨)，减小了约 46%，而此时胶垫与铁垫板的接触面积约减小了 55%。但随着轨下胶垫滑出量的增加，扣件纵向力减小的趋势不断减小，曲线斜率随着轨下胶垫滑出量的增加分别为 0.089、0.062、0.016、0.007(单位 kN/(m·轨·mm))。出现以上规律的主要原因是扣件的纵向阻力主要由轨下胶垫与钢轨的摩擦阻力及弹条与钢轨的摩擦阻力两部分组成。随着轨下胶垫滑出量的增加，轨下胶垫与钢轨的接触面积减小，钢轨与胶垫间的摩擦阻力较小,故扣件纵向阻力值减小,但是当胶垫滑出量继续增大时,弹条与钢轨的摩擦阻力所占比例逐渐增大,故扣件纵向阻力减小的趋势随之减小。

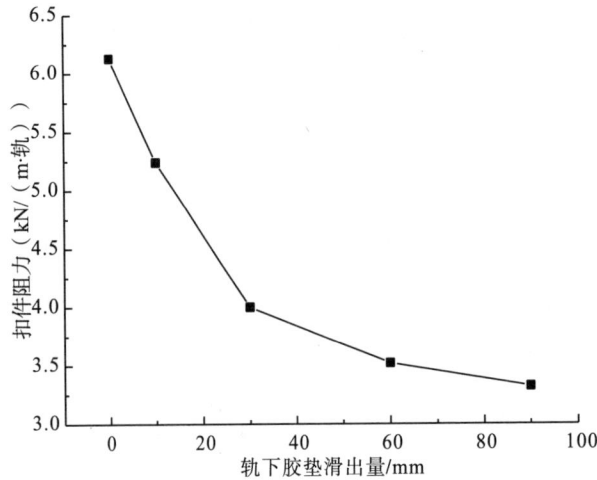

图 3-14　扣件阻力值与轨下胶垫滑出量的关系

3.1.3　计算模型

本节基于桥上无缝线路基本原理及桥上双块式无砟轨道结构建立如图 3-14 所示的线-板-桥-墩一体化计算模型,以此来分析轨下胶垫滑出对桥上各种附加力及梁轨相对位移的影响。其中底座板通过预埋钢筋与桥面相连,建模时将其看成整体,底座上设置限位凹槽用以传递水平力及限位,建模时用线性弹簧模拟。扣件采取 WJ-8 型扣件,通过现场实验得出 5 种滑出量的扣件纵向阻力如表 3-4 所示。

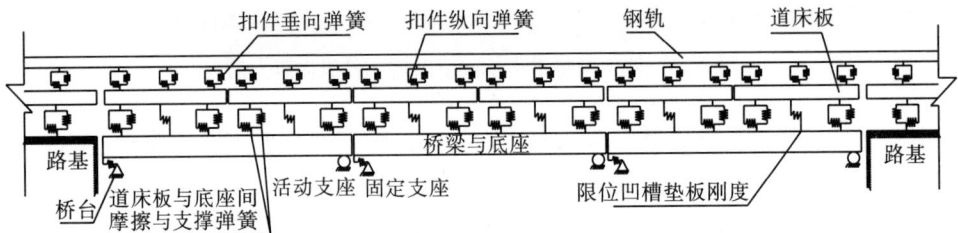

图 3-14　钢轨-道床板-桥梁-墩台一体化计算模型

表 3-4　扣件的纵向阻力

滑出量/mm	0	10	30	60	90
纵向阻力/ [kN/(m·轨)]	6.13	5.24	4	3.52	3.32
极限位移/mm			0.5		

轨道结构及桥梁的具体参数如下。

(1)钢轨:弹性模量 $E=2.1\times10^{5}$MPa,线膨胀系数 $\alpha=11.8\times10^{-6}$,泊松比 0.3,截面面积 $A=77.45$cm^{2},截面惯性矩 $I=3217$cm^{4},截面高度 $H=176$mm,允许应

力 351MPa。

(2)道床板：弹性模量 3.6×10^4 MPa，线膨胀系数 $\alpha = 1 \times 10^{-5}$，泊松比 0.2，长度 6.5m，截面宽 2.8m，截面高 0.26m，板缝 0.1m，截面面积 $0.728m^2$，截面惯性矩 $0.0041m^4$。

(3)32m 简支梁：弹性模量 3.25×10^4 MPa，线膨胀系数 $\alpha = 1 \times 10^{-5}$，泊松比 0.2，截面面积 $9m^2$，截面高度 3m，截面惯性矩 $11m^4$，桥墩纵向刚度 800kN/m。

(4)连续梁：截面面积 $15m^2$，截面高度 5m，截面惯性矩 $45m^4$，桥墩纵向刚度 40000kN/m。

(5)道床板与底座间的摩擦阻力 9.1kN/cm，限位凹槽橡胶垫板刚度 180kN/mm。

3.1.4　轨下胶垫滑出对钢轨附加力的影响

依据《铁路无缝线路设计规范》可知，对于混凝土桥梁，在计算无缝线路伸缩附加力时考虑桥梁整体升温 30℃。计算制动附加力时，车头置于伸缩力最大处(即第四联连续梁的活动端处)，制动率取 0.164，制动长度取 400m。挠曲附加力较小，此处不作计算。钢轨附加力计算结果如图 3-15 所示。

由图 3-15 可知，钢轨最大伸缩附加力出现在第二、四、六联连续梁的活动端处，而第一、三、五、七联连续梁活动端处设置了钢轨伸缩调节器，其伸缩附加力都为 0；最大制动附加力出现在第四联连续梁的活动端，即制动起点处。轨下胶垫滑出主要对胶垫滑出区域的钢轨附加力的影响较大，胶垫滑出区域钢轨附加力的极值及改变量如表 3-5 所示。

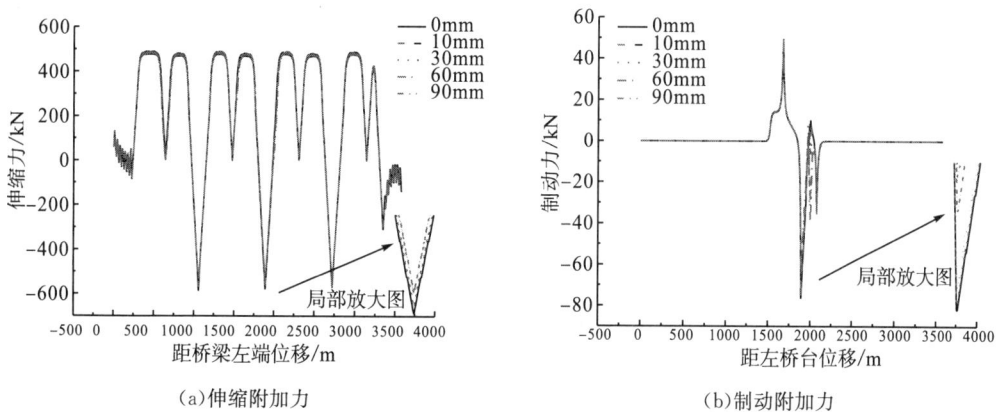

(a)伸缩附加力　　　　　　　　　　(b)制动附加力

图 3-15　不同胶垫滑出量下的钢轨附加力

表 3-5　钢轨附加力极值以及变化情况

项目	工况 1		工况 2		工况 3		工况 4		工况 5	
	值/kN	减小率/%	值/kN	减小率/%	值/kN	减小率/%	值/kN	减小率/%	值/kN	减小率/%
伸缩附加力	580.4	—	572.4	1.4	557.8	3.9	557	4.0	556.4	4.1
制动附加力	76.48	—	75.91	0.7	74.45	2.7	66.63	12.8	63.19	17.4

由图 3-16 可知，随着胶垫滑出量的增加，钢轨附加力均减小，原因是胶垫滑出后，扣件纵向阻力变小，梁轨间的相互作用减小，故钢轨附加力也减小。由表 3-5 可知，轨下胶垫滑出对钢轨伸缩附加力及制动附加力的影响较小。

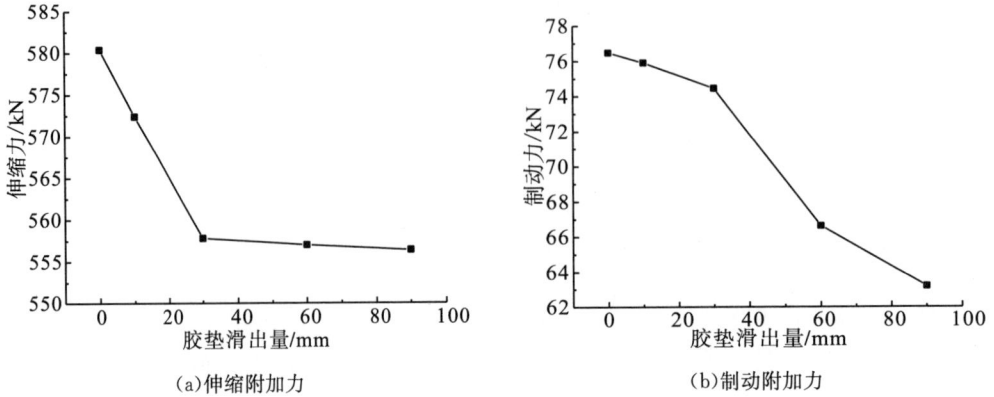

（a）伸缩附加力　　　　　　　　　　　　　（b）制动附加力

图 3-16　钢轨附件力与胶垫滑出量的关系图

3.1.5　轨下胶垫滑出对梁轨相对位移的影响

由于温度变化而导致的桥梁伸缩及列车制动时都会导致梁轨相对位移，而梁轨相对位移过大也易引起轨下胶垫滑出。图 3-17 表示轨下胶垫滑出量对梁轨相对位移的影响。

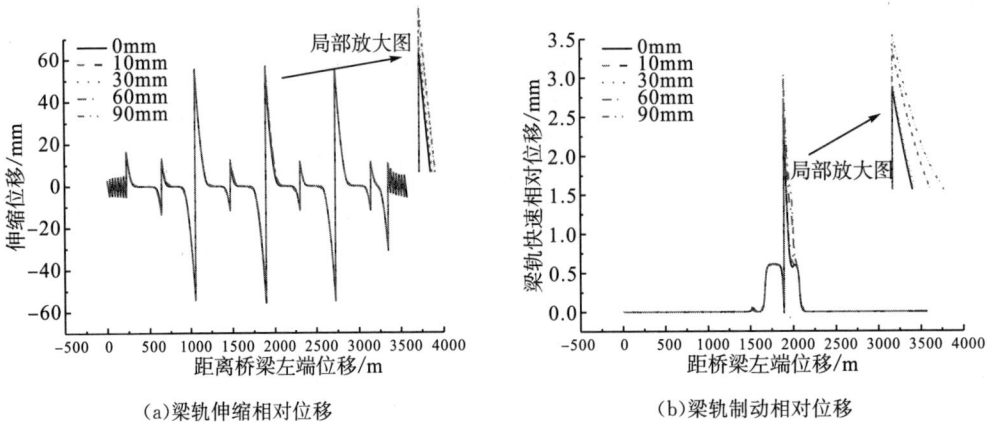

（a）梁轨伸缩相对位移　　　　　　　　　　　（b）梁轨制动相对位移

图 3-17　不同胶垫滑出时梁轨相对位移

由图 3-17 可知，梁轨伸缩相对位移最大值发生在第二、四、六联连续梁活动端处，而第一、三、五、七联连续梁活动端处因设置了钢轨伸缩调节器，其梁轨伸缩位移有明显的减小；而梁轨快速相对位移最大值发生在第四联连续梁的活动处，即制动起点处。轨下胶垫滑出主要对胶垫滑出区域的位移影响较大。胶垫滑出区域梁轨相对位移极值及改变量如表 3-6 所示。

表 3-6　梁轨相对位移极值以及变化情况

项目	工况 1		工况 2		工况 3		工况 4		工况 5	
	值/mm	增大率/%	值/mm	增大率/%	值/mm	增大率/%	值/mm	增大率/%	值/mm	增大率/%
伸缩位移	54.0	—	55.3	2.4	56.6	4.8	57.2	5.9	57.4	6.3
制动位移	2.62	—	2.64	0.8	2.68	2.23	2.90	10.7	3.04	16.0

由图 3-18 可知,随着轨下胶垫滑出量的增加,梁轨伸缩相对位移和梁轨制动相对位移均增大。原因是胶垫滑出后,扣件的纵向阻力减小,但是胶垫滑出的区域较小,故其影响也较小。但是,胶垫滑出后,相对位移的增加,更易引起胶垫的滑出。由表 3-6 可知,可知轨下胶垫滑出对列车制动时的梁轨相对位移影响较大。

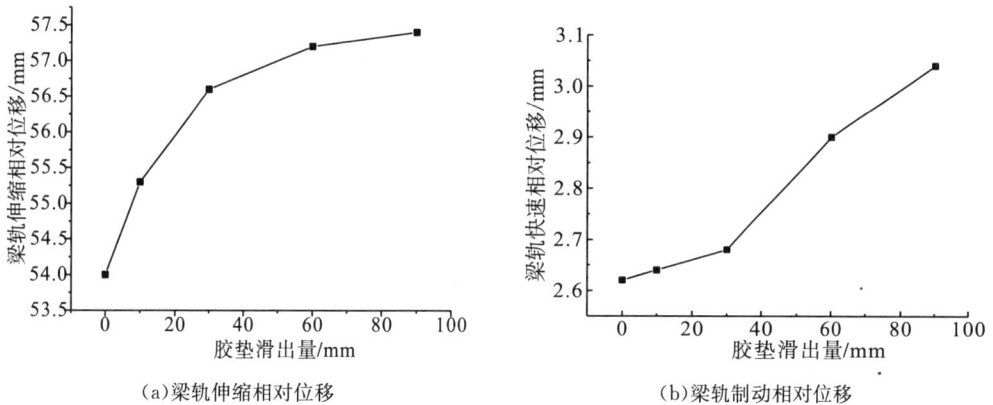

(a)梁轨伸缩相对位移　　　　　　　(b)梁轨制动相对位移

图 3-18　梁轨相对位移

本 节 小 结

本节通过实验测试胶垫滑出后的纵向阻力,并通过含轨下胶垫滑出的静力学有限元建模计算分析,得出以下结论。

(1)随着轨下胶垫滑出量的增加,钢轨纵向力略微减小,当轨下胶垫滑出量从 0mm 增加到 90mm 时,胶垫滑出区域最大钢轨伸缩附加力从 580.4kN 减小到 556.4kN,胶垫滑出区域最大钢轨制动附加力从 76.48kN 减小到 63.19kN。

(2)随着轨下胶垫滑出量的增加,梁轨相对位移略微增加,当轨下胶垫滑出量从 0mm 增加到 90mm 时,伸缩相对位移从 54mm 增大到 57.4mm,梁轨快速相对位移从 2.62mm 增大到 3.04mm。

(3)胶垫滑出主要会对梁轨相对位移造成不利影响,使梁轨相对位移增大,从而会进一步促使轨下胶垫滑出。

3.2　钢轨碎弯静力特性影响分析

高速铁路无砟轨道无缝线路的阻力主要由扣件系统提供,扣件阻力对无缝线路受力变形及无缝线路的稳定性均有重要影响。无砟轨道扣件系统直接与混凝土道床板连接，轨道稳定性好，不易发生失稳，但在较大升温条件下容易出现钢轨碎弯。较大的钢轨碎弯、扣件的扣压力损失和组装公差等共同作用，会对高速列车的平稳运行产生不利影响。

我国早期也曾产生很多较为简单实用的无缝线路计算模型，可以适应当时对于中小跨度桥梁的应用。但是随着越来越多的高速铁路大跨桥梁无砟轨道无缝线路的投入实用，原有的简单计算模型已不再适用，需要建立更加完备的计算模型。

我国高速铁路普遍采用无砟轨道，无砟轨道结构设置了底座板、砂浆层和轨道板等结构。在横向力作用下，无砟轨道结构的受力情况与普通的有砟轨道结构相比更加复杂，仅考虑平面因素的桥上无缝线路简化模型的计算结果与实际差别较大。尤其对于 CRTS Ⅱ型板式无砟轨道，由于设置了滑动层、侧向挡块和剪力齿槽，并在桥梁两端设置了锚固体系，结构更加复杂，仅建立平面模型已不能满足高速铁路桥上无砟轨道的仿真要求。因此，本章拟建立桥上无砟轨道无缝线路结构的空间耦合模型，使无砟轨道结构的受力状况分析更加精确。

高速铁路大跨桥 CRTS Ⅱ型板式无砟轨道无缝线路除包括钢轨、轨道板、底座板、摩擦板、端刺、桥梁等结构外，还包括扣件、CA 砂浆层、滑动层、固结机构和侧向挡块等纵横向传力结构。桥上无缝线路梁轨的相互作用，应包括下列主要内容。

桥上 CRTS Ⅱ型板式无砟轨道无缝线路钢轨除承受温度力作用外，还承受伸缩力、牵引/制动力等纵向力的作用。由于钢轨初始碎弯，钢轨内力会产生偏离线路中心线的横向分力，使结构在横向上也产生一定的位移。桥梁因温度变化产生纵向位移，通过滑动层对底座板及轨道板施加纵向力，并通过扣件系统对长轨条施加纵向力，轨道结构受力变形后，对桥梁作用大小相等、方向相反的反作用力。长轨条因列车起动/制动产生纵向位移，通过扣件、轨道板和底座板及剪力齿槽对桥梁施加纵向作用力。

3.2.1　计算模型

某大跨度铁路桥按双线桥设计。桥跨布置为 3×32m 简支梁＋(60＋125＋60)m 连续梁＋3×32m 简支梁。主跨为(60＋125＋60)m 混凝土连续梁，简支梁为双线单箱梁。桥梁位于直线地段，桥上铺设 CRTS Ⅱ型板式无砟轨道，扣件采用 WJ-8 型小阻力扣件系统。大跨桥上纵连板式无砟轨道无缝线路力学模型如图 3-19 和图 3-20 所示。

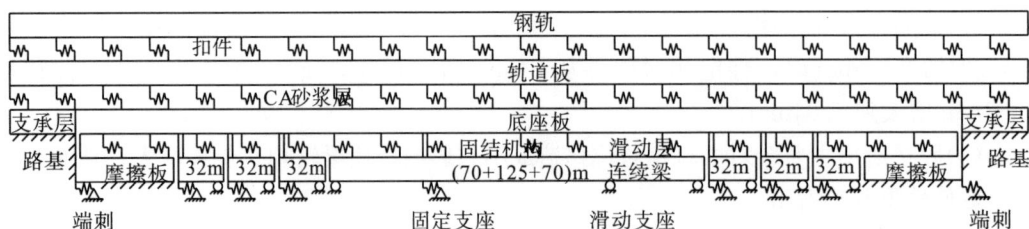

图 3-19　大跨桥上无砟轨道无缝线路力学模型示意图(纵向)

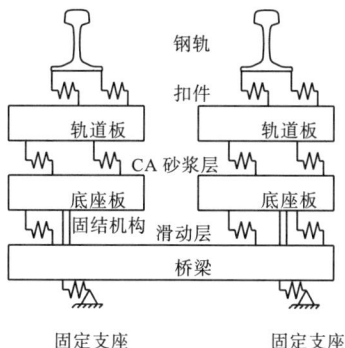

图 3-20　大跨桥上无砟轨道无缝线路力学模型示意图(横向)

1. 力学模型和单元类型

该模型的主要功能为计算梁轨系统的纵横向力和位移，主要包括包括钢轨、轨道板、底座板和桥梁的纵横向受力和位移。建模时，钢轨、轨道板、底座板、支承层、摩擦板和桥梁均视为具有抗弯特性的三维梁单元，扣件、CA 砂浆层、滑动层、端刺、固结机构则模拟成弹簧单元。钢轨以扣件节点间距的四分之一划分单元，轨道板、底座板和桥梁分别以扣件节点间距划分单元。模型中的各阻力参数根据分析的需要均可设置为非线性的阻力。

2. 边界条件的处理和施加荷载

为了防止模型中钢轨边界对计算结果的影响，摩擦板长度取为 100m，并在研究区段两端分别建立 100m 路基直线段，并约束两端节点的位移和转角。

铁科院于 2007 年对遂渝线无砟轨道实验段嘉陵江大桥、蒋家大桥、土鱼山隧道口等地段的轨距和轨向调查时，发现钢轨碎弯形状，这无疑会导致列车通过时横向振动加剧。本节以蒋家大桥桥头过渡段碎弯为初始变形(图 3-21)，分析钢轨碎弯对大跨桥上无砟轨道无缝线路稳定性的影响。

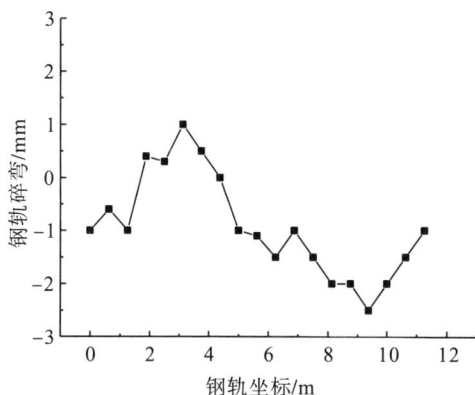

图 3-21　蒋家大桥钢轨碎弯变形图

温度变化作为外荷载，通过在整个结构单元上施加温度场实现。桥梁温差取为 $\pm 30^\circ\text{C}$，钢轨温差取为 $\pm 50^\circ\text{C}$。

3.2.2　计算参数

1. 扣件阻力参数

1)扣件纵向阻力

参照《铁路无缝线路设计规范》，当垂向无载时，WJ-8 型小阻力扣件纵向阻力按双线性阻力形式考虑，取极限阻力 4kN，弹塑性临界位移 0.5mm。扣件纵向非线性弹簧力－位移曲线如图 3-22 所示。

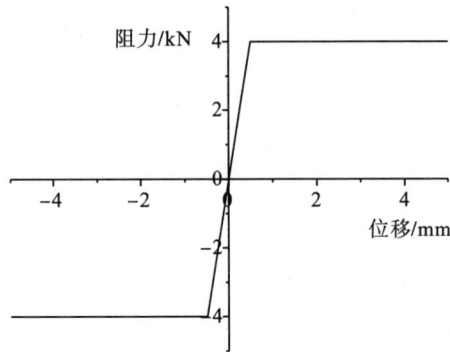

图 3-22　扣件纵向非线性弹簧的力－位移曲线

2)扣件横向阻力

无砟轨道弹性多由扣件提供，这就对扣件性能提出了更高的要求。正常情况下，WJ-8 型扣件受力传递机理为，钢轨横向力通过绝缘块传至铁垫板，通过板下摩擦和轨距挡板传至道床；当横向力大于板下最大静摩擦力和轨距挡板抗压力时，铁垫板开始滑动。当铁垫板与锚固螺栓接触时，横向力由绝缘块经铁垫板和锚固螺栓传至道床。扣件横向阻力取决于绝缘块的弹性支承力、铁垫板下摩擦阻力、轨距挡板支承力和锚固螺栓抗剪力。

因绝缘块和轨距挡板材料属性一样且弹性模量较大，在整个横向受力过程中，假设都在其线弹性范围内，取横向刚度 $1 \times 10^8\,\text{N/m}$。扣件横向线性弹簧力－位移曲线如图 3-23 所示。

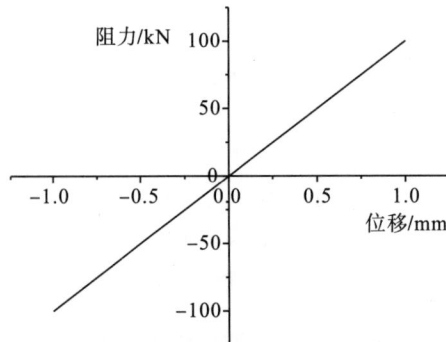

图 3-23　扣件横向线性弹簧的力－位移曲线

2. CA 砂浆层阻力参数

CA 砂浆层纵(横)向阻力随着轨道板纵向位移的增加而增大。当位移达到某一程度之后,轨道板开始滑移,其阻力不再增加。根据博格公司的实验资料,当 CA 砂浆层被剪切破坏时的推理为 412kN,位移为 0.5mm。即可得到 CA 砂浆层的纵向阻力和位移的关系。沿线路中心线取半边模型,单元长度为扣件间距 0.65m。即砂浆层的极限摩擦阻力为 412/2/4.93×0.65＝27.160kN。则砂浆层纵横向非线性弹簧的力－位移曲线如图 3-24 所示。

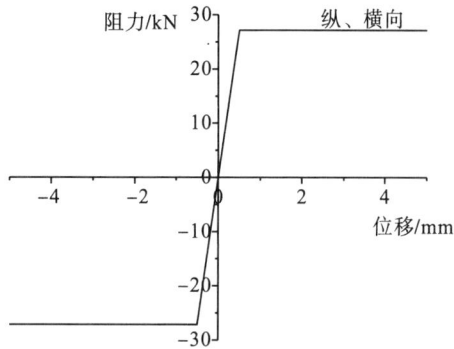

图 3-24　砂浆纵横向非线性弹簧的力－位移曲线

3. 滑动层阻力参数

滑动层纵(横)向阻力用摩擦系数乘以单位长度轨道自重来表示,轨道自重为钢轨、轨道板和底座板自重之和。

(1)每单元长度上钢轨自重:$7800 \times 77.45 \times 10^{-4} \times 0.65m = 39.267kg$。

(2)每单元长度上轨道板自重:$2500 \times 2.55 \div 2 \times 0.2 \times 0.65 = 414.375kg$。

(3)每单元长度上底座板自重:$2500 \times 2.95 \div 2 \times 0.4 \times 0.65 = 958.75kg$。

当垂向作用 ZK 活载时,每单元长度内增加的荷载为 $32 \times 0.65 = 20.8kN$。

底座板与梁面间、台后底座板与摩擦板间摩擦系数为 μ。无实测资料条件下,CRTS Ⅱ型板式无砟轨道桥上底座板与梁面间、台后底座板与摩擦板间摩擦系数可按表 3-7 取值。

表 3-7　隔离层摩擦系数取值表

类别	摩擦特征	图示
两布一膜 (桥上)	$\mu_{\max} = 0.7x,\ x < 0.5mm$ $\mu_{\max} = 0.35,\ x \geq 0.5mm$ $\mu_{\min} = 0.3x,\ x < 0.5mm$ $\mu_{\min} = 0.15,\ x \geq 0.5mm$	

类别	摩擦特征	图示
两布 （台后）	$\mu=0.14x$, $x<5.0\text{mm}$ $\mu=0.70$, $x\geqslant5.0\text{mm}$	

根据上述系列实验研究，两布一膜滑动层摩擦系数为 0.15～0.35、两布隔离层摩擦系数为 0.7，两布一膜和两布滑动前最大的相对位移分别为 0.5mm 和 5.0mm。

（1）取两布一膜滑动层摩擦系数取为 0.2，桥上滑动层纵（横）向摩阻力如下。

垂向无载时：$0.2\times(37.757+398.4375+921.875)\times9.8=2661.816\text{N}$。

垂向有载时：$0.2\times(13309+20000)=6661.8\text{N}$。

则桥上滑动层纵（横向）非线性弹簧的力－位移曲线如图 3-25（a）所示。

（2）取两布隔离层摩擦系数取为 0.7，板上隔离层纵（横）向摩阻力如下。

垂向无载时：$0.7\times(37.757+398.4375+921.875)\times9.8=9316.357\text{N}$。

垂向有载时：$0.7\times(13309+20000)=23.32\text{kN}$。

则桥上滑动层纵（横向）非线性弹簧的力－位移曲线如图 3-25（b）所示。

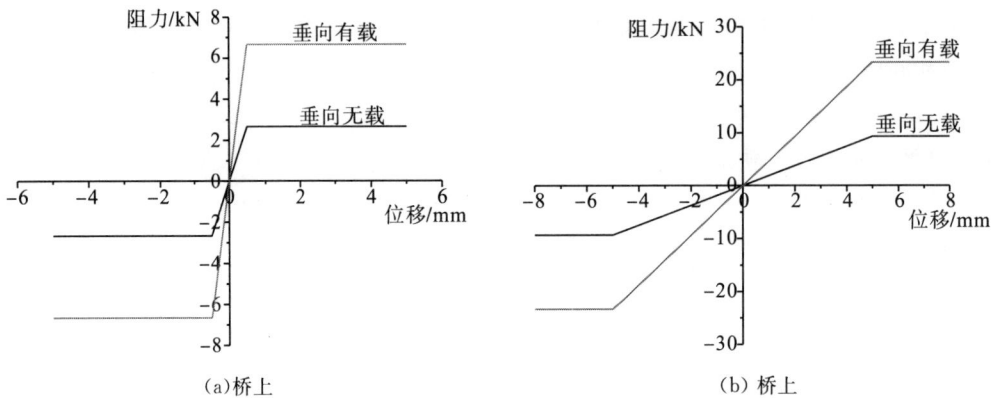

图 3-25 滑动层纵、横向非线性弹簧的力－位移曲线

4. 其他基本参数

其他基本计算参数见第 2 章 2.2 表 2-1 所示。

3.2.3 温度力作用下钢轨碎弯对结构受力变形的影响

本节分析比较在温度力作用下，钢轨平直和钢轨碎弯结构的纵横向受力和位移的影响。本节在计算温度力时，桥梁温差取为 30℃，因钢轨碎弯一般由较高气温引起，为更结合实际情况分析钢轨碎弯情况下的轨道结构受力，仅考虑降温工况，即钢轨降温

50℃，轨道板降温 30℃，底座板降温 30℃，桥梁降温 30℃。

1. 钢轨受力变形的影响

1)温度荷载作用下钢轨纵向受力变形

在温度荷载作用下，钢轨有、无初始碎弯的钢轨纵向力和位移如图 3-26 所示。

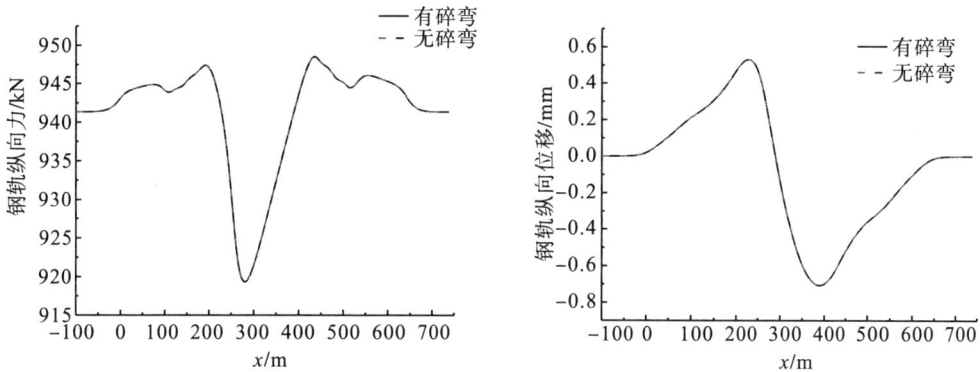

图 3-26　钢轨有、无碎弯的钢轨纵向力和位移

由图 3-26 可以看出，在温度荷载作用下，钢轨纵向力和纵向位移在钢轨有、无初始碎弯的情况下，变化规律一致，对应量值几乎不变。钢轨最大纵向力和最大纵向位移均发生在连续梁跨滑动支座所对应钢轨位置，说明在温度力作用下，钢轨有、无初始碎弯对钢轨纵向力和纵向位移几乎无影响。

2)温度荷载作用下钢轨横向受力变形

在温度荷载作用下，钢轨有、无初始碎弯的扣件横向抗力和钢轨横向位移如图 3-27 所示。

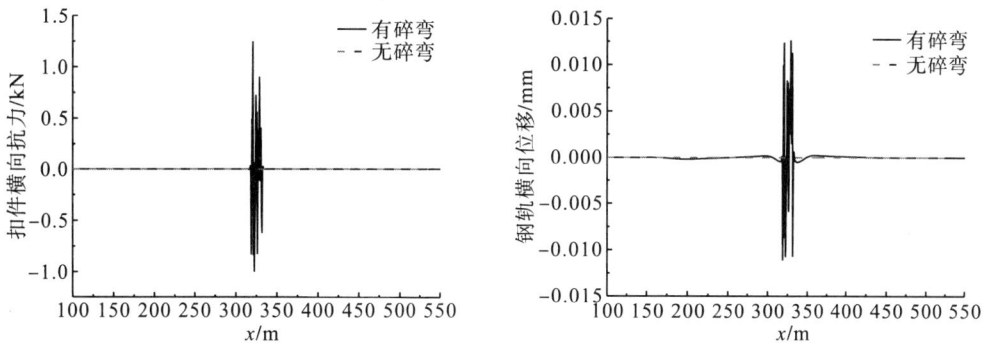

图 3-27　钢轨有、无碎弯的扣件横向抗力和钢轨横向位移

由图 3-27 可以看出，在温度荷载作用下，钢轨有、无初始碎弯对扣件横向抗力和钢轨横向位移都产生了较细微的影响。在钢轨有初始碎弯条件下，扣件横向抗力最大为 1.25kN，钢轨横向位移最大为 0.013mm，均发生在钢轨初始碎弯所对应底座板位置。扣件横向抗力和钢轨横向位移被影响范围主要在钢轨发生初始碎弯区域，对钢轨上较远区域影响不大。

2. 轨道板受力变形的影响

1)温度荷载作用下轨道板纵向受力变形

在温度荷载作用下，钢轨有、无初始碎弯的轨道板纵向应力和位移如图 3-28 所示。

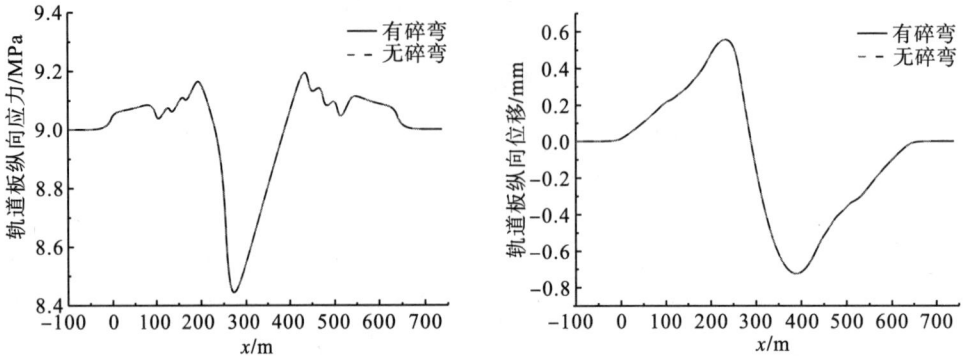

图 3-28　钢轨有、无碎弯的轨道板纵向应力和位移

由图 3-28 可以看出，在温度荷载作用下，轨道板纵向应力和纵向位移在钢轨有、无初始碎弯的情况下，变化规律一致，对应量值几乎不变。轨道板最大纵向应力和最大纵向位移均发生在连续梁跨滑动支座所对应轨道板位置，说明在温度力作用下，钢轨有、无初始碎弯对轨道板纵向应力和纵向位移几乎无影响。

2)温度荷载作用下轨道板横向受力变形

在温度荷载作用下，钢轨有、无初始碎弯的轨道板横向应力和位移如图 3-29 所示。

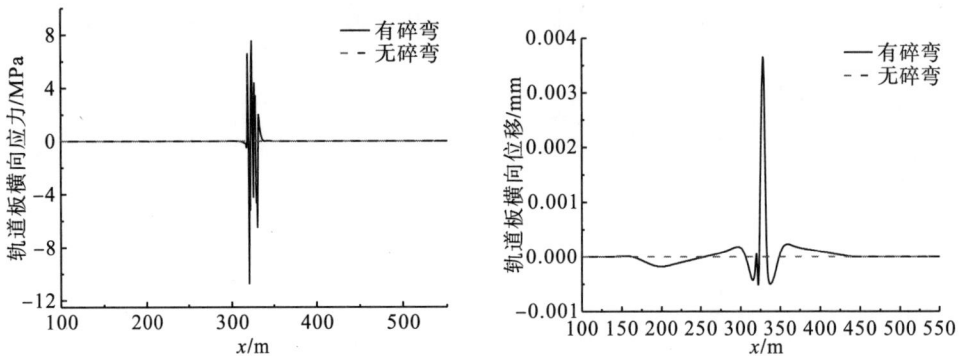

图 3-29　钢轨有、无碎弯的轨道板横向应力和位移

由图 3-29 可以看出，在温度荷载作用下，钢轨有、无初始碎弯对轨道板横向应力和横向位移都产生了较细微的影响。在钢轨有初始碎弯条件下，轨道板横向应力最大为 -10.764kPa，轨道板横向位移最大为 0.0037mm，均发生在钢轨初始碎弯所对应轨道板位置。轨道板横向应力被影响范围主要在钢轨发生初始碎弯区域，对离初始碎弯较远区域影响不大。而轨道板横向位移被影响范围主要在第三跨简支梁和连续梁区段，对其他简支梁区段无影响。

3.　底座板受力变形的影响

1)温度荷载作用下底座板纵向受力变形

在温度荷载作用下,钢轨有、无初始碎弯的底座板纵向应力和位移如图 3-30 所示。

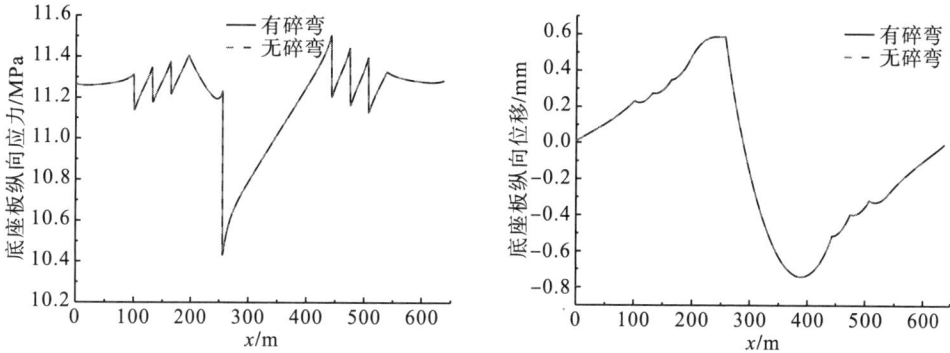

图 3-30　钢轨有、无碎弯的底座板纵向应力和位移

由图 3-30 可以看出,在温度荷载作用下,底座板纵向应力和纵向位移在钢轨有、无初始碎弯的情况下,变化规律一致,对应量值几乎不变。底座板最大纵向应力和最大纵向位移均发生在连续梁跨滑动支座上方,说明在温度力作用下,钢轨有、无初始碎弯对底座板纵向应力和纵向位移几乎无影响。

2)温度荷载作用下底座板横向受力变形

在温度荷载作用下,钢轨有、无初始碎弯的底座板横向应力和位移如图 3-31 所示。

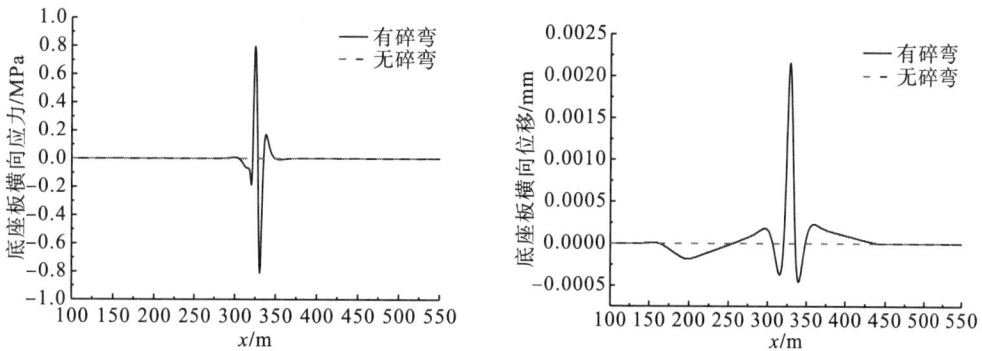

图 3-31　钢轨有、无碎弯的底座板横向应力和位移

由图 3-31 可以看出,在温度荷载作用下,钢轨有、无初始碎弯对底座板横向应力和横向位移都产生了较细微的影响。在钢轨有初始碎弯条件下,底座板横向应力最大为 -0.814kPa,底座板横向位移最大为 0.0022mm,均发生在钢轨初始碎弯所对应底座板位置。底座板横向应力被影响范围主要在钢轨发生初始碎弯区域,对离初始碎弯较远区域影响不大。而底座板板横向位移被影响范围主要在第三跨简支梁和连续梁区段,对其他简支梁区段无影响。

4.　桥梁受力变形的影响

1)温度荷载作用下桥梁纵向受力变形

在温度荷载作用下，钢轨有、无初始碎弯的桥梁纵向应力和位移如图 3-32 所示。

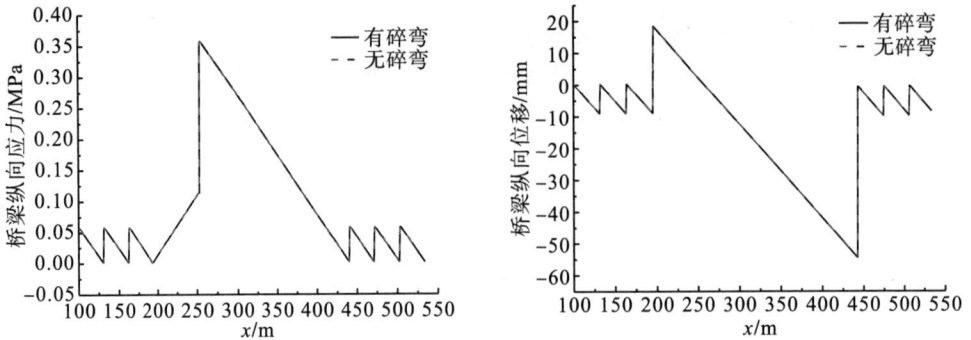

图 3-32　钢轨有、无碎弯的桥梁纵向应力和位移

由图 3-32 可以看出，在温度荷载作用下，桥梁纵向应力和纵向位移在钢轨有、无初始碎弯的情况下，变化规律一致，对应量值几乎不变。桥梁纵向应力均在连续梁跨固定支座位置达到最大，桥梁横向位移也均在连续梁跨滑动支座端达到最大。说明在温度力作用下，钢轨有、无初始碎弯对桥梁纵向应力和纵向位移几乎无影响。

2）温度荷载作用下桥梁横向受力变形

在温度荷载作用下，钢轨有、无初始碎弯的桥梁横向应力和位移如图 3-33 所示。

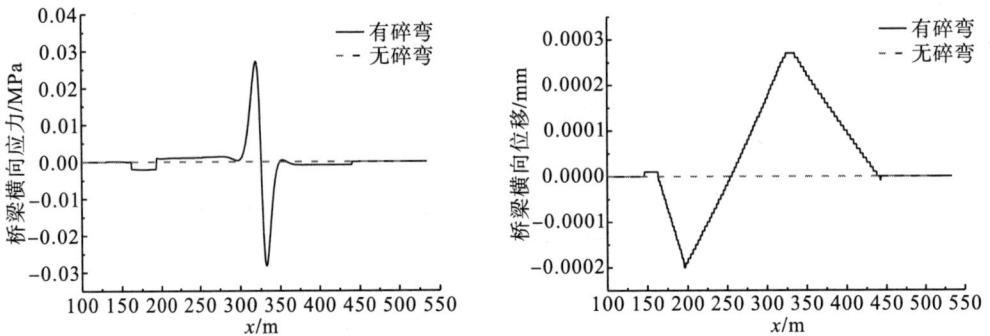

图 3-33　钢轨有、无碎弯的桥梁横向应力和位移

由图 3-33 可以看出，在温度荷载作用下，钢轨有、无初始碎弯对桥梁横向应力和横向位移都产生了较细微的影响。在钢轨有初始碎弯条件下，桥梁横向应力最大为 $-0.028\mathrm{MPa}$，桥梁横向位移最大为 $0.00027\mathrm{mm}$，均发生在钢轨初始碎弯所对应桥梁位置。桥梁横向应力和横向位移被影响范围主要在第三跨简支梁和连续梁区段，对其他简支梁区段无影响。

本 节 小 结

通过前面对温度力作用下钢轨有、无碎弯对钢轨、轨道板、底座板和桥梁的纵横向受力变形的分析，纵横向受力变形影响结果见表 3-8。

表 3-8　温度力作用下各部件的最大纵横向受力和位移（有碎弯/无碎弯）

项目	纵向		横向		
	应力/MPa	位移/mm	抗力/kN	应力/Pa	位移/mm
钢轨	122.469/122.469	−0.708/−0.708			0.013/0
扣件			1.248/0		
轨道板	9.194/9.194	−0.725/−0.725		−10.764/0	0.004/0
底座板	11.506/11.506	−0.744/−0.744		−0.814/0	0.002/0
桥梁	0.359/0.359	−54.533/−54.533		−0.028/0	0.0003/0

从前面内容和表 3-8 可以看出如下内容。

（1）由于钢轨初始碎弯变形，巨大的温度力沿钢轨轴向，从而偏离线路中心线方向，致使轨道结构受到温度力的横向分力，从而产生和钢轨平直状态不同的受力和变形。在温度力作用下，钢轨有、无碎弯对轨道各结构和桥梁在纵向上受力和变形的规律和量值几乎无影响，对轨道各结构和桥梁在横向上受力和变形的规律和量值有细微影响，可忽略不计。

（2）在横向受力方面，轨道各结构和桥梁，由于钢轨初始碎弯，在温度力作用下均产生了比较细微的横向位移。钢轨下部各混凝土部件和桥梁的影响变化量值，沿轨道结构从上至下逐级减小，底座板和轨道板之间的降幅达到 96.8%，桥梁和底座板之间的降幅达到了 91.9%，说明钢轨初始碎弯对桥梁横向受力的影响经过轨道结构的传递之后已经很小了。

在横向位移方面，轨道各结构和桥梁，由于钢轨初始碎弯，在温度力作用下也均产生了比较细微的横向变形。和无初始碎弯相比，影响变化量值同横向力同样沿轨道结构从上至下逐级减小，钢轨横向位移最大为 0.013mm，轨道板和底座板横向位移次之，降幅分别为 69.2% 和 50%，桥梁横向位移最小，降幅为 85%。说明钢轨初始碎弯对轨道下部结构横向位移的影响主要体现在轨道板和底座板上，对桥梁的影响特别微弱。

3.3　凸形挡台拉裂静力特性影响分析

我国的 CRTS I 型板式无砟轨道是在引进、消化、吸收的基础上经过再创新研发的，其结构形式自上而下为钢轨、扣件系统、轨道板、CA 砂浆层、底座板。相对于其他类型的无砟轨道，CRTS I 型板式无砟轨道具有施工工效高、进度快、经济性好、可修复性好等优点。目前主要铺设在遂渝试验段、石太客专、广珠城际、沪宁城际等段。轨道结构见图 3-34。

凸形挡台是 CRTS I 型板式无砟轨道的重要组成部分，其设置在底座两端的中部，用以限制轨道板的纵、横向移动，承受轨道板传来的纵向力和横向力，在桥梁端部为半圆形，在梁体中部均为圆形。近几年，随着线路的开通运行，CRTS I 型板式无砟轨道也随之出现了一些问题，其中在桥梁梁端，尤其是大跨桥桥梁梁端半圆形凸形挡台出现剪切破坏现象，一般表现为 45° 剪切破坏，斜裂长度约 50cm，这种现象严重影响了轨道的稳定与行车的安全，因此有必要对梁端半圆形凸形挡台进行受力分析，以期对 CRTS I

型板式无砟轨道设计及检修做出一定指导。

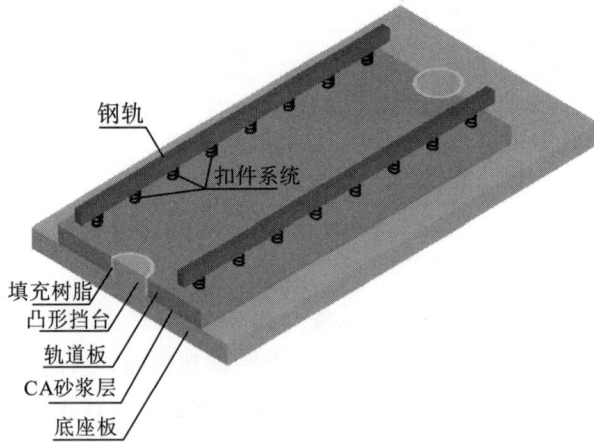

图 3-34　梁端处 CRTS I 型板式无砟轨道结构

3.3.1　半圆形凸形挡台设计承载力分析

　　凸形挡台拉裂大多出现在梁端半圆形凸形挡台与底座板连接处，故本节以梁端半圆形凸形挡台为例计算凸形挡台底座处的承载能力。凸形挡台与底座连接处由于受轨道板的纵向力作用，产生较大切应力，并在底座板上凸形挡台的周围一定范围内产生应力集中，凸形挡台向下传递荷载时，底座板相当于偏心受拉构件，如图 3-35 所示。凸形挡台底座处用于抵抗此应力的钢筋主要为凸形挡台处的附加箍筋和放射状钢筋，如图 3-36 所示。

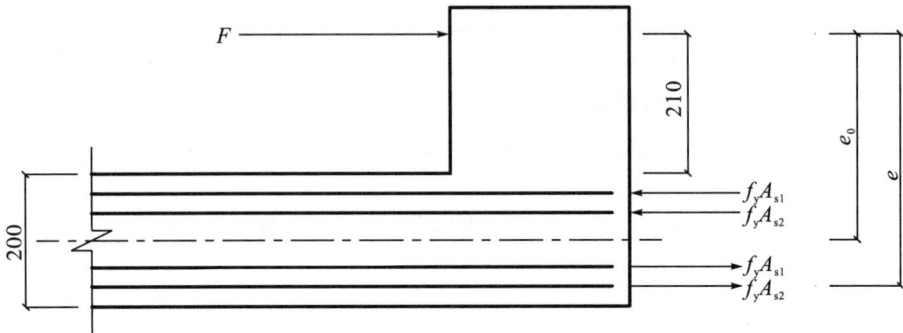

图 3-35　凸形挡台处底座承载能力检算示意(mm)

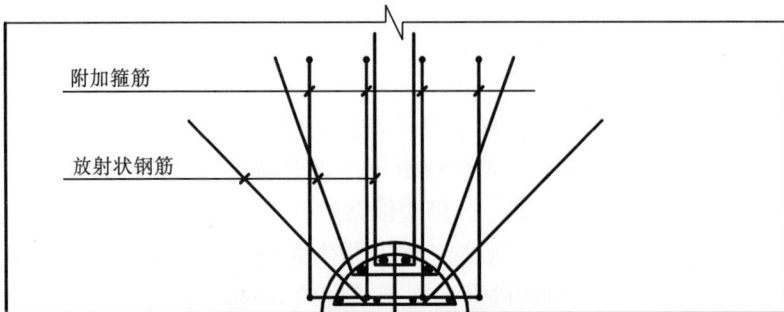

图 3-36　凸形挡台底座处配筋简图

偏心距 $e_0 = 210 + 200/2 = 310\text{mm} > h/2 - a_s = 200/2 - 45 = 55\text{mm}$，则底座板相当于大偏心受拉构件，考虑最不利情况，凸形挡台所受纵向力全部由钢筋承担，即

$$F_u e = f_y A_{s1}(h_{01} - a'_s) + f_y A_{s2}(h_{02} - a'_s)$$

式中，F_u 为凸形挡台与底座连接处设计承载水平力；e 为水平力作用力臂；f_y 为钢筋抗拉强度设计值；A_{s1} 为附加箍筋面积；h_{01} 为附加箍筋有效高度，附加箍筋距轨道板顶 55mm；A_{s2} 为放射状钢筋面积；h_{02} 为放射状钢筋有效高度，放射状钢筋距轨道板顶 83mm；a'_s 为底部钢筋保护层厚度，取 45mm。

桥梁地段半圆形凸形挡台底座应力集中处附加箍筋为 4 根 $\Phi14$ 的 HRB335 钢筋，截面面积为 615mm²，放射状钢筋为 3 根 $\Phi20$ 的 HRB335 钢筋，投影后面积为 1662mm²。

$$e = 210 + (200 - 45) = 365\text{mm}$$

$$h_{01} - a'_s = 200 - 55 - 45 = 100\text{mm}$$

$$\begin{aligned} F_u &= \frac{f_y A_{s1}(h_{01} - a'_s) + f_y A_{s2}(h_{02} - a'_s)}{e} \\ &= \frac{300 \times 615 \times 100 + 300 \times 1662 \times 72}{365} \\ &= 148.9\text{kN} \end{aligned}$$

则桥梁地段半圆形凸形挡台底座处抗剪承载力为 148.9kN。

3.3.2　轨道结构－桥梁纵向耦合静力分析模型

以国内某特大桥为例，对大跨桥上 CRTS I 型框架板式无砟轨道凸形挡台拉裂与扣件纵向阻力之间的关系进行分析。该特大桥结构型式为 $(108 + 2 \times 185 + 115)$m 连续刚构直线梁，全长 593m。由于线路横向对称，故纵向取桥梁一半，建立轨道结构纵向耦合静力分析模型，见图 3-37。

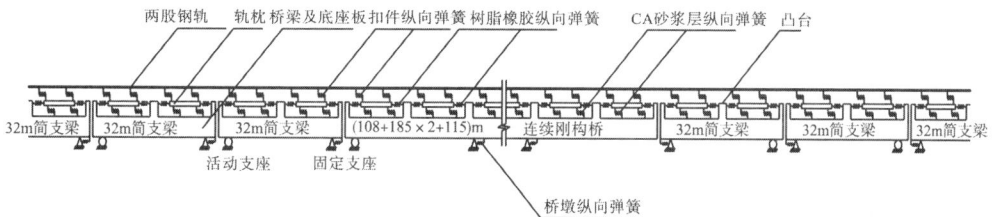

图 3-37　轨道结构－桥梁纵向耦合静力分析模型

模型中，钢轨、轨道板、凸形挡台及桥梁均采用二维梁单元模拟。钢轨以扣件间距划分单元，钢轨节点与轨道板上对应节点、轨道板上节点与桥梁上对应节点通过非线性弹簧连接，模拟扣件及 CA 砂浆层纵向阻力；轨道板端部节点与凸形挡台顶部节点用三维仅受压杆单元连接，模拟填充树脂；桥墩采用线性弹簧模拟，固定支座一端与桥梁共节点，一端固结。模型中不考虑垂向作用。

运用有限元法通过 ANSYS 计算软件进行计算，参考某特大桥实际设计参数，模型总长度取 753m，线路纵向无坡度，其中连续刚构桥 593m，连续刚构桥两侧各增加两跨 32m 简支梁以消除边界效应。钢轨采用 60 轨，扣件系统采用 WJ-7B 型小阻力扣件，X2 型弹条。轨道板、凸形挡台及简支梁采用 C55 混凝土，连续刚构桥采用 C60 混凝土。

实际中，梁端扣件复合垫板有锈蚀和窜出的现象，有可能导致扣件纵向阻力的急剧增大，并导致梁端凸形挡台纵向力增大；温度跨度、桥墩线刚度等的变化，可能会改变梁轨之间的相对位移，进而影响到梁端凸形挡台纵向力。

1. 伸缩工况下计算结果及分析

考虑升温时连续刚构桥梁端伸缩位移大于轨道板的纵向位移，使连续刚构桥梁端凸形挡台所受纵向力为零；相反，降温时，轨道结构受温度作用，钢轨由于受长轨条限制，伸缩位移小于连续刚构桥伸缩位移，连续梁与凸形挡台一起由梁端向跨中收缩，轨道板受凸形挡台的挤压及轨道板与 CA 砂浆层之间的摩擦作用产生向跨中方向的移动趋势，并将纵向力传递给扣件，当扣件纵向阻力达到最大值时，轨道板随凸形挡台和连续刚构桥一起向跨中移动，如图 3-38 所示，故本章只分析降温情况。

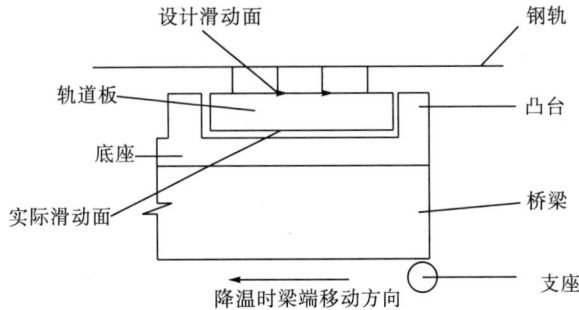

图 3-38   降温时梁端移动情况

当扣件取小阻力扣件时，无砟轨道混凝土梁温度变化为−30℃、轨道板温度变化为−20℃，钢轨温度变化取为−50℃。在实际使用过程中扣件可能出现复合垫板窜出、锈蚀及扣件扭矩过大等情况，所以取扣件纵向阻力分别 6.5kN/（m·轨）、10kN/（m·轨）、13.5kN/（m·轨）、17kN/（m·轨），分析扣件纵向阻力对凸形挡台受力的影响。为方便说明，将凸形挡台从左到右进行编号，连续刚构桥上凸形挡台编号范围为 22～141。图 3-39 为不同扣件纵向阻力下凸形挡台所受纵向力分布。表 3-9 为不同的扣件纵向阻力下凸形挡台所受纵向力最大值及出现的位置。

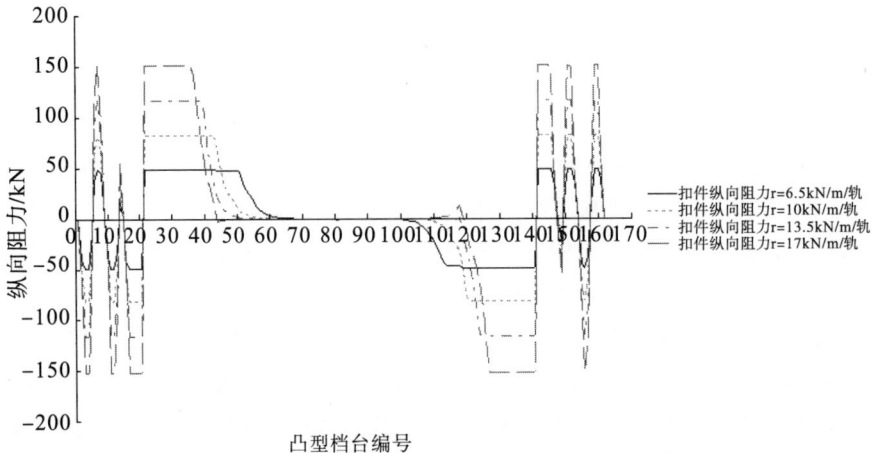

图 3-39   不同扣件纵向阻力条件下的凸形挡台纵向力

表 3-9　连续刚构桥梁端半圆形凸形挡台受力

扣件纵向阻力 r/kN/(m·轨)	凸形挡台最大纵向力/kN	凸形挡台编号
6.5	49.13	22
10.0	81.73	22
13.5	116.73	22
17.0	151.73	22

结合图 3-39 及表 3-9 可知，不同扣件阻力情况下，连续刚构桥梁端处半圆形凸形挡台受力最大，当扣件纵向阻力达到 17kN/(m·轨)时，凸形挡台所受纵向力达到 151.730kN，已超过凸形挡台承载能力，即会造成凸形挡台的受拉破坏。该桥实际使用的是小阻力扣件，因此可以推断该桥扣件纵向阻力可能发生变化，应及时测试扣件系统的真实阻力值，进而指导修复工作。

2. 不同桥梁温度跨度及桥墩线刚度下计算结果及分析

考虑桥梁温度跨度、桥墩线刚度可能会对梁端半圆形凸形挡台受力产生影响，选取温度跨度 32m、50m、100m 3 种工况进行计算分析。3 种工况中，刚构桥都为一跨，计算参数与前面模型参数相同。在不同温度跨度工况中分别选取桥墩线刚度 1000kN/cm 和 3000kN/cm，计算分析桥墩线刚度对梁端凸形挡台的受力影响。计算分析结果见表 3-10。

表 3-10　不同工况下梁端半圆形凸形挡台纵向力　（单位：kN）

桥墩线刚度 扣件纵向阻力	32m 温度跨度		50m 温度跨度		100m 温度跨度	
	1000kN/cm	3000kN/cm	1000kN/cm	3000kN/cm	1000kN/cm	3000kN/cm
6.5kN/(m·轨)	48.34	48.24	48.30	48.11	48.21	47.86
10kN/(m·轨)	81.73	81.73	81.73	81.73	81.73	81.73
13.5kN/(m·轨)	116.73	116.73	116.73	116.73	116.73	116.73
17kN/(m·轨)	151.73	151.73	151.73	151.73	151.73	151.73

由表 3-10 可以看出，不同桥梁温度跨度相同扣件纵向阻力情况下，梁端半圆形凸形挡台所受纵向力基本一致，所以桥梁温度跨度对梁端半圆形凸形挡台受力影响很小。由此也可以得出，在桥上铺设 CRTS I 板式无砟轨道时，建议使用小阻力扣件；同时在相同温度跨度，不同桥墩线刚度情况下，梁端半圆形凸形挡台所受纵向力也基本一致，所以桥墩线刚度对梁端半圆形凸形挡台受力影响很小。

3. 制动工况下计算结果及分析

制动力集度按 ZK 活载乘以 0.164 的制动力率，且考虑单股钢轨换算为 5.248kN/m。考虑最不利的情况，将车头放在连续刚构桥左侧梁端处（22 号凸形挡台），车尾位于连续刚构桥上，加载长度为 400m。有制动力作用处，扣件纵向阻力为 $r=10$kN/(m·轨)。钢轨温度变化 -50℃，轨道板温度变化 -20℃，混凝土桥梁温度变化 -30℃。图 12-7 表示扣件约束情况相同时有牵引/制动荷载和无牵引/制动荷载两种情况下凸形挡台所受纵向力分布。图 3-41 表示有、无牵引/制动荷载情况下凸形挡台所受纵向力。

由图 3-40 可知,在制动工况下,凸形挡台纵向力最大值仍出现在连续刚构桥梁端附近,凸形挡台所受纵向力最大值为 81.730kN,与伸缩工况下凸形挡台所受纵向力相比增大了 32.604kN。将其与只施加温度荷载,而扣件纵向阻力相同时凸形挡台所受纵向力的分布曲线对比,可见凸形挡台在两种荷载情况下所受的纵向力最大值相等。结合两种情况下钢轨纵向力分布(图 3-41)可知,施加牵引/制动力后,梁端处钢轨轴向力增加 32.604kN,其原因如下。当只施加温度荷载时,在连续梁两端附近梁轨相对位移可能已经超过小阻力扣件,线性工作区域,钢轨和轨道板之间已经产生滑动,此时再加入其制动荷载扣件纵向阻力将不再增大。即在连续梁梁端附近,牵引/制动荷载主要由钢轨承担,对连续梁梁端附近的凸形挡台受力影响不大。

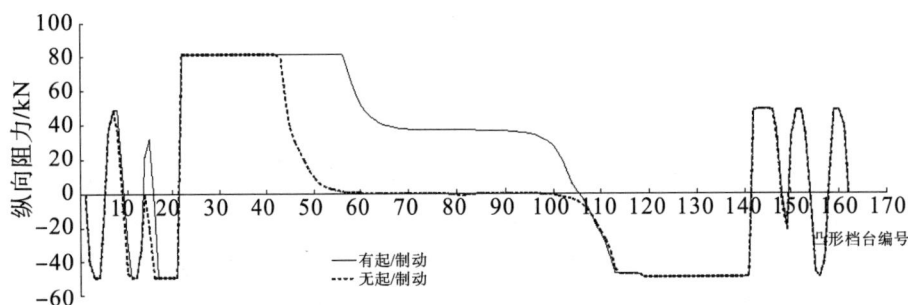

图 3-40 有、无牵引/制动荷载情况下凸形挡台所受纵向力

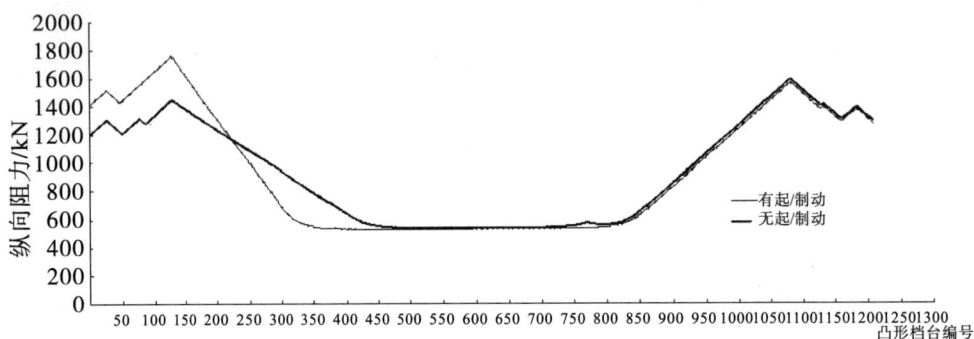

图 3-41 有、无牵引/制动荷载情况下钢轨纵向力

3.3.3 凸形挡台拉裂对轨道的影响

由前面的计算可以得出,扣件纵向阻力是影响梁端半圆形凸形挡台受力的主要因素,当扣件纵向阻力为 17.0kN/(m·轨)时,凸形挡台与底座板连接处就会发生拉裂。本节内容主要对扣件纵向阻力为 17.0kN/(m·轨)时钢轨轴向力、梁轨相对位移在凸形挡台拉裂前后进行计算分析。

模型中将制动和挠曲力叠加计算,制动力集度按 ZK 活载乘以 0.164 的制动力率,且考虑单股钢轨换算为 5.248kN/m。考虑最不利的情况,将车头放在连续刚构桥左侧梁端处(22 号凸形挡台),车尾位于连续刚构桥上,加载长度为 400m。钢轨温度变化一

50℃，轨道板温度变化−20℃，混凝土桥梁温度变化−30℃。计算得到的钢轨轴向力、梁轨相对位移如图 3-42 和图 3-43 所示。

由图 3-42 可知，当梁端半圆形凸形挡台未被拉裂时，钢轨纵向力峰值出现在连续刚构桥梁端处，且最大值出现在连续刚构桥最右端，最大值为 2601.1kN。当梁端半圆形凸形挡台拉裂时，钢轨轴向力峰值出现在连续刚构桥梁端处，且最大值出现在连续刚构桥最右端，最大值为 2559.2kN。由图 3-43 可知，当梁端半圆形凸形挡台未被拉裂时，梁轨相对位移峰值出现在连续刚构桥梁端处，且最大值出现在连续刚构桥右端，最大值为 35.59mm。当梁端半圆形凸形挡台拉裂时，梁轨相对位移峰值出现在连续刚构桥梁端处，且最大值出现在连续刚构桥右端，最大值为 30.68mm。

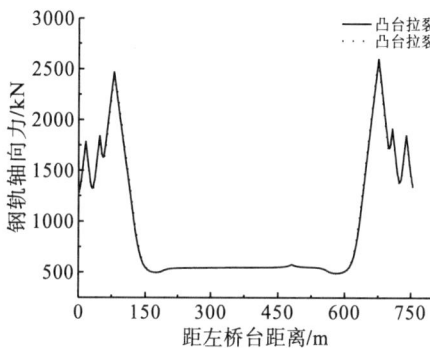

图 3-42 钢轨轴向力

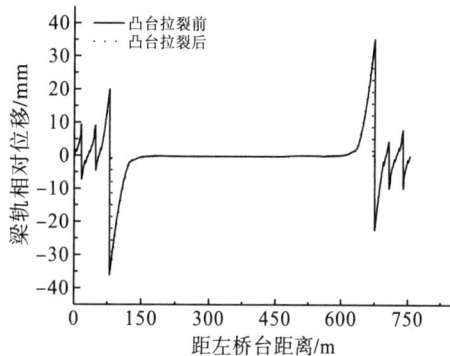

图 3-43 梁轨相对位移

模型中，桥墩最大位移出现在连续刚构桥第一个固定墩，凸形挡台未被拉裂时的最大位移量为 47.05mm，凸形挡台拉裂后的最大位移量为 47.02mm。由以上数据可以看出，桥墩最大位移量变化不大，凸形挡台拉裂与否对其影响很小。

凸形挡台的主要作用是限制轨道板的纵横向位移。当梁端半圆形凸形挡台拉裂后，凸形挡台就会失去对轨道板的限制，所以对梁端处第一块轨道板进行分析，从计算结果中提取数据可得当凸形挡台未被拉裂时，梁端第一块轨道板的纵向位移为 23.57mm，当凸形挡台拉裂后，梁端第一块轨道板的纵向位移为 73.91mm。前后对比可以看出，凸形挡台拉裂后，梁端第一块轨道板纵向限制作用减小，纵向位移急剧变大。此时应采取相应措施，对轨道板进行限位处理。

经以上计算分析可得，连续刚构桥梁端凸形挡台拉裂对钢轨纵向力、梁轨相对位移的影响很小，对梁第一块轨道板的纵向位移影响很大。其原因如下。影响钢轨纵向力和梁轨相对位移的主要因素是扣件纵向阻力，梁端半圆形凸形挡台拉裂与否对其影响并不起决定性作用，凸形挡台拉裂后，梁端第一块轨道板纵向限位作用减小。

本 节 小 结

(1)随着扣件纵向阻力的增大，凸形挡台所受纵向力分布基本一致，最大值均出现在连续刚构桥梁端处，且最大值随扣件纵向阻力的增大而增大。当扣件纵向阻力增大到 17.0kN/(m·轨)时，凸形挡台所受纵向力将会超过凸形挡台的抗剪承载力，导致凸形挡台与底座板连接处产生拉裂病害。

(2)桥梁温度跨度、桥墩线刚度不会影响梁端半圆形凸形挡台受力。在桥上铺设CRTSⅠ板式无砟轨道时，建议使用小阻力扣件；牵引/制动力不会影响梁端处半圆形凸形挡台的受力，只会引起该范围钢轨轴向力的相应变化。故在设计及检修时，可不考虑列车荷载的影响。

(3)经以上分析可以得出，扣件系统复合胶垫锈蚀和窜出导致了扣件纵向阻力的增大，并最终促使凸形挡台拉裂病害的产生，所以应及时对扣件系统进行修复或更换。

(4)计算分析可得梁端半圆形凸形挡台拉裂与否对钢轨轴向力、梁轨相对位移和桥墩最大位移的影响不大，但梁端第一块轨道板的纵向位移急剧增大。

3.4 CRTSⅡ型板开裂静力特性影响分析

CRTSⅡ型板式无砟轨道为纵向连续结构，在温度荷载、列车荷载及环境反复作用下轨道板易产生裂缝，开裂会影响轨道结构的纵连体系，裂缝处截面成为整个轨道结构的薄弱截面，其受力情况势必会发生改变，甚至有可能由于轨道板的开裂而导致砂浆层、底座板或者纵连钢筋的连带破坏。本章以存在裂缝的CRTSⅡ型板式无砟轨道为研究对象，运用有限元方法及ANSYS计算软件，建立梁体计算模型，分析不同类型裂缝对轨道结构受力的影响。

3.4.1 宽接缝开裂的研究

宽接缝为CRTSⅡ型板纵连时后浇完成，存在新老混凝土界面黏结问题，在温度荷载、桥梁伸缩、列车荷载及复杂多样的环境作用下，CRTSⅡ型板式轨道中宽接缝开裂较为常见。对宽接缝开裂进行深入研究并建立宽接缝开裂的维修标准是提高维修效率、减少维修次数、保证CRTSⅡ型板式轨道长期维持良好运营状态、确保铁路运输安全舒适的基本要求。为此，本章运用有限元方法，对存在宽接缝开裂的CRTSⅡ型板式轨道进行静力学分析，得出在不同荷载作用下宽接缝开裂的大小、深度对轨道结构受力的影响，为CRTSⅡ型板宽接缝开裂维修提供参考。

1. 桥上CRTSⅡ型板式无砟轨道宽接缝开裂有限元模型及参数

利用ANSYS有限元软件建立桥上CRTSⅡ型板式无砟轨道有限元模型。模型从上到下分别为钢轨、轨道板、底座板和桥梁。钢轨等效为无限长点支撑梁，采用BEAM188单元模拟；扣件等效成弹性元件，考虑其纵、横向阻力，等效为线性弹簧，采用COMBIN14单元模拟；轨道板、砂浆层、底座板按实际结构尺寸采用SOLID45实体单元模拟；桥梁结构未考虑不同桥型的影响，模型中采用SOLID45实体单元模型建立了一跨32m的简支梁来模拟桥梁结构；底座板和桥梁之间的连接采用线性弹簧单元COMBIN14模拟；纵连钢筋采用LINK8单元模拟。

模型选取四块轨道板进行计算以消除边界效应，四块轨道板沿简支梁跨中对称布置。约束桥梁固定支座的横向、纵向和垂向位移，约束活动支座的横向位移和垂向位移；约束底座板、轨道板和钢轨的纵向和横向位移；约束钢轨两端除竖向以外的所有自由度。

桥上CRTSII型板式轨道宽接缝计算模型如图 3-44 所示。

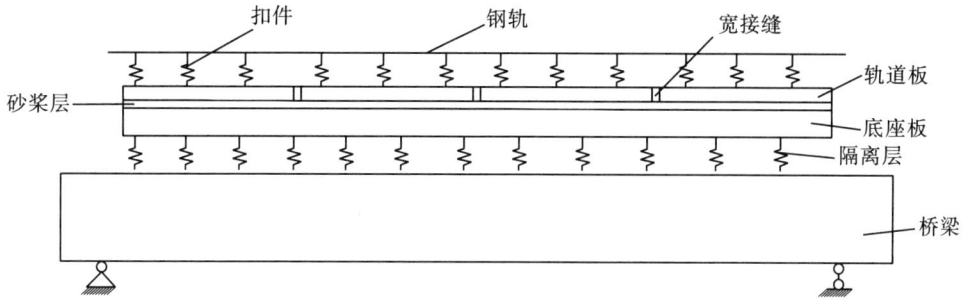

图 3-44 桥上 CRTSII型板式轨道宽接缝计算模型

1) 计算参数

桥上 CRTSII型板式无砟轨道有限元模型参数如表 3-11 所示。

表 3-11 CRTSII型板式无砟轨道模型参数

部件	项目	单位	取值
钢轨	密度	kg/m³	7830
	弹性模量	Pa	2.06×10^{11}
	泊松比	—	0.3
	线膨胀系数	m/℃	1.18×10^{-5}
	轨距	m	1.500
扣件	扣件间距	m	0.65
	垂向阻力刚度	Pa	2.50×10^{7}
轨道板	长	m	6.45
	宽	m	2.55
	高	m	0.200
	弹性模量	Pa	3.55×10^{10}
	泊松比	—	0.200
	密度	kg/m³	2500
	线膨胀系数	m/℃	1.0×10^{-5}
砂浆层	砂浆层厚度	m	0.03
	垂向阻力刚度	Pa	7.0×10^{9}
	纵向阻力刚度	Pa	8.36×10^{7}
底座板	宽	m	3.25
	高	m	0.3
	弹性模量	Pa	3.0×10^{10}
	泊松比	—	0.2
	密度	kg/m³	2500
	线膨胀系数	m/℃	1.0×10^{-5}

续表

部件	项目	单位	取值
桥梁	弹性模量	Pa	1.0×10^{10}
	线膨胀系数	m/℃	1.0×10^{-5}
	横截面积	m^2	11.88
	惯性矩	m^4	12.744
桥梁板与底座板间的接触弹簧	垂向阻力刚度	Pa	1.0×10^{11}
	纵向阻力刚度	Pa	8.0×10^7
纵连钢筋	截面面积	m^2	3.142×10^{-4}
	张拉力	N	5.0×10^4
	弹性模量	Pa	2.05×10^{11}
	密度	kg/m^3	7860
	线膨胀系数	m/℃	1.18×10^{-5}

2)温度荷载

轨道板在太阳照射下，由于混凝土为体积敏感性材料且热传导性能差，其上表面温度高，下表面温度低，导致轨道板在厚度方向上存在温度差或正温度梯度，不均匀温度作用下的热胀冷缩致使轨道板产生翘曲变形和翘曲应力。因强冷空气的侵袭、突然降雨或突然冰雹等作用，造成轨道板表面温度骤然降低，上表面温度低而下表面温度高，形成负温度梯度，同样使轨道板产生翘曲变形和翘曲应力。参照《客运专线无砟轨道设计理论与方法》，将我国分为严寒地区、寒冷地区和温暖地区，我国的无砟轨道最上层结构的最大正、负温度梯度取值如表 3-12 所示。

表 3-12　无砟轨道最大温度梯度推荐值(标准板厚 22cm)

地区	温暖地区	寒冷地区	严寒地区
最大正温度梯度/(℃/m)	80~85	85~90	90~95
最大负温度梯度/(℃/m)	40~43	44~50	50~53

由于我国对无砟轨道的温度梯度尚无足够的实测数据，因此建议常用温度梯度暂时取为最大温度梯度的 1/2，故负温度梯度取值 22.5℃/m，正温度梯度取值 45℃/m。温度梯度施加在轨道板、砂浆层、底座板和预应力钢筋中。另外，考虑整体降温 5℃，分析 CRTSⅡ型板式轨道的纵向拉应力。

3)列车竖向荷载

轮载分为设计轮载和准静态减算轮载。其中，设计轮载取为静轮载的 3 倍(300kN)，常用轮载取为静轮载的 1.5 倍(150kN)。对于正常的轨道结构，单独考虑列车竖向轮载作用时，按设计轮载取值。对于宽接缝开裂并考虑温度作用时，采用常用轮载 150kN，按单轴双轮加载。

2. 计算工况

(1)考虑外部荷载对宽接缝开裂可能产生的影响,在《高速铁路无砟轨道线路维修准则》中规定CRTSⅡ型板式无砟道床板间接缝的Ⅱ级维修标准是0.3mm,因此在处理宽接缝裂缝时,裂缝宽度取0.3mm,裂缝深度取0.1m(轨道板二分之一厚),裂缝长度取1.275m(轨道板二分之一宽)。

外部荷载有4种情况:①列车竖向荷载150kN;②正温度梯度45℃/m;③负温度梯度22.5℃/m;④整体降温5℃。

(2)考虑裂缝宽度的影响时,裂缝长度取1.275m。考虑未开裂、裂缝刚开裂、裂缝宽度分别为 0.1mm、0.2mm、0.3mm、0.4mm、0.5mm、0.6mm、0.8mm、1mm、1.5mm、2mm。

(3)考虑裂缝深度的影响时,裂缝长度取1.275m。考虑未开裂、裂缝深度分别为33.3mm、66.7mm、100mm、133.3mm、166.7mm、200mm(裂缝深度贯穿)。

(4)考虑裂缝长度的影响时,裂缝深度取0.133m。考虑未开裂,裂缝长度分别为1.275m、1.913m、2.55m(裂缝横向贯穿)。

同时,为了比较全面地考虑裂缝的影响,应考虑极端的情况,就是裂缝在深度和长度方向都贯穿,以及温度荷载和列车荷载同时作用在轨道结构上时轨道结构的受力情况。

不同大小宽接缝裂缝开裂情况的示意图如图3-45所示。

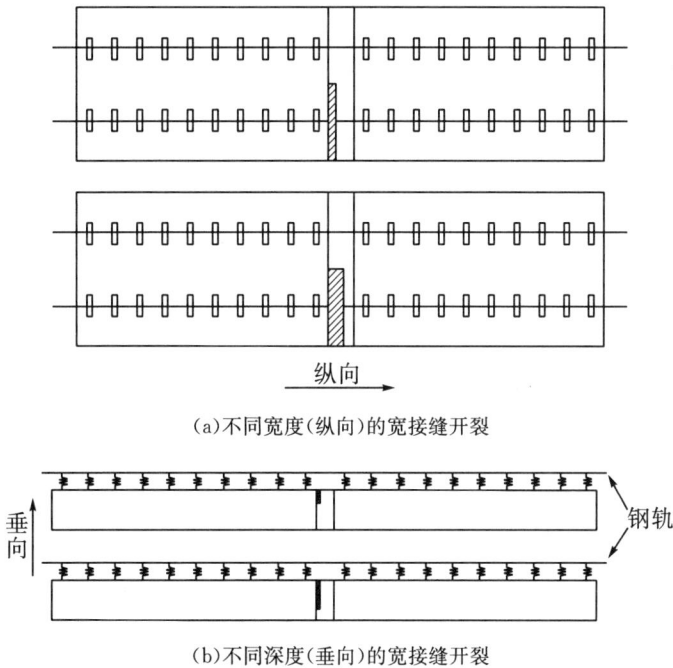

(a)不同宽度(纵向)的宽接缝开裂

(b)不同深度(垂向)的宽接缝开裂

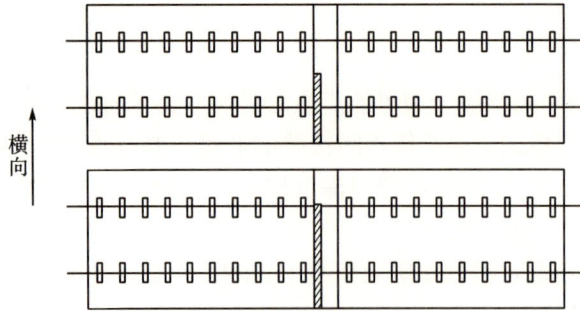

(C)不同长度(横向)的宽接缝开裂

图 3-45　不同大小宽接缝的开裂

3. 计算结果分析

桥上 CRTSⅡ型板式轨道为纵向连续结构，施工中宽接缝后浇筑，宽接缝在温度荷载和列车荷载的反复作用下，新旧混凝土界面易开裂产生裂缝。当裂缝深度达到一定深度时，对于轨道结构受力不利。本节以存在宽接缝的桥上 CRTSⅡ型板式轨道为研究对象，建立梁体有限元模型，分析在不同荷载下，不同宽度的宽接缝对轨道结构受力的影响。

1)宽接缝开裂时，外部荷载对轨道结构受力的影响

本小节主要分析 4 种不同外荷载下，即①列车竖向荷载 150kN；②正温度梯度 45℃/m；③负温度梯度 22.5℃/m；④整体降温 5℃，宽接缝开裂对轨道结构受力的影响。选取宽接缝裂缝宽度 0.3mm，深度 0.1m(轨道板二分之一厚)，长度 1.275m(轨道板二分之一宽)。轨道结构(轨道板、砂浆层、底座板)的最大拉应力和预应力钢筋应力如表 3-13 和图 3-46、图 3-47 所示。

表 3-13　轨道结构最大拉应力计算结果

工况 轨道结构	列车荷载	正温度梯度	负温度梯度	整体降温 5℃
轨道板纵向拉应力/MPa	0.77	—	1.67	2.28
轨道板横向拉应力/MPa	0.32	0.74	1.07	1.19
砂浆层纵向拉应力/MPa	0.02	—	0.14	0.78
砂浆层横向拉应力/MPa	0.01	—	0.08	0.36
底座板纵向拉应力/MPa	0.99	2.02	0.3	2.25
底座板横向拉应力/MPa	0.32	1.64	0.09	0.11
钢筋应力/MPa	163	165	166	166.5

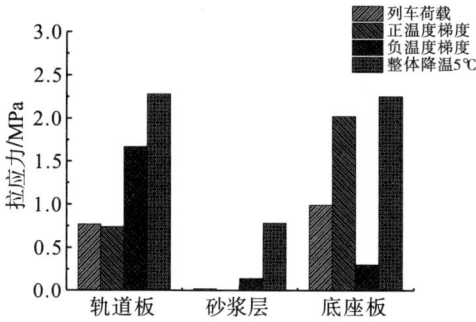

图 3-46　轨道结构最大拉应力

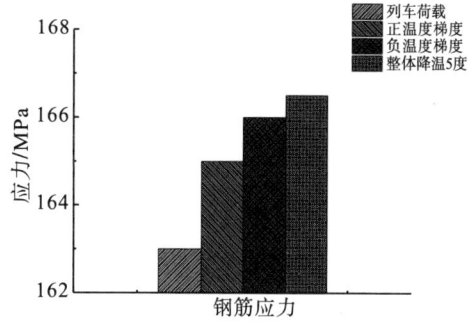

图 3-47　预应力钢筋最大应力

由图 3-46 和图 3-47 可知，仅列车荷载作用下，轨道结构的受力影响较小，而在轨道结构整体降温 5℃ 的荷载作用下，宽接缝的开裂对轨道结构受力影响最大。因此在后续的分析中，仅考虑整体降温 5℃。

2) 宽接缝裂缝大小对轨道结构受力的影响

根据前述分析结果，在整体降温 5℃ 时，宽接缝开裂对轨道结构受力影响最大。为分析不同大小的裂缝对轨道结构受力变形的影响，本节计算在整体降温 5℃ 时，改变裂缝区域的宽度、深度和长度，对轨道结构受力进行分析。

1) 裂缝宽度的影响

本小节分析在轨道结构整体降温 5℃ 的温度荷载作用下，裂缝深度 0.1m（轨道板二分之一厚），长度 1.275m（轨道板二分之一宽），宽接缝开裂宽度的变化对轨道结构受力的影响。随着宽接缝开裂宽度的增加，轨道结构（轨道板、砂浆层、底座板）的最大拉应力和最大压应力及预应力抗拉钢筋最大应力如图 3-48～图 3-50 所示。

可以看出，宽接缝开裂宽度的变化对轨道结构和预应力钢筋的受力影响不大。轨道板纵向拉应力在 2.3MPa 左右，横向拉应力在 1.1MPa 左右；砂浆层纵向拉应力在 0.78MPa 左右，横向拉应力在 0.36MPa 左右；底座板纵向拉应力在 2.05MPa 左右，横向拉应力在 1.1MPa 左右；钢筋应力在 166MPa 左右。轨道结构各部件均没有达到其抗拉强度，且纵向应力要明显大于横向应力。对比图 3-48 和图 3-49，轨道结构的压应力也要远小于拉应力。

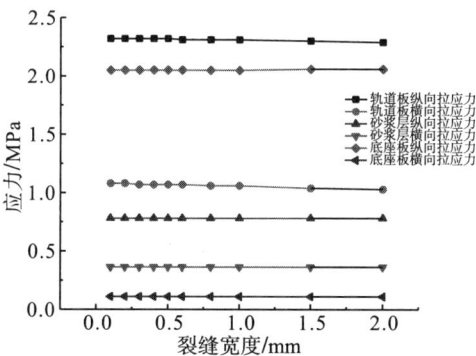

图 3-48　轨道结构最大拉应力图

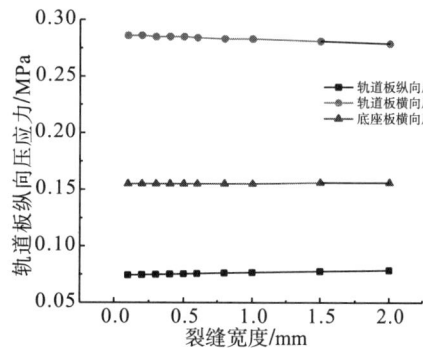

图 3-49　轨道结构最大拉应力图

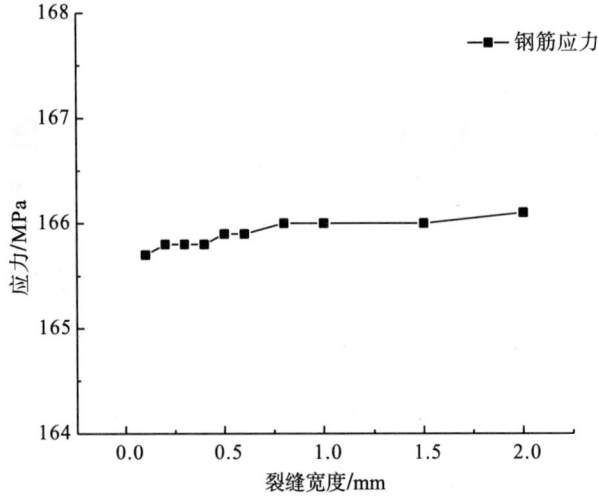

图 3-50　预应力钢筋最大应力

　　总体来说，裂缝宽度的变化对轨道结构受力影响较弱，同时根据《高速铁路无砟轨道线路维修准则》中的规定 CRTSⅡ型板式无砟道床板间接缝的Ⅱ级维修标准是 0.3mm，且纵向拉应力比横向拉应力对轨道结构的影响较为显著，轨道结构的最大拉应力远大于压应力。因此在后面的计算中，仅考虑轨道结构的纵向拉应力，同时取宽接缝开裂宽度 0.3mm。

　　2）裂缝深度的影响

　　本节在考虑裂缝深度的影响时，宽接缝的宽度取 0.3mm，长度取 1.275m（轨道板二分之一宽）。随着宽接缝开裂宽度的增加，轨道结构（轨道板、砂浆层、底座板）最大拉应力和和预应力钢筋最大应力分别如图 3-51 和图 3-52 所示。

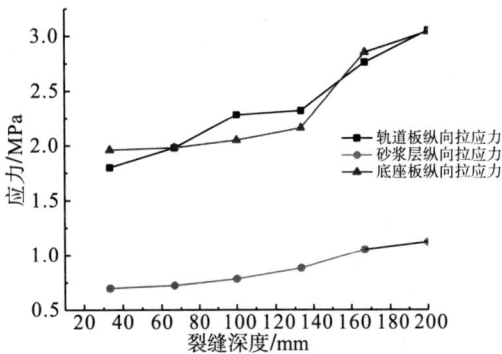

图 3-51　轨道结构最大拉应力

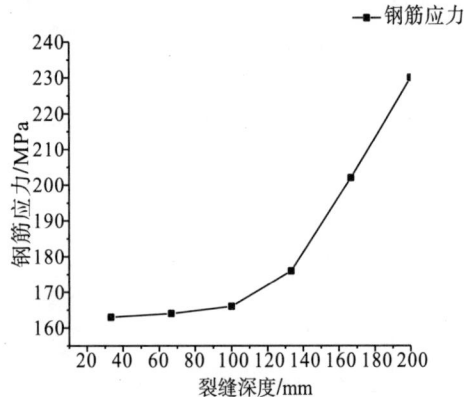

图 3-52　预应力钢筋最大应力

　　可以看出，在裂缝深度小于 125mm 范围内，轨道结构和预应力钢筋受力的增加较为缓慢，且均未超过其各自的抗拉强度；而当裂缝深度超过 125mm 时，轨道板，底座板和预应力钢筋的受力增加较快，结构对宽接缝开裂较为敏感，且在 125mm 处产生一个突变，这是由于裂缝深度超过 125mm 后，轨道板里的预应力钢筋处于开裂区，轨道板的受力由混凝土和钢筋承担；当裂缝深度达到 166mm 时，轨道板受力达到 2.76MPa，此时已超过混凝土 C55 的强度标准值 2.74MPa，使混凝土被拉坏；同时当裂缝深度达到 200mm(开裂贯穿)时，底座板受力达到 3.05MPa，已超过其容许应力 2.88MPa，底座板将开裂破坏。钢筋应力在裂缝深度超过 125mm 后，从 166MPa 增加到 230MPa，增幅达 39%，但未达到钢筋的屈服应力。

综上所述，轨道结构受力随宽接缝开裂深度变化较为明显。当开裂深度超过 166mm 时，轨道结构会进一步开裂，使轨道结构带裂缝工作，可能会影响轨道结构的耐久性。

3)裂缝长度的影响

根据前面的分析，轨道结构的受力在深度超过 125mm 时有突变，同时深度超过 166mm 时轨道板将继续开裂，因此在分析裂缝长度影响时，应尽量使轨道结构受力较为明显同时保证轨道结构不被破坏，故本节在研究开裂长度对轨道结构受力的影响时，选取裂缝深度为 133mm。

随着宽接缝开裂长度的增加，轨道结构(轨道板、砂浆层、底座板)的最大拉应力和预应力钢筋最大应力如图 3-53 和图 3-54 所示。

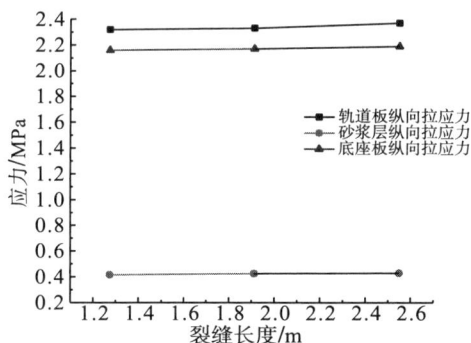

图 3-53　轨道结构最大拉应力　　　　　　　　图 3-54　预应力钢筋最大应力

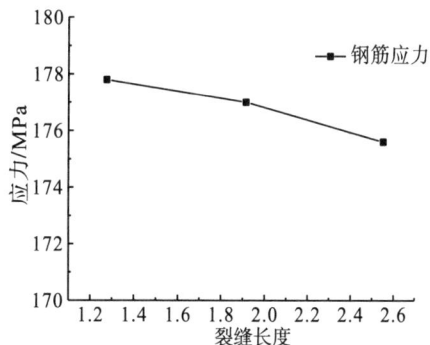

可以看出，随着裂缝开裂长度的增加，轨道结构受力整体呈现缓慢增加的趋势，但增幅均不足 3%，影响较小。而预应力钢筋最大应力呈现减小的趋势，但幅度很小，这是由于随着裂缝长度的增加，超过 1.35m 时，预应力钢筋开始逐渐暴露出来，钢筋条数增加，共同承担轨道结构的拉应力，因此最大应力逐渐减小。综上所述，裂缝长度的变化对轨道结构和预应力钢筋受力的影响并不明显，影响幅度均不超过 3%。

3.4.2　假缝开裂的研究

在温度荷载、桥梁伸缩及列车荷载反复作用下，CRTS Ⅱ 型板式无砟轨道轨道板假缝易产生开裂。尽管 CRTS Ⅱ 型板设计理念允许假缝开裂，但在假缝贯通开裂处，该截面成为整个轨道结构的薄弱截面，其受力情况势必会发生改变，甚至有可能由于假缝的开裂而导致砂浆层、底座板或者纵连钢筋的连带破坏。本小节以含假缝开裂的 CRTS Ⅱ 型板为研究对象，建立梁体有限元模型，分析不同位置、不同深度及不同数量的裂缝对轨道结构受力的影响。

1. 考虑假缝处开裂的无砟轨道梁体计算模型及计算方法

为较为真实地模拟假缝开裂及假缝开裂后的轨道结构受力特性,研究中采用实体有限元模型。

桥上 CRTS II 型板式无砟轨道结构自上而下为钢轨、扣件、轨道板、高弹模砂浆层、底座板,两布一膜滑动层及桥面板,其横断面图如图 3-55 所示。

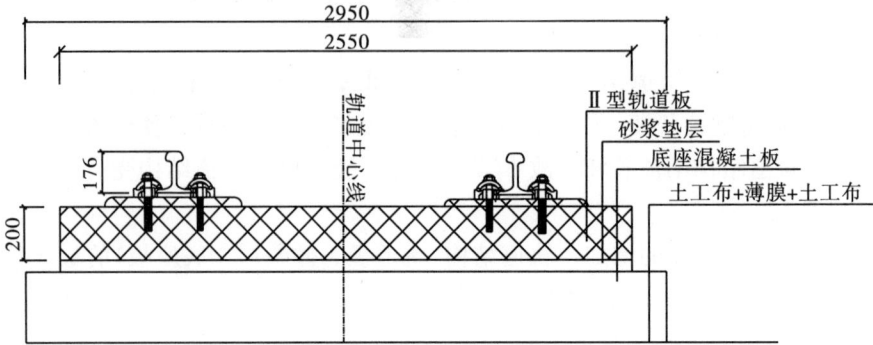

图 3-55 桥上 CRTS II 型轨道横断面

在有限元软件 ANSYS 中,建立桥上 CRTS II 型板式无砟轨道结构三维有限元模型。建模中未考虑桥梁挠曲导致的轨道结构变形,仅考虑桥面支承层刚度 1000MPa/m,支承层刚度通过 COMBIN14 单元来实现刚度的模拟。为消除边界效应的影响,在模型中建立了三块轨道板,取中间轨道板为分析板。轨道板铺设完成之后,用张拉锁键将轨道板进行纵连,宽接缝处现浇混凝土将轨道结构整体纵连。计算模型纵向示意图如图 3-56 所示;有限元模型示意图如图 3-57 所示。

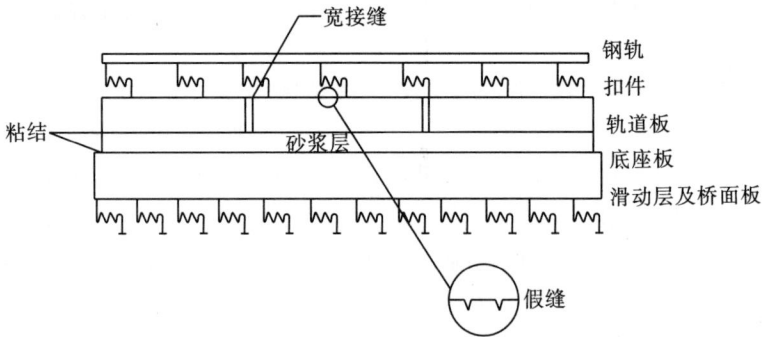

图 3-56 计算模型纵向示意图

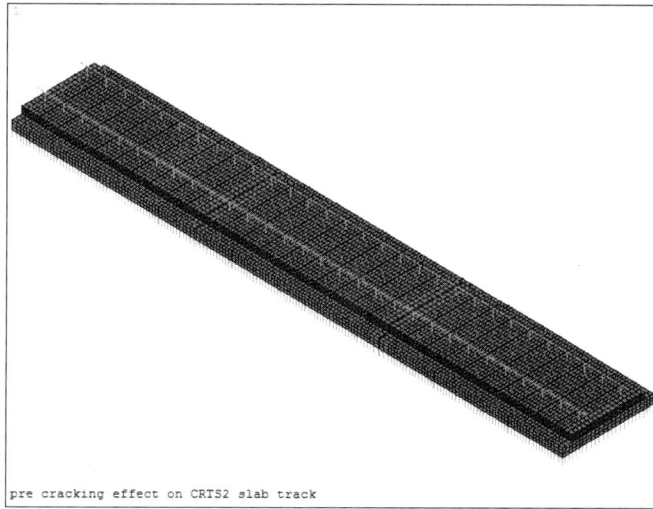

图 3-57　有限元模型示意图

本节主要研究假缝开裂后，轨道结构受力情况，假缝开裂的模拟如图 3-58 所示。

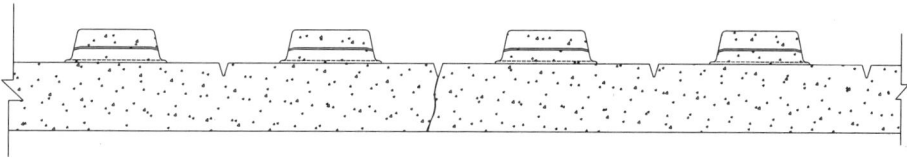

图 3-58　假缝开裂示意图

本节计算参数见表 3-11。

2. 假缝开裂位置对轨道结构受力的影响

本小节主要分析随着假缝开裂位置的改变，轨道结构受力的变化规律，选取 1～9 号假缝，如图 3-59 所示。计算中考虑到轨道结构的对称性，选取 3 种假缝开裂工况进行计算分析，分别为 1 号、3 号、5 号假缝开裂，且开裂深度均为 80mm。

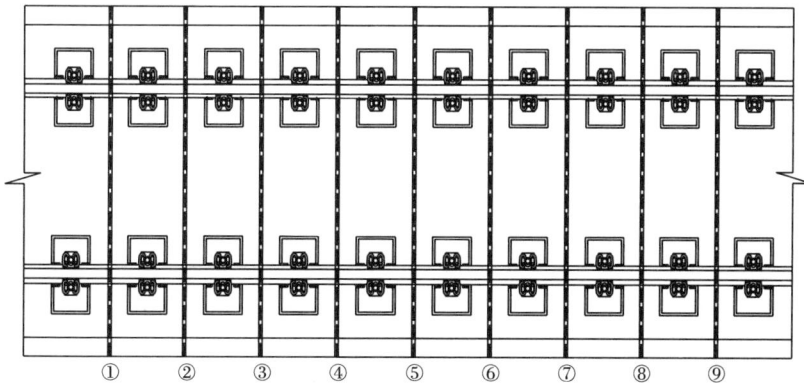

图 3-59　CRTS Ⅱ 型板式轨道假缝编号图

1)列车荷载的作用

对于含假缝开裂的轨道板，当荷载作用位置不同时，受损区域受力也不相同，所以有必要对列车荷载作用于不同位置时的轨道受力进行分析。因此将列车荷载依次作用于轨道板 1~10 位扣件，分析荷载位置对轨道结构的影响，如图 3-60 所示。

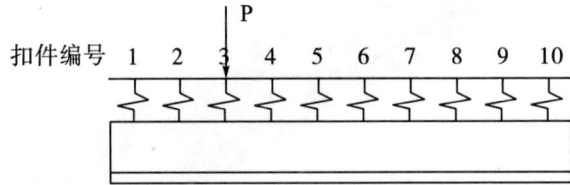

图 3-60　轨道受载简图

在列车荷载的作用下，对于不同位置的假缝开裂，轨道结构的受力情况如图 3-61~图 3-63 所示。

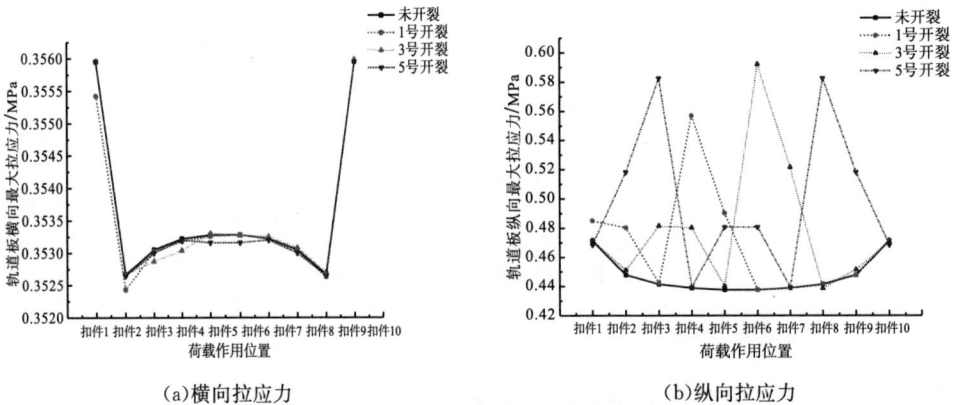

（a)横向拉应力　　　　　　　　（b)纵向拉应力

图 3-61　轨道板的横纵向拉应力

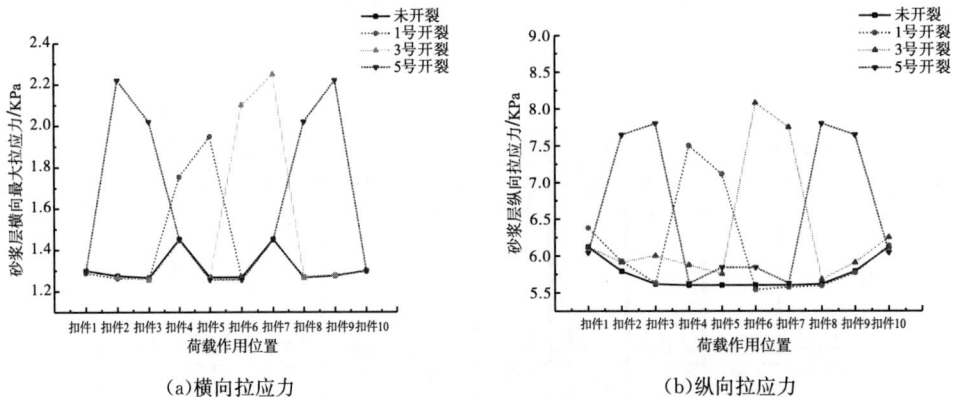

（a)横向拉应力　　　　　　　　（b)纵向拉应力

图 3-62　砂浆层的横纵向拉应力

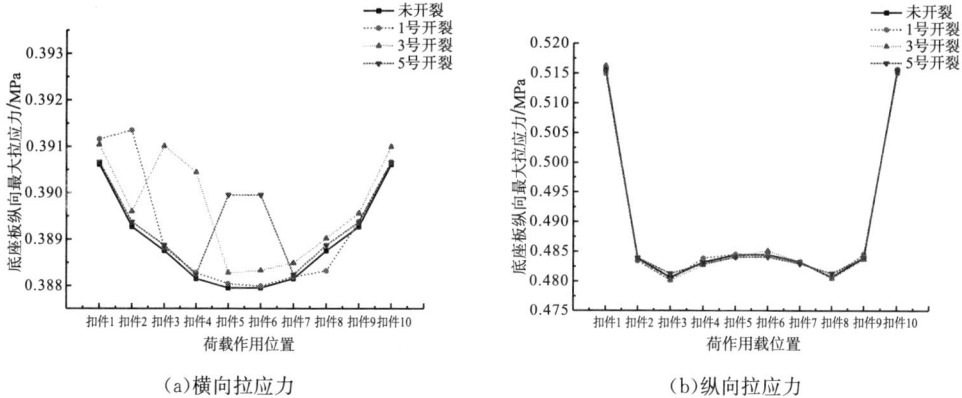

(a)横向拉应力　　　　　　　　　　　　　(b)纵向拉应力

图 3-63　底座板的横纵向拉应力

从图 3-61 中可以看出，在列车荷载的作用下，轨道板的横向拉应力基本没有变化，但是 1 号、3 号、5 号假缝开裂会使轨道板的纵向拉应力从 0.44MPa 分别增长到 0.56MPa、0.58MPa、0.59MPa，最大增长了 0.15MPa，但均未达到 C55 混凝土标准的抗拉强度为 2.74MPa，轨道板不会继续开裂破坏。

轨道板中间 5 号假缝发生开裂对于轨道板的影响明显大于板边 1 号假缝和 3 号假缝开裂产生的影响。当 5 号假缝发生开裂时轨道板的横向最大拉应力和纵向最大拉应力都大于 1 号假缝和 3 号假缝开裂时轨道板的拉应力；且 5 号假缝位于板中间，当荷载位于 3 号扣件和 8 号扣件时，都会使轨道板产生最大拉应力，而 1 号假缝开裂时只有当荷载位于 4 号扣件时才会引起轨道板的最大拉应力，3 号假缝开裂时只有当荷载作用于 6 号扣件时才会引起轨道板的最大拉应力，因此 5 号假缝开裂会对轨道板产生更不利的影响。

从图 3-62 和图 3-63 可以看出，开裂后砂浆层的最大拉应力为 2.27kPa，拉应力的最大增幅为 1kPa，开裂后底座板的最大拉应力约为 0.53MPa，拉应力的最大增幅为 0.002MPa。CRTS Ⅱ 型板式无砟轨道采用高弹模砂浆，抗拉强度为 3.4MPa 左右，C30 混凝土的抗拉强度为 2.01MPa。砂浆层和底座板所受的拉应力远远小于其抗拉强度，所以在列车荷载的作用下，假缝的开裂对于砂浆层和底座板几乎没有影响。

2)温度梯度的影响

砂浆层协调轨道板和底座板受力。在温度梯度作用下，轨道板翘曲变形会收到砂浆约束。本节主要研究在温度梯度的作用下，轨道结构各部件受力变化趋势。本节考虑的工况为正温度梯度和负温度梯度。

(1)正温度梯度的作用。

在正温度梯度的作用下，不同位置假缝开裂的结构受力情况如图 3-64 所示。

正温度梯度下轨道板以受压为主，由图 3-64(a)可知，轨道板的横向压应力和纵向压应力相比于开裂前有了较大的提高，最大可达 44.15MPa。其主要原因是在假缝开裂处存在应力集中，使该处的压应力非常大。由于轨道板使用的是 C55 高强度混凝土，标准抗压强度为 35.5MPa，轨道板的最大压应力已经达到其极限抗压强度，所以轨道板开裂假缝处混凝土受压破坏。在正温度梯度作用下，不同位置假缝开裂轨道板的最大应力基本相同，说明假缝开裂位置不影响轨道板的最大受力。

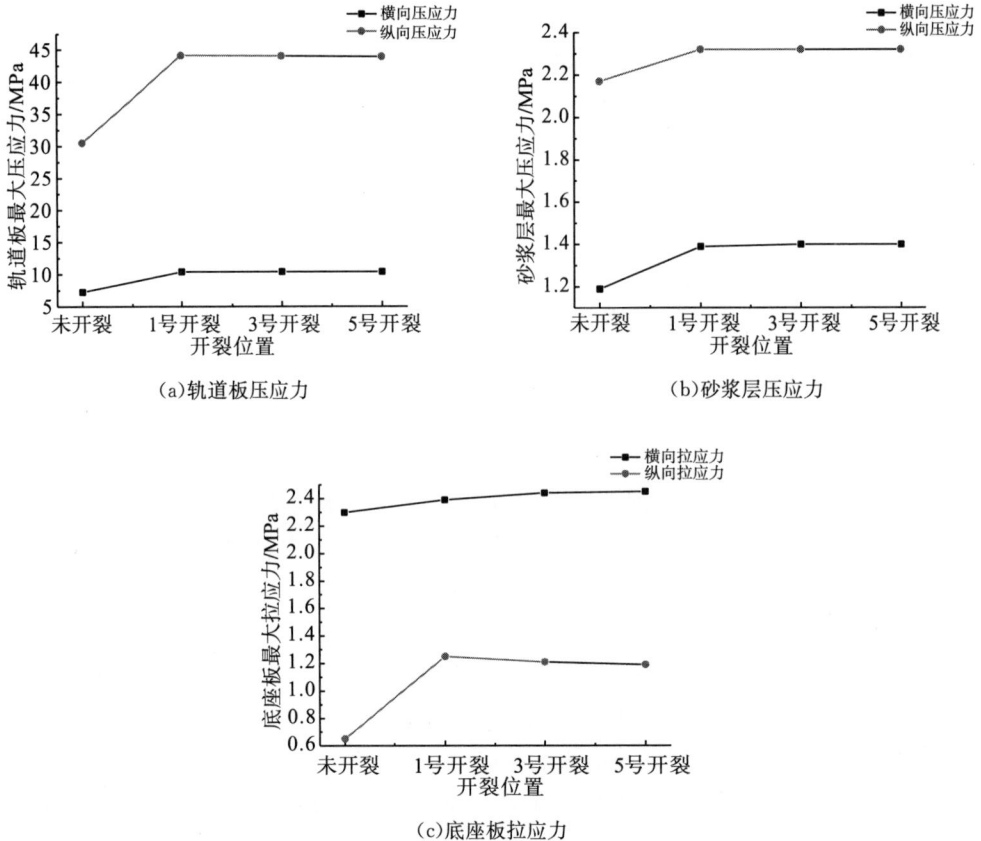

（a）轨道板压应力

（b）砂浆层压应力

（c）底座板拉应力

图 3-64　轨道结构的受力情况

正温度梯度下砂浆层整体受压，由图 3-64(b)可知，砂浆层的压应力在开裂后得到了增加，横向压应力从 1.19MPa 增大到 1.40MPa，纵向应力由 2.17MPa 增大到 2.32MPa，分别增长了 0.21MPa 和 0.15MPa。由于高弹模砂浆的抗压强度为 4.5MPa，砂浆层的应力都没有达到其强度极限，所以砂浆层在正温度梯度作用下不会被破坏，且裂缝位置不会影响砂浆层的最大受力。

正温度梯度下底座板整体受压，由图 3-64(c)可知，底座板的纵向最大拉应力为 1.25MPa，横向最大拉应力能达到 2.44MPa，桥上 CRTSⅡ型板式无砟轨道底座板采用的是 C30 混凝土，抗拉强度为 2.01MPa，由于底座板内有很多预应力筋，考虑到这些钢筋的作用，底座板的抗拉强度为实际为 2.88MPa，所以底座板不会破坏。由图中可以看出，假缝开裂位置的不同，对于底座板最大受力的影响较小。

(2)负温度梯度的作用。

在负温度梯度的作用下，不同位置假缝开裂的结构受力情况如图 3-65 所示。

在负温度梯度的作用下，未开裂时轨道板上横纵向最大拉应力分别为 1.32MPa 和 0.63MPa，开裂后轨道板所受的应力呈现减小的趋势。其主要原因是，在负温度梯度的作用下，轨道板纵向主要承受拉应力，裂缝处有向两侧扩张的趋势而使应力得到释放，从而应力值减小，所以轨道板不会破坏。和正温度梯度作用相似，假缝开裂位置不影响轨道板的最大受力。

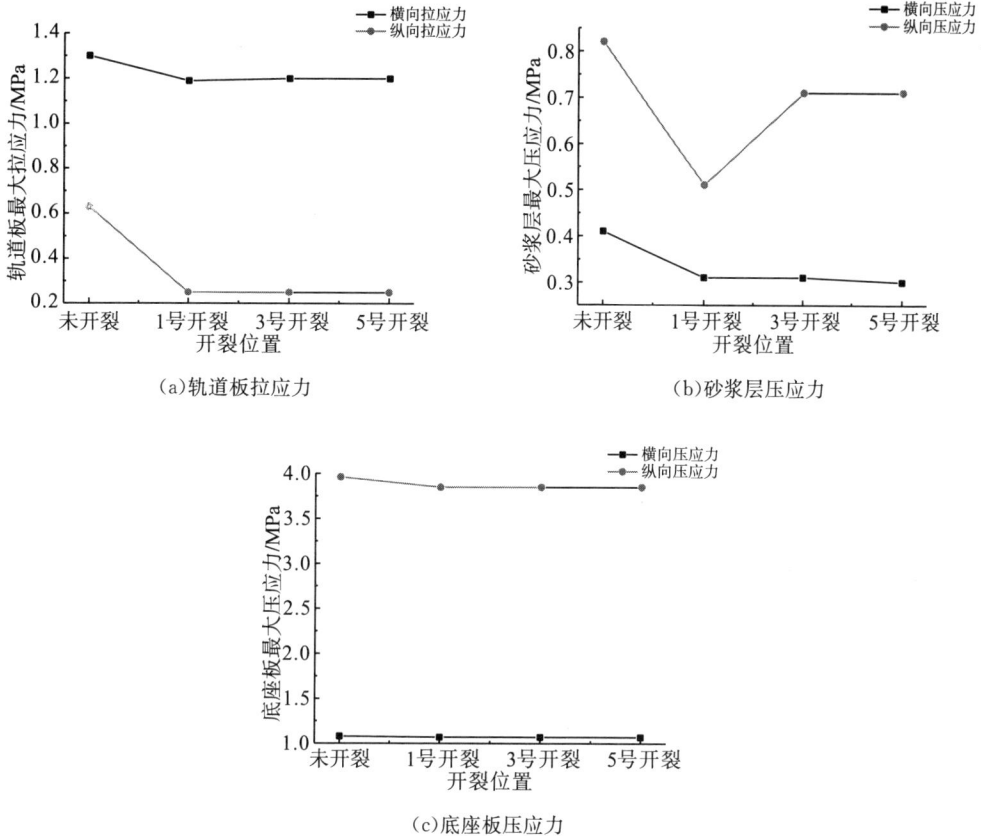

(a)轨道板拉应力　　　　　　　　　　　(b)砂浆层压应力

(c)底座板压应力

图 3-65　轨道结构的受力情况

在负温度梯度的作用下,砂浆层整体受压,未开裂时砂浆层横、纵向最大压应力分别为 0.41MPa 和 0.82MPa,开裂后的应力比开裂前有所减小,高弹模砂浆的抗压强度为 4.5MPa 左右。由图中可知,砂浆层的压应力远小于其极限抗压强度,所以砂浆层不会破坏。

在负温度梯度的作用下,底座板纵向主要承受压应力,由图 3-65(c)可以看出,假缝是否开裂及开裂位置的不同基本不影响底座板的最大受力,底座板横向最大压应力和纵向最大压应力基本维持在 1.07MPa 和 3.85MPa。CRTS Ⅱ 型板式无砟轨道采用 C30 混凝土,可知底座板混凝土所受应力都小于其抗压强度,所以底座板能保持正常工作,不会被破坏。

3. 假缝开裂深度对轨道结构受力的影响

通过前面的分析可知,当 5 号假缝开裂时,裂缝对于结构受力的影响最大,所以本节中假设 5 号假缝为开裂裂缝,计算分析其对于结构受力的影响。

1)列车荷载的作用

本节分析列车荷载作用时,将列车荷载施加在 3 号扣件的位置,计算轨道结构各部分的受力情况。假缝的贯通开裂使在假缝开裂断面仅有钢筋承担应力,对钢筋受力不利。因此本节特别考虑假缝贯通开裂对纵连钢筋受力的影响。

为研究裂缝深度对于结构受力的影响，本小节在轨道板没有开裂、5 号假缝发生深度为 80mm 的非贯通开裂和 5 号假缝贯通开裂三种不同情况下，研究轨道结构各部分的受力情况，如图 3-66 所示。

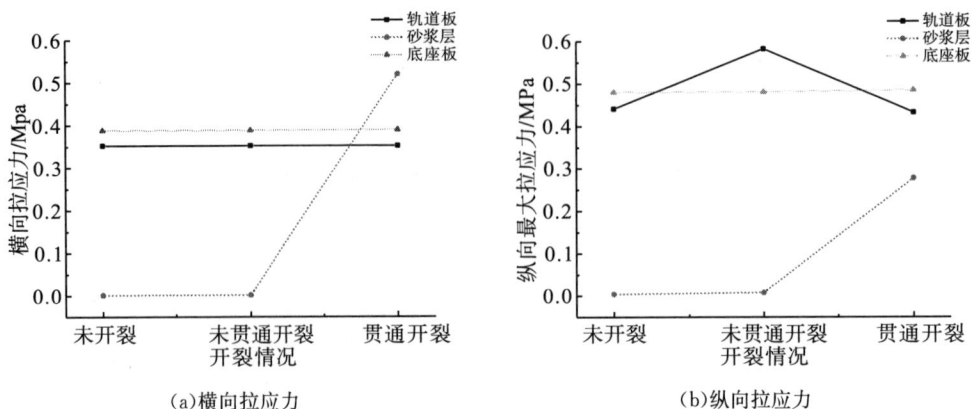

(a)横向拉应力　　　　　　　　　(b)纵向拉应力

图 3-66　轨道各结构的受力情况

由图 3-66 可知，当 5 号假缝处的裂缝由 80mm 的深度竖向延伸至贯穿整个轨道板时，轨道板的纵向最大拉应力由 0.58MPa 降低至 0.43MPa，横向最大拉应力基本不变。所以在列车荷载的作用下，板中间假缝处的贯通开裂不会使轨道板发生破坏。

当裂缝深度为 80mm 时，列车荷载的作用基本不影响砂浆层的受力，但是当裂缝竖向贯穿至整个轨道板时，砂浆层的拉应力会得到较大增长，横向拉应力增大至 0.52MPa，纵向拉应力增大至 0.28MPa，但是还远没有达到 3.4MPa 的抗拉强度。

在列车荷载作用下，假缝处的开裂及开裂的深度基本不影响底座板的受力，底座板的横向拉应力保持为 0.39MPa，纵向拉应力保持为 0.48MPa。由于底座板混凝土的实际抗拉强度为 2.88MPa，底座板内应力未超过混凝土的极限抗拉强度。

纵连钢筋应力如图 3-67 所示。

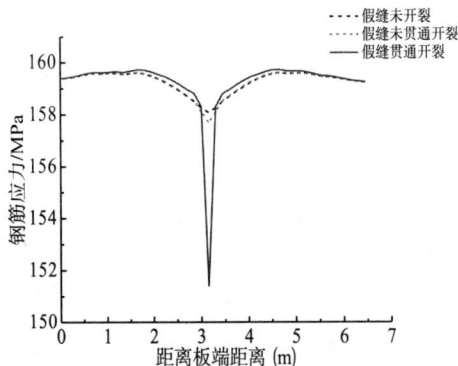

图 3-67　不同开裂深度下纵连钢筋应力

由图 3-67 可知，当假缝没有发生开裂时，纵连钢筋的应力分布较为均匀，不会发生应力突变。假缝发生深 80mm 的裂缝时，钢筋应力由 158.53MPa 变至 157.71MPa，变化幅度为 0.82MPa；当轨道板中间处假缝发生贯通开裂时，开裂处的钢筋应力由 158.30MPa 变至 151.40MPa，突变幅度为 6.90MPa。而纵连钢筋采用 HRB335 钢筋，屈服强度为 335MPa，说明此时假缝的开裂对钢筋的影响很小。从图 13-24 也可以知道，在列车荷载的作用下，随着假缝裂缝深度的增加，钢筋应力的变化幅度也在增加，但是钢筋应力都没有达到屈服强度，钢筋都可以正常工作。

在假缝开裂处纵连钢筋应力会发生突变，是由于在假缝未开裂时，混凝土和钢筋协同工作，列车荷载作用产生的内部应力由钢筋和混凝土共同承担，但是在假缝处混凝土开裂后，列车荷载产生的应力在假缝开裂处将完全由纵连钢筋承担，混凝土则退出工作；而在远离假缝开裂处的位置，混凝土与钢筋仍然能够较好地协同工作，表现为在其他位置钢筋应力变化较小。

2) 负温度梯度的作用

在负温度梯度 22.5℃/m 的作用下，各结构的受力如图 3-68 所示。

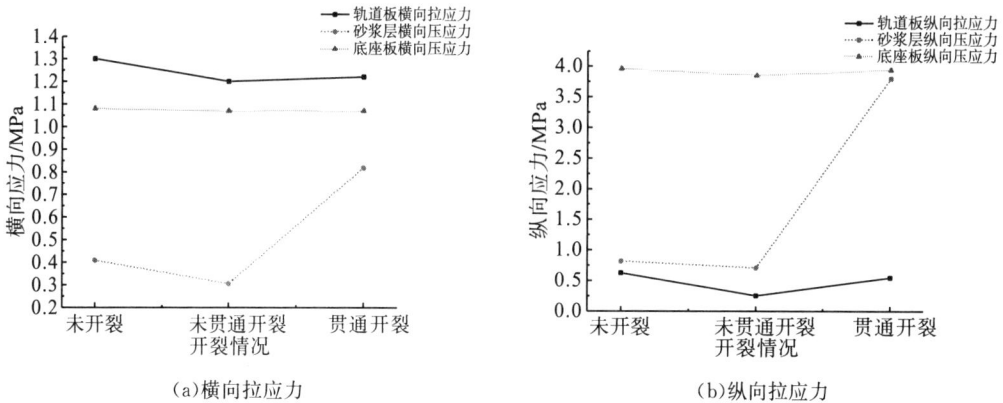

(a) 横向拉应力　　　　　　　　　　(b) 纵向拉应力

图 3-68　轨道各结构的受力情况

在负温度梯度的作用下，轨道板主要受拉应力的作用，假缝处未开裂的轨道板横、纵向最大拉应力分别为 1.31MPa 和 0.63MPa。当裂缝贯穿轨道板时，轨道板上的横向最大拉应力与裂缝深度只有 80mm 时基本相同，大约为 1.22MPa，比假缝未开裂的轨道板所受的拉力小；轨道板的纵向最大拉应力由 0.24MPa 增长至 0.55MPa，仍比假缝处没有开裂时小，轨道板混凝土的抗拉强度为 2.74MPa，所以负温度梯度的作用下，轨道板能正常工作。

负温度梯度使砂浆层主要承受压应力的作用，当开裂深度为 80mm 时，砂浆层的压应力减小，横向压应力由 0.41MPa 减小到 0.31MPa，纵向压应力由 0.82MPa 减小到 0.71MPa。但是当 5 号假缝开裂深度贯穿整个板厚时，砂浆层的压应力又会有较大的增长，横向压应力由 0.41MPa 增长到 0.82MPa，纵向压应力由 0.82MPa 增长到 3.81MPa。由于砂浆的抗压强度为 4.5MPa 左右，所以在负温度梯度的作用下，砂浆层不会破坏。

负温度梯度使底座板主要承受压应力的作用，假缝是否开裂及假缝开裂深度对于底座板的受力基本没有影响，当发生贯通裂缝后，底座板上横纵向最大压应力分别为 1.08MPa 和 3.94MPa，远没有达到底座板 C30 混凝土的抗压强度，所以负温度梯度也不会导致底座板的破坏。

纵连钢筋应力如图 3-69 所示。

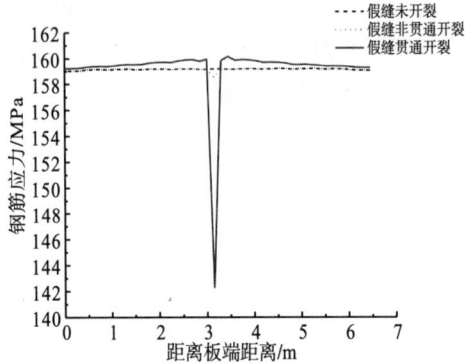

图 3-69　不同开裂深度下纵连钢筋应力

和列车荷载作用时相似，假缝发生深 80mm 的裂缝时，开裂处钢筋发生应力突变，但变化幅度很小，仅为 0.6MPa，说明此时假缝的开裂对钢筋的影响很小。贯通开裂后开裂处的钢筋应力由 159.90MPa 变至 142.31MPa，变化幅度为 17.59MPa。在负温度梯度的作用下，随着假缝裂缝深度的增加，钢筋应力的变化幅度也在增加，但是钢筋应力都没有达到 335MPa 的屈服强度，钢筋可以正常工作。

3)正温度梯度的作用

正温度梯度取为 45℃/m，在正温度梯度的作用下，各个结构的受力如图 3-70 所示。

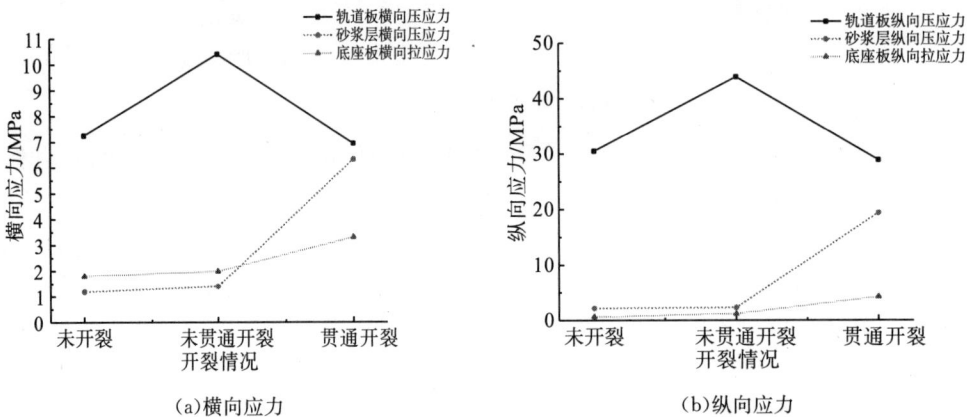

(a)横向应力

(b)纵向应力

图 3-70　轨道各结构的受力情况

在正温度梯度的作用下，轨道板整体受压，开裂会使轨道板的最大压应力由 30.52MPa 增大到 44.15MPa，超过了混凝土的抗压极限，假缝处混凝土局部会受压破坏。当假缝处裂缝由 80mm 延伸至贯穿轨道板厚度时，轨道板的最大压应力又减小至 29.9MPa，贯通开裂后轨道板混凝土没有达到 C55 混凝土的抗压强度，此时轨道板不会继续破坏。

在正温度梯度的作用下，砂浆层以受压为主，当裂缝的深度为 80mm 时，砂浆层所受的压应力与轨道板未开裂时基本相同，横纵向最大压应力分别为 1.40MPa 和

2.32MPa，砂浆层能正常工作。在正温度梯度的作用下，底座板整体受拉，与砂浆层受力相似，在裂缝深度为 80mm 时，底座板所受的拉应力为 2.44MPa，与没有发生开裂时基本相同，而 CRTS II 型板式无砟轨道所用 C30 混凝土的实际抗拉强度为 2.88MPa。当轨道板中间假缝处裂缝由 80mm 延伸至贯穿轨道板厚度后，底座板的横向和纵向最大拉应力分别达到了 3.31 MPa 和 4.24 MPa，达到了混凝土的抗拉强度。说明在正温度梯度为 45℃/m 时，底座板发生受拉破坏。纵连钢筋应力如图 3-71 所示。

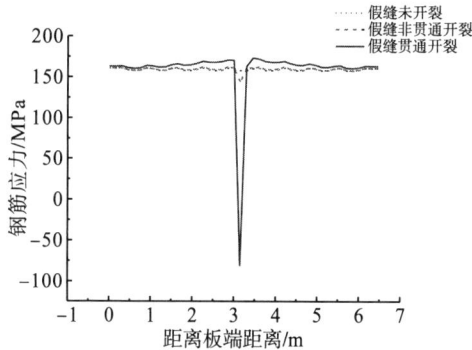

图 3-71　不同开裂深度下纵连钢筋应力

从图 3-71 中可以看出，在假缝未开裂前，仅在温度力的作用下，纵向钢筋的应力分布较为均匀，基本维持在 158MPa 左右。假缝的开裂都会造成假缝处纵连钢筋应力的变化，而假缝的贯通开裂使钢筋的应力下降最大，开裂处的钢筋应力由 170.31MPa 的受拉状态突变到 81.30MPa 的受压状态。此时纵连钢筋的应力都没有达到 335MPa 的屈服强度，所以在正温度梯度为 45℃/m 时，即使假缝出现贯通开裂，也不至于影响到钢筋的正常工作。

纵向钢筋应力的下降是由轨道板在温度力作用下的相对位移及轨道板翘曲对开裂处假缝的挤压造成的。而假缝的开裂在导致假缝处周围钢筋应力下降的同时，其他位置处的钢筋应力却有一定程度的上升。这是由于假缝处钢筋应力向两侧钢筋转移的结果。

4. 假缝开裂数量对轨道结构受力的影响

本节假设轨道板中间的三条假缝都发生了贯通裂缝，并与前面节轨道板中间一条假缝贯穿开裂对比，分析不同的开裂数量对于轨道结构的影响。

1）列车荷载的作用

在荷载的作用下，假缝未开裂、5 号假缝发生竖向贯通裂缝、4、5、6 号假缝发生竖向贯通裂缝三种工况下轨道结构的最大受力如图 3-72 所示。

在列车荷载的作用下，不同工况下轨道板所受的最大应力基本不变，横向拉应力维持在 0.35MPa 左右，纵向拉应力维持在 0.44MPa 左右。

(a)横向应力　　　　　　　　　　　　　　　　(b)纵向应力

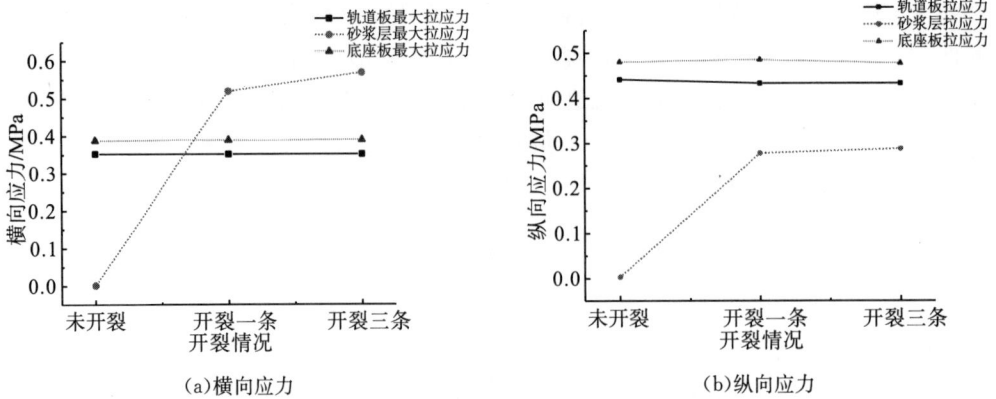

图 3-72　各结构的受力情况

　　为分析列车荷载作用下，假缝的开裂对轨道结构各部件受力的影响，需要对假缝开裂前后轨道结构的传力情况加以分析，如图 3-73 所示。由图可见，在列车荷载→钢轨→扣件→轨道板这条传力路径上，列车荷载施加在钢轨上，钢轨上的力通过扣件以点荷载的形式作用在轨道板上，再通过轨道板将力传递至下部结构。假缝开裂与否完全不会影响到扣件的传力，因此不会对轨道板受力产生影响。但是假缝贯通开裂后，轨道板成为"宽轨枕"，不同位置处的扣件受力不均，因此各"宽轨枕"变形不一，导致纵连钢筋承担剪应力，同时假缝位置处的砂浆层和底座板也会不同程度地承担剪应力。

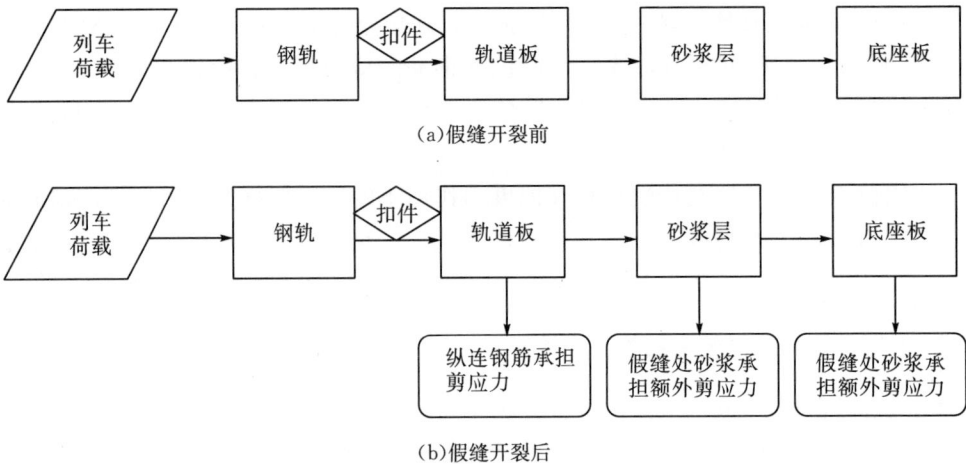

(a)假缝开裂前

(b)假缝开裂后

图 3-73　开裂前后力的传递路线

　　上述分析及计算结果表明，在列车荷载作用下，假缝的开裂对轨道板受力不会产生影响。但是开裂后，开裂面的剪切力将完全由纵连钢筋、砂浆层及底座板承担，因此假缝的开裂对纵连钢筋、砂浆层及底座板的受力仍会产生一定的影响。

　　由图 3-73 可见，假缝的开裂对砂浆层的受力产生了很大的影响。其中假缝开裂一条时砂浆层的最大拉应力由 0.01MPa 增大到 0.52MPa，开裂三条时最大拉应力增大到0.57MPa，说明砂浆层的拉应力随着假缝开裂数量的增加而增加。由于砂浆层的抗拉强度为 3.4MPa 左右，所以即使假缝开裂三条也不会导致其受拉破坏。

在列车荷载的作用下，假缝处的开裂及开裂的数量基本不影响底座板的受力，底座板的横向最大拉应力维持在 0.39MPa 左右，纵向最大拉应力维持在 0.48MPa 左右。由于底座板混凝土实际的抗拉强度为 2.88MPa，底座板混凝土的应力未超过抗拉强度，底座板不会破坏。

纵连钢筋应力如图 3-74 所示。

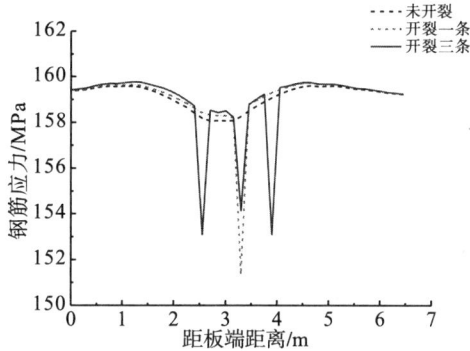

图 3-74 不同开裂数量下纵连钢筋应力

由图 3-74 中可以看出，当假缝处发生开裂后，开裂处钢筋发生应力突变，而且随着假缝开裂数量的增多，应力变化幅值降低。当轨道板中间三条假缝发生贯通开裂时，中间假缝处钢筋应力下降较小，由 158.22MPa 变至 154.12MPa，变化幅度为 4.10MPa；两侧的钢筋应力变化相对较大，由 159.23MPa 变至 153.11MPa，变化幅度为 6.12MPa，这是由于钢筋应变向周边分散导致。纵连钢筋采用 HRB335 钢筋，屈服强度为 335MPa，在列车荷载的作用下，钢筋应力都没有达到屈服强度，钢筋都可以正常工作。

2) 负温度梯度的作用

在负温度梯度 22.5℃/m 的作用下，各个结构的受力如图 3-75 所示。

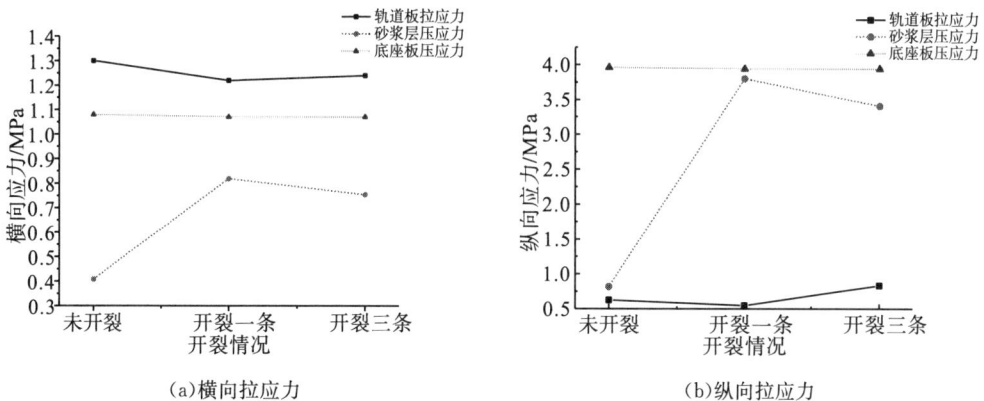

(a) 横向拉应力   (b) 纵向拉应力

图 3-75 各结构的受力变化

在负温度梯度的作用下，轨道板主要受拉应力的作用。在假缝未发生开裂时，轨道板上最大拉应力为 1.30MPa。假缝的开裂会使轨道板的受力减小，而且一条假缝开裂与三条假缝开裂轨道板的最大拉应力基本相同，都在 1.20MPa 左右，没有达到混凝土的抗拉强度，轨道板不会破坏。

负温度梯度使砂浆层主要承受压应力的作用。当一条假缝发生开裂时，负温度梯度的作用使砂浆层的最大压应力由 0.82MPa 增大到 3.80MPa；当三条假缝发生开裂时，砂浆层的最大压应力减小为 3.41MPa。随着假缝开裂数量的增加，砂浆层的受力有减小的趋势。砂浆的抗压强度为 4.5MPa 左右，在负温度梯度作用下砂浆层不会破坏。

负温度梯度使底座板主要承受压应力的作用。轨道板上假缝是否开裂及开裂的数量对于底座板的受力基本没有影响。当发生贯通裂缝时，底座板上横向最大压应力为 1.07MPa 左右，纵向最大压应力为 3.95MPa 左右，远没有达到底座板 C30 混凝土的抗压强度，负温度梯度的作用不会导致底座板的破坏。

纵连钢筋应力如图 3-76 所示。

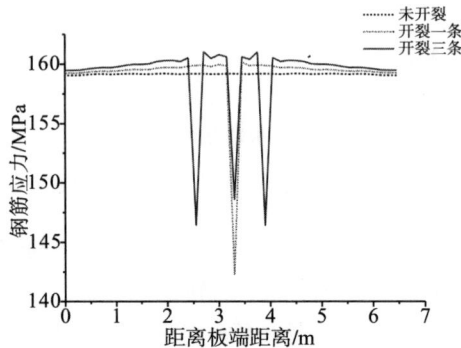

图 3-76 不同开裂数量下纵连钢筋应力

假缝的开裂使开裂处钢筋发生应力突变。一条假缝开裂时，裂缝处钢筋应力由 159.85MPa 变至 142.33MPa，变化幅度为 17.52MPa；三条假缝开裂时，两侧开裂处的钢筋应力由 160.51MPa 变至 146.40MPa，变化幅度为 14.11MPa，中间假缝开裂处的钢筋应力由 160.62MPa 变至 148.62MPa，变化幅度为 12MPa。相比于两侧假缝，中间假缝开裂钢筋应力变化幅度较小。随着假缝开裂数量的增多，纵连钢筋应力突变幅值降低，特别是板中间假缝处的应力突变幅值降低明显，这同样是由假缝开裂数量的增多导致应变向两边分散导致的。由图中可知，钢筋应力没有达到 335MPa 的屈服强度，钢筋可以正常工作。可以看出，与列车荷载作用相比，22.5℃/m 的负温度梯度的作用使钢筋应力变化的幅度更大，对钢筋受力的影响也更大。

3）正温度梯度的作用

在正温度梯度 45℃/m 的作用下，各个结构的受力如图 3-77 所示。

在正温度梯度的作用下，轨道板整体受压，这是由轨道板在正温度梯度的作用下的外张趋势受阻所致。假缝没有开裂时轨道板的最大压应力为 30.50MPa，没有达到 C55 混凝土的抗压强度。假缝的开裂会使轨道板所受的最大压应力有所减小，所以正温度梯度不会使轨道板破坏。而且随着假缝开裂数量的增多，轨道板的最大受力也呈减小的趋势。

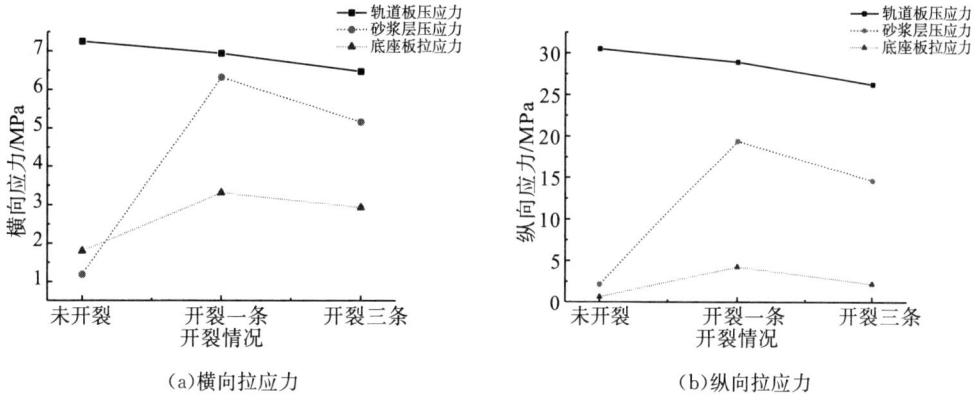

(a)横向拉应力　　　　　　　　　　(b)纵向拉应力

图 3-77　各结构的受力变化

在正温度梯度的作用下，底座板整体受拉，当一条假缝发生开裂时，底座板的横向和纵向最大拉应力分别达到了 3.31MPa 和 4.24MPa；当三条假缝发生开裂时，底座板的横向和纵向最大拉应力分别达到了 2.93MPa 和 2.17MPa，达到了混凝土的抗拉强度。说明在正温度梯度为 45℃/m 时，底座板发生受拉破坏。随着假缝开裂数量的增多，底座板的受力呈现减小的趋势。

纵连钢筋应力如图 3-78 所示。

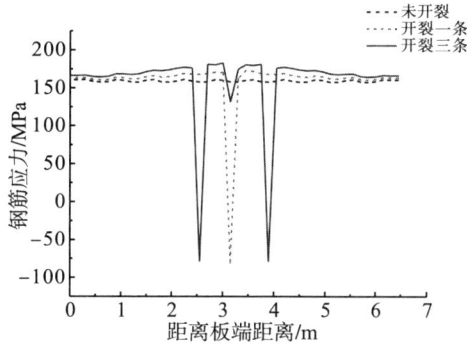

图 3-78　不同开裂数量下纵连钢筋应力

从图 3-78 中可以看出，假缝未开裂时，钢筋应力基本维持在 158MPa 左右。假缝的开裂会造成假缝处纵连钢筋应力的突变，当一条假缝开裂时，开裂处的钢筋应力由 170.32MPa 的受拉状态突变到 81.32MPa 的受压状态，当轨道板上有三条假缝发生贯通开裂后，两侧假缝开裂处的钢筋应力由 181.14MPa 的受拉状态突变到 79.91MPa 的受压状态，中间假缝开裂处的钢筋应力由 182.92MPa 的受拉状态突变到 131.71MPa 的受拉状态。两侧假缝处钢筋应力的变化幅度远远大于中间假缝开裂引起的钢筋应力变化，但此时纵连钢筋的应力都没有达到 335MPa 的屈服强度。

纵向钢筋应力的下降是由轨道板在温度力作用下的相对位移及轨道板翘曲对开裂处假缝的挤压造成的。可以看出随着假缝开裂数量的增多，应力突变幅值逐渐降低，这是由钢筋应变向周边分散导致。假缝的开裂在导致假缝处周围钢筋应力下降的同时，其他位置处的钢筋应力却有一定程度的上升。这是由于假缝处钢筋应力向两侧钢筋转移。

本 节 小 结

1. 小结

本节通过建立桥上CRTSⅡ型板式无砟轨道静力学模型，假设宽接缝和假缝处发生了开裂，通过对比分析得出了裂缝出现后轨道结构各部件的应力变化，得出了以下结论。

1）宽接缝开裂结论

(1)在列车荷载作用下，宽接缝的开裂对轨道结构受力影响较小；但在整体降温5℃温度荷载作用下，宽接缝的开裂对轨道结构受力影响较大。

(2)在整体降温5℃温度荷载作用下，裂缝宽度(纵向)的变化对轨道结构受力影响不明显。轨道结构的受力变化幅度很小，不及5%，且轨道结构所受的压应力要远小于拉应力，纵向应力要明显大于横向应力。

(3)在整体降温5℃温度荷载作用下，裂缝深度(垂向)的变化对轨道结构受力影响显著。当宽接缝开裂深度小于125mm时，轨道结构和预应力钢筋受力的增加较为缓慢；当宽接缝开裂深度达到125mm后，轨道结构受力发生突变，且之后轨道板、底座板和预应力钢筋的受力增加较快，对宽接缝开裂较为敏感；当开裂深度达到166mm时，轨道板所受拉应力达到2.76MPa，超过其抗拉极限，导致轨道板继续开裂；当开裂深度达到200mm时，底座板所受拉应力达到3.05MPa，超过其抗拉极限，导致底座板开裂，使轨道结构带裂缝工作，可能会影响轨道结构的耐久性。

(4)裂缝长度(横向)的变化对轨道结构受力影响不明显，但是宽接缝长度的开裂尤其当其长度超过1.35m时，预应力钢筋裸露，导致纵连钢筋锈蚀速度的加快，宽接缝开裂区域也成为薄弱区域，对轨道结构的耐久性产生较大影响。

2）假缝开裂结论

(1)假缝出现开裂后，在假缝开裂位置，轨道板应力、砂浆层应力、底座板应力及纵连钢筋均出现明显的变化，其中贯通开裂后轨道板的应力在假缝开裂位置显著降低，砂浆层和底座板应力在假缝开裂位置显著上升，而且轨道板中间位置假缝开裂对于结构的影响最大。

(2)当假缝处发生贯通开裂后，随着假缝开裂数量的增多，轨道板的整体应力水平降低且降幅增大。如果单独研究假缝开裂数量对轨道板应力的影响，可以发现，随着假缝开裂数量的增多，轨道板的应力有所降低，例如，在正温度梯度的工况下，假缝开裂1条时(也即只有5号假缝开裂时)，轨道板上纵向压应力为30.5MPa，当假缝开裂3条时，轨道板上纵向压应力为26.2MPa。

(3)假缝的贯通开裂导致假缝位置处的砂浆层纵、横向应力出现显著上升。在1条假缝开裂时，正温度梯度工况下，砂浆层的最大横纵向压应力为6.32MPa和19.42MPa，；负温度梯度工况下，对于砂浆层，开裂使最大压应力为0.82MPa和3.80MPa。表明在正温度梯度45℃/m假缝的开裂会导致砂浆层的连带破坏，在负温度梯度22.5℃/m工况下，假缝的开裂对砂浆层的影响相对较小。

(4)假缝的贯通开裂也会导致假缝位置处的底座板纵横向应力出现显著上升。在1条假缝开裂时，正温度梯度工况下，底座板的最大横纵向拉应力为 3.31MPa 和 4.24MPa；负温度梯度工况下，底座板上横纵向最大压应力分别为 1.08MPa 和 3.94MPa。表明在正温度梯度 45℃/m 工况下，假缝的开裂也会导致底座板的破坏；在负温度梯度 22.5℃/m 工况下，假缝的开裂对底座板的影响相对较小。

(5)假缝出现贯通开裂后，在假缝开裂截面上仅有纵连钢筋承担应力，所以假缝的开裂会导致纵连钢筋应力的突变，随着裂缝深度的增大，钢筋应力的变化幅度也增大。对比分析正温度梯度、负温度梯度和列车荷载作用对纵连钢筋受力性能的影响可知，正温度梯度的影响最大，列车荷载的影响最小。列车荷载和温度梯度的作用都不会使钢筋应力达到其屈服强度，钢筋都能正常工作，但是假缝的开裂可能导致纵连钢筋锈蚀速度的加快，假缝开裂区域也成为薄弱区域，可能对轨道结构的耐久性产生较大影响。

2. 有待进一步研究的问题

轨道结构在发生开裂的过程中，在裂缝处会释放一部分应力，使该处的应力降低，而本章所建的模型不能很好地模拟裂缝产生的过程，这样就会出现应力过大而没有裂缝的现象。实际情况是，此时轨道结构带裂缝工作，尤其是施加整体降温荷载时，所求得的结果要远远高于结构的真实受力水平。因此由于混凝土材料的复杂性，需要建立更加合适的混凝土本构模型，来精确地模拟混凝土出现裂缝时的受力情况。

第 4 章　典型伤损动力特性影响分析

本章的研究在资料整理、现场调研、成因分析和典型伤损静力分析的基础之上，针对胶垫滑出、钢轨碎弯、凸形挡台拉裂和 CRTS II 型板上拱等大跨桥上无砟轨道系统典型病害，建立相应车辆-轨道耦合动力分析模型，对典型伤损对行车安全及轨道结构在典型伤损作用下的动力特性进行深入研究。主要研究内容如下。

(1)胶垫滑出。主要针对大跨桥上双块式轨道板梁端胶垫滑出病害进行动力学研究。胶垫滑出后扣件垂向支承刚度减小，影响轨道结构动态平顺性和行车舒适性。基于轮轨系统动力学原理和车辆-轨道-桥梁垂向耦合动力学理论，运用有限单元法，建立含轨下胶垫滑出的车辆-轨道-桥梁垂向耦合振动模型，深入研究轨下胶垫滑出对车辆及轨道系统动力性能的影响。

(2)钢轨碎弯。主要针对大跨桥上钢轨碎弯病害进行动力学研究。钢轨碎弯容易激发列车蛇形运动，严重影响到行车安全性、平稳性和舒适性。基于轮轨系统动力学原理，运用多体动力学软件 UM(Universal Mechanism)，建立车辆系统三向动力学仿真模型。不同行车速度下，分别研究德国高速低干扰谱、碎弯谱和叠加谱对车辆及轨道系统动力性能的影响。

(3)凸形挡台拉裂。主要针对大跨桥上 CRTS I 型板式轨道凸形挡台拉裂病害进行动力学研究。基于轮轨系统动力学原理和车辆-轨道-桥梁垂向耦合动力学理论，运用有限单元法，建立含凸形挡台拉裂的车辆-轨道-桥梁垂向耦合振动模型，深入研究凸形挡台拉裂对车辆及轨道系统动力性能的影响。

(4)CRTS II 型板上拱。主要针对桥上 CRTS II 型板式轨道上拱病害进行动力学研究。CRTS II 型板式轨道发生上拱病害后，线路几何形位将发生变化，改变轨道结构局部的承力和传力方式，不利于轨道结构受力和行车安全。基于车辆-轨道系统耦合动力学原理，运用有限元方法，建立含轨道板上拱的桥上车辆-板式轨道系统垂向耦合振动模型，研究列车荷载作用下，轨道板上拱对轮轨系统动力学性能的影响，为制定轨道板上拱维修标准提供一定的理论依据。

4.1　动力学研究理论和方法

关于大跨桥上无砟轨道典型伤损对行车的影响的研究方法，主要是在资料收集的基础上，运用轮轨系统动力学理论，对无砟轨道病害进行简化处理，建立合适的动力学有限元模型而进行理论分析。

4.1.1 车辆－轨道系统耦合动力学理论

我国在无砟轨道轮轨系统动力学理论研究方面已逐渐成熟，而车辆动力学、无砟轨道动力学及轮轨相互作用理论对无砟轨道轮轨系统动力学起到了推动作用，这为行车的平稳性、舒适性和安全性指标方面提供了充分的理论依据。本章研究借助车辆动力学、无砟轨道动力学、轮轨相互作用理论，针对无砟轨道结构和不同病害发展阶段或程度，建立相应的车辆－无砟轨道－下部基础（路基或桥梁）系统动力学模型，分析轨道病害对行车平稳性、安全性及轨道结构振动特性的影响。

1. 车辆－轨道系统耦合垂向振动模型

由于车辆和轨道系统本身的复杂性及轮轨系统极强的耦合性，要完全了解车辆和轨道的工作状态，计算模型会相当复杂，甚至是不可能建立的。因此，针对不同的问题，建立合适的模型是主要的原则。另外，模型还必须考虑各种主要影响因素，尽可能反映轮轨系统的本质特性，并且能有效便捷地计算和处理计算结果。综合考虑车辆和轨道两方面的特点和研究分析内容，车辆和轨道系统模型在建模过程中遵循如下基本原则。

（1）考虑到无砟轨道垂向振动是影响轨道结构正常使用的主要因素，因此，本章以无砟轨道结构垂向动力特性为主要研究对象。

（2）车辆考虑车体、前后构架、轮对、悬挂方式等，选择 CRH2 型动车组实际参数进行建模。

（3）为了更好地处理轨道结构参数（扣件间距、部件参振质量、支承弹性等）沿纵向不均匀分布的动力学问题，轨道模型采用连续弹性离散点支承梁－板模型。

（4）采用分层建模方式建立车辆、轨道及下部基础模型。

本节结合车辆－轨道耦合动力学理论，建立车辆－轨道系统垂向耦合动力学模型，借助有限元动力学分析软件 ANSYS/LS-DYNA 进行求解，对轨道病害情况下车辆和轨道结构的动力特性进行仿真计算。

2. 轮轨接触关系

在垂向平面内，车辆子系统和轨道子系统之间的耦合作用通过轮轨接触而实现，车轮与钢轨的垂向接触可视为两个弹性体的接触。轮轨接触弹簧一般起到联系或耦合车辆系统和轨道两个振动子系统的作用，轮轨接触弹簧刚度存在的误差并不会显著影响动力计算结果。而用非线性弹簧模拟赫兹接触会大大增加动力分析的难度和复杂性，尤其是直接进行系统振动的频域分析时，采用非线性弹簧几乎不可能。因此，考虑对轮轨接触弹簧进行线性化处理。

3. 轮轨激励模型

铁路轨道是行车的基础，轨道不平顺是轮轨系统激励的重要组成部分。如果轨道平顺性不良，将引起机车车辆的剧烈振动，轮轨动作用力成倍增大，严重危害轨道和机车车辆部件，影响列车速度的提高，危及行车安全。常用的轮轨激励为长波不平顺德国低干扰谱的时域样本和短波余弦不平顺叠加后的不平顺作为轮轨激励输入。德国高速低干扰谱利用自编程序模拟产生，见图 4-1。

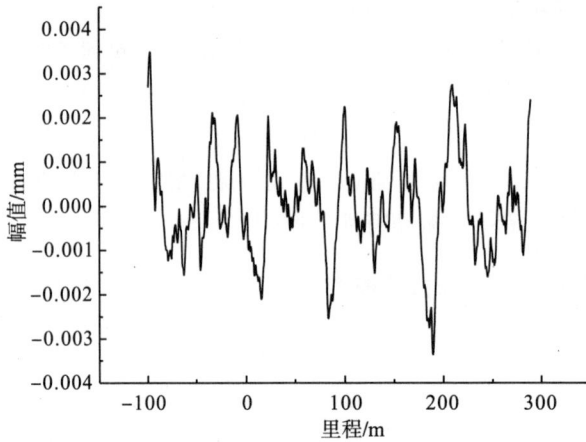

图 4-1 德国低干扰不平顺谱

4. 车辆系统模型

车辆系统主要由车体、转向架、轮对和一系、二系悬挂组成。对车辆进行模拟时，在模拟实际结构的同时为了简化计算，通常将车辆的这些基本部件近似处理为刚体，各基本部件之间通过弹性或刚性约束来限制车辆结构中各部件间的相对运动（即考虑整个车辆系统的速度是一致的）。基于这种思想，在建立车辆垂向动力学分析模型时，做出的假设包括：将车体、转向架和轮对考虑为刚体，不考虑它们的弹性变形；车辆系统沿线路纵向作匀速运动；一系和二系悬挂阻尼均按黏性阻尼计算；一系弹簧、二系弹簧及轮轨接触的赫兹弹簧的刚度均考虑为线性的；车辆系统中的各部件只考虑在基本平衡位置作小位移的振动；车体关于质心完全对称。基于以上假设，车体、构架及轮对只考虑垂向振动。对于全车空间模型，车体、构架各有 3 个自由度，分别是浮沉、侧滚和点头，轮对有沉浮和侧滚 2 个自由度，整个车辆系统共 17 个自由度。车辆动力学模型如图 4-2 所示。

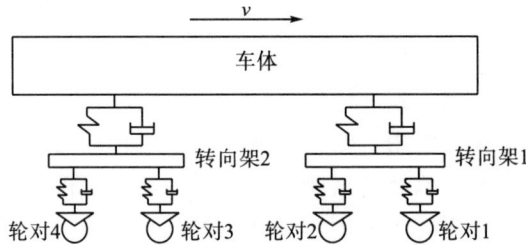

图 4-2 全车车辆模型侧视图

1）车辆系统参数

在进行桥上无砟轨道系统动力学分析时，车辆采用自主研发的 CRH2 型机车，相关参数如表 4-1 所示。

表 4-1 CRH2 型车主要参数

参数名称	单位	大小
构架中心距(车辆定距)	mm	17500
轴距	mm	2500
车轮滚动圆横向跨距	mm	1493
车轮滚动圆直径	mm	860
轮对内侧距	mm	1353
车轮外形	—	LMA
钢轨外形	—	T60kg/m

质量/转动惯量		
名称	单位	量值
车体质量	kg	39600
构架质量	kg	3500
轮对质量	kg	2000
车体点头惯量	kg·m²	1.94×10^6
车体侧滚惯量	kg·m²	1.283×10^5
构架点头惯量	kg·m²	1752
构架侧滚惯量	kg·m²	2592
轮对侧滚惯量	kg·m²	720
一系悬挂垂向刚度	N/m	1.176×10^6
二系悬挂垂向刚度	N/m	1.89×10^6
一系悬挂垂向阻尼	N·s/m	1.96×10^4
二系悬挂垂向阻尼	N·s/m	4.0×10^4
固定轴距	m	2.5
转向架中心距	m	17.5
车轮半径	m	0.43

2)轮轨接触刚度

根据 CRH2 型机车的基本参数,得到机车的静轮载 $p_0 = 6.825t$,轮轨力最大值取为静轮载的 1.45 倍,即 $p_1 = 9.9t$。车轮踏面考虑为锥形踏面,轮轨接触常数 $G = 5.13 \times 10^{-8} m/N^{2/3}$,由此得出等效线性接触刚度 $K_H = 1.275 \times 10^9 N/m$。

4.1.2 车辆和轨道动力学性能评价指标和评价标准

车辆在轨道上运行的最基本要求是安全,其次是平稳,以确保旅客乘坐舒适性、货物运送完整性。本节垂向动力学研究中将轮重减载率、车体和轨道垂向振动加速度、轮轨垂向力作为评价车辆和轨道动力学性能的指标;横向动力学研究中将脱轨系数和车体横向振动加速度作为评价车辆和轨道动力学性能的指标。

1. 车辆动力响应指标

1)轮重减载率

轮重减载率的含义为轮重减载量与轮对的平均静轮重之比，记作 $\Delta P/\overline{P}$。我国《铁道车辆动力学性能评定和试验鉴定规范》(GB 5599−85)规定车辆的轮重减载率的安全标准为

$$\begin{cases} \Delta P/\overline{P} \leqslant 0.65（危险限度） \\ \Delta P/\overline{P} \leqslant 0.60（允许限度） \end{cases} \tag{4-1}$$

我国《高速试验列车客车强度及动力学性能规范》(95J01−M)和《高速试验列车动力车强度及动力学性能规范》(95J01−L)中规定：

$$\Delta P/\overline{P} \leqslant 0.60C \tag{4-2}$$

上述轮重减载率的限值可视为静态或准静态条件下的评价标准，且在轮重减载率的评价标准中，考虑横向力 $H=0$，因此上述评价标准并不适合于动态减载时的评价。

各个国家对动态减载率的限值有所不同。德国和美国采用的动态减载率限值为 0.9；日本在新干线上采用的动态轮重减载率限值为 0.8；我国在南津浦线脱轨试验中的限值取为 0.8，而在高速试验中，动态轮重减载率限值则取为 0.9。

虽然各个国家对动态减载率限值的取值有所不同，但均能保证行车安全。近年来，在我国的高速行车试验中，大多数采用 0.8 作为轮重减载率的动态限值。因此，通过综合参考各国动态减载率的限值，本节的动态轮重减载率限值取为

$$(\Delta P/\overline{P})_{\text{dyn}} \leqslant 0.80 \tag{4-3}$$

2)车体振动加速度

评价车辆振动舒适性方面，各国有不同的标准。欧洲推行使用 UIC513 舒适度指标，日本使用的则是以 Janeway 舒适度系数 J 标准，法国国铁(SNCF)采用疲劳时间作为评价指标。我国铁路行业借鉴采用的是 Sperling 平稳性指标作为舒适度的评定准则。目前对振动舒适度的评价，国际上尚无统一标准。下面仅对客车车体振动加速度作简单介绍。

当客车运行平稳性按车体平均最大振动加速度来评定时，GB 5599−85 规定，在运行速度 $v \leqslant 140\text{km/h}$ 时，车体平均最大振动加速度应符合的要求为

$$\overline{A}_{\max} \leqslant 0.00027v + C \tag{4-4}$$

式中，$\overline{A}_{\max}$ 为客车车体平均最大振动加速度，g；v 为客车运行速度，km/h；C 为常数，取值见表 4-2。

表 4-2 客车车体平均最大振动加速度计算常数

运行平稳性等级	C	
	垂向振动	横向振动
优	0.025	0.010
良好	0.030	0.018
合格	0.035	0.025

对于我国高速铁路客车，参考国外经验，车体振动加速度的舒适度标准可取为：垂向振动加速度 $0.13g$，横向振动加速度 $0.10g$。

3）脱轨系数

根据我国铁路车辆车轮的轮缘角为 $68°\sim70°$，摩擦系数一般为 $0.2\sim0.3$，摩擦系数的上限为 $0.3\sim0.35$，得到我国铁路车辆的脱轨系数的临界值（表 4-3）。

表 4-3　中国铁路车辆脱轨系数的临界值

轮缘角 ＼ 摩擦系数	0.20	0.25	0.30	0.35
68°	1.52	1.37	1.25	1.14
69°	1.58	1.43	1.29	1.18
70°	1.64	1.48	1.34	1.22

世界其他国家对脱轨系数的限值纷纷做了规定，具有代表性的如下。

$$Q/P\leqslant1.2（欧洲铁路联盟）$$
$$Q/P\leqslant0.8（德国高速试验）$$
$$Q/P\leqslant0.8（日本提速试验）$$
$$Q/P\leqslant1.0（北美铁路） \tag{4-5}$$

GB 5599-85 规定。为防止脱轨，车辆爬行侧车轮的脱轨系数应符合以下限值：

$$Q/P\leqslant1.2（危险限度）$$
$$Q/P\leqslant0.8（允许限度） \tag{4-6}$$

这里，脱轨系数不超过"危险限度"是安全的，不超过"允许限度"是希望达到的。TB/T 2360-93 规定了机车的脱轨系数界限值，取值见表 4-4。

表 4-4　中国 TB/T 2360-93 规定的机车脱轨系数界限值

评定等级	优秀	良好	合格
脱轨系数最大值	0.6	0.8	0.9

以上标准实质上只适用于评判低速爬轨情况，在高速铁路设计中，无论日本、欧洲铁路联盟和我国的规范都规定：

$$Q/P\leqslant0.8 \tag{4-7}$$

2. 轨道动力响应指标

1）轮轨垂向力

我国《高速试验列车动力车强度及动力学性能规范》（95J01-L）中规定，当列车高速通过线路、道岔和桥梁时，导向轮对每个车轮作用于轨道垂向力峰值的极限值为 P_{max} $\leqslant170\mathrm{kN}$；我国《秦沈客运专线桥上无砟轨道设计技术条件》中规定的设计动轮载为

$P_{max} \leqslant 300kN$。参考国内外对最大轮轨垂向力的评价标准，轮轨力取值如下：

$$\begin{cases} P_{max} \leqslant 170kN（非冲击作用） \\ P_{max} \leqslant 300kN（钢轨接头等冲击作用） \end{cases} \tag{4-8}$$

2）钢轨下沉量

根据国外高速铁路的经验，钢轨垂向最大挠度一般取为 1.5~2.0mm。

4.2 胶垫滑出动力特性影响分析

胶垫滑出后扣件的垂向刚度将减小，影响轨道结构的平顺性，从而影响列车的舒适性。本节基于轮轨系统动力学原理，结合车辆－轨道－桥梁垂向耦合动力学理论，运用有限单元法，建立如图 15-1 所示的含轨下胶垫滑出的车辆－轨道－桥梁垂向耦合振动模型，旨在深入研究轨下胶垫滑出对轮轨系统动力性能的影响。

4.2.1 含轨下胶垫滑出的动力仿真模型与计算参数

1. 计算模型

将车体、转向架和轮对均考虑为刚体，忽略其弹性变形，只考虑各刚体沿垂向的振动，并且考虑两股钢轨上的垂向不平顺相近。因而车体、构架各有浮沉、点头 2 个自由度，轮对只有沉浮 1 个自由度，整个车辆系统一共 10 个自由度。车辆系统各部参数按 CRH2 型动车组进行取值。

如图 4-3 所示，轨道结构采用叠合梁模型，模型总长度约 546m。钢轨采用离散弹性点支承基础上 Euler 梁模拟，支承点间隔为扣件间距，即 0.65m；道床板、桥梁均采用梁单元模拟；扣件、道床板与底座间的支撑均考虑为弹簧－阻尼单元。

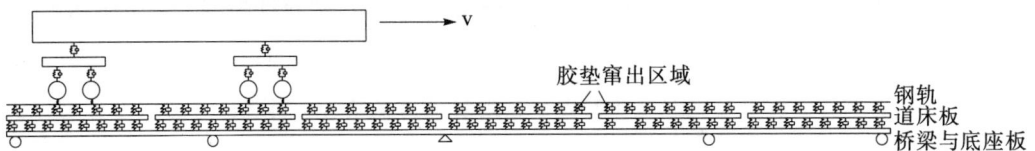

图 4-3 车辆－轨道垂向耦合振动空间模型侧视图

2. 模型参数

1）车辆系统参数

计算车辆采用 CRH2 型动车组，其具体参数如表 4-5 所示。

2）轨道结构相关参数

本书对桥上单元式轨道结构参数进行建模分析，模型长度 546m，其余轨道结构主要参数如表 4-5 所示，轨下胶垫滑出后的扣件动刚度值表 4-6 所示。

表 4-5　轨道结构参数表

部件	参数名	数值
钢轨	质量/(kg/m)	60
	弹性模量/Pa	2.06×10^{11}
	泊松比	0.3
	沿截面横轴惯性矩/m⁴	3217×10^{-8}
	截面积/m²	77.45×10^{-4}
	截面高/m	0.176
	密度/(kg/m³)	7800
	垂向抗弯刚度/(kg·m²)	6.62×10^{6}
扣件	扣件间距/m	0.625
	垂向刚度/(N/m)	50×10^{6}
	阻尼/(N·s/m)	75×10^{4}
道床板	材质	C60
	弹性模量/MPa	36000
	泊松比	0.2
	宽度/m	2.4
	高度/m	0.19
	密度/(kg/m³)	2500
连续梁	高度/m	5
	宽度/m	13
简支梁	高度/m	3
	宽度/m	13

表 4-6　胶垫滑出扣件动刚度取值

滑出量/mm	0	10	30	60	90
动刚度/(kN/mm)	50	47.1	41.4	32.8	24.3

4.2.2　不同轨下胶垫滑出量下的轮轨系统动力学性能

当轨下胶垫无滑出、滑出 10mm、滑出 30mm、滑出 60mm、滑出 90mm 时，车速为 350km/h，机车类型为 CRH2 型，机车车辆及轨道各部动力响应时间历程如图 4-4～图 4-10 所示。

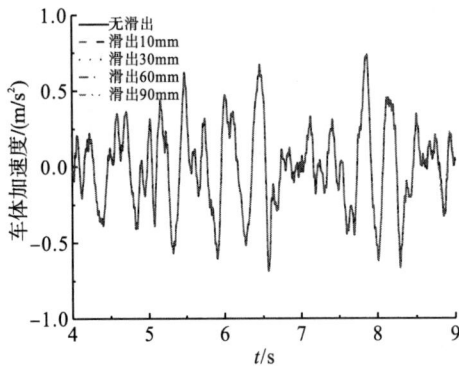

图 4-4 车体加速度

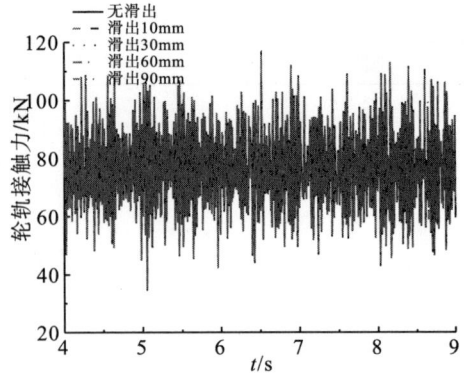

图 4-5 轮轨垂向力

由图 4-4 和图 4-5 可知，当列车以 350km/h 的速度通过桥上双块式无砟轨道无缝线路时，车体将产生振动，当胶垫滑出量分别为 0mm、10mm、30mm、60mm、90mm 时，车体垂向振动加速度最大值分别为 0.68786m/s²、0.68784m/s²、0.68784m/s²、0.68784m/s²、0.68780m/s²，且都小于 0.13g；最大轮轨力都为 117.1kN，小于 170kN，为静轮载 70kN 的 1.7 倍。最小轮轨垂向力都为 34.56kN，减载率为 0.506。

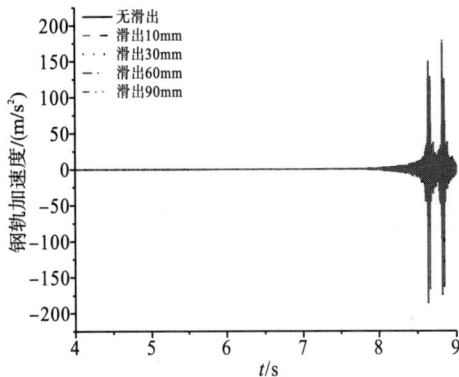

图 4-6 钢轨加速度

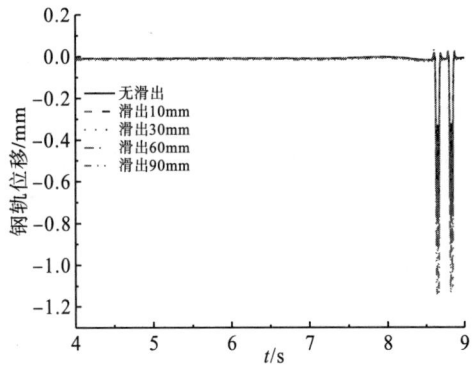

图 4-7 钢轨位移

由图 4-6 和图 4-7 可知，当列车以 350km/h 的速度通过桥上双块式无砟轨道无缝线路时，钢轨将产生振动和垂向位移，当胶垫滑出量分别为 0mm、10mm、30mm、60mm、90mm 时，钢轨垂向振动加速度最大值分别为 164.7m/s²、165.08m/s²、167.46m/s²、172.91m/s²、181.66m/s²；钢轨垂向位移分别为 0.72622mm、0.74839mm、0.8072mm、0.92477mm、1.1502mm。

由图 4-8 和图 4-9 可知，当列车以 350km/h 的速度通过桥上双块式无砟轨道无缝线路时，道床板将产生振动和垂向位移，当胶垫滑出量分别为 0mm、10mm、30mm、60mm、90mm 时，道床板垂向振动加速度最大值分别为 6.9336m/s²、6.9074m/s²、6.8323m/s²、6.6652m/s²、6.6404m/s²；道床板垂向位移分别为 0.13089mm、0.12970mm、0.12702mm、0.12273mm、0.11677mm。

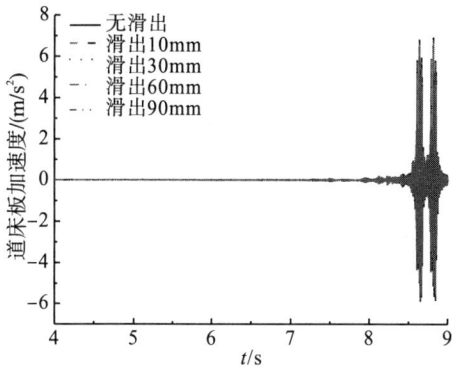

图 4-8　道床板加速度

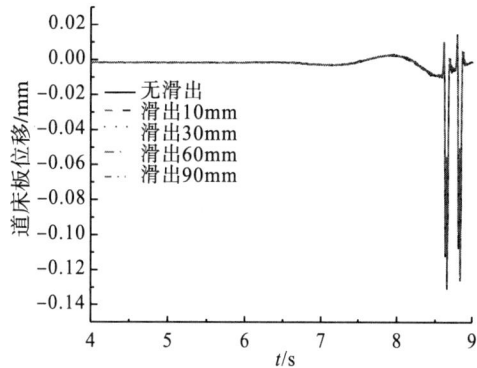

图 4-9　道床板的位移

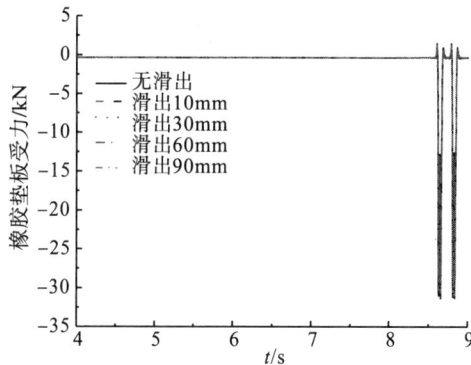

图 4-10　橡胶垫板垫板受力

由图 4-10 可知，当列车以 350km/h 的速度通过桥上双块式无砟轨道无缝线路时，橡胶垫板将产生较大压力。当胶垫滑出量分别为 0mm、10mm、30mm、60mm、90mm 时，道床板垂向振动加速度最大值分别为 31.45kN、31.18kN、30.53kN、29.69kN、28.68kN。

4.2.3　轨下胶垫滑出对轮轨系统动力学特性的影响

列车以 350km/h 的速度通过桥上双块式无砟轨道无缝线路，考虑轨下胶垫滑出 0mm、10mm、30mm、60mm、90mm 时，分析其对车辆及轨道结构的动力学特性的影响。其结果如表 4-7 所示，各动力学指标的极值与轨下胶垫滑出量的关系如图 4-11 所示。

表 4-7　不同胶垫滑出下的车辆及轨道结构的动力学极值

胶垫滑出量/mm	车体加速度/(m/s²)	钢轨加速度/(m/s²)	钢轨位移/mm	道床板加速度/(m/s²)	道床板位移/mm	橡胶垫板受力/kN	橡胶垫板应力/MPa	轮轨垂力		减载率
								最小值/kN	最大值/kN	
0	0.68786	164.7	0.72622	6.9336	0.13089	31.45	1.152	117.1	34.56	0.506
10	0.68784	165.08	0.74839	6.9074	0.12970	31.18	1.211	117.1	34.56	0.506
30	0.68784	167.46	0.8072	6.8323	0.12702	30.53	1.350	117.1	34.56	0.506

续表

| 胶垫滑出量/mm | 车体加速度/(m/s²) | 钢轨加速度/(m/s²) | 钢轨位移/mm | 道床板加速度/(m/s²) | 道床板位移/mm | 橡胶垫板受力/kN | 橡胶垫板应力/MPa | 轮轨垂力 | | 减载率 |
								最小值/kN	最大值/kN	
60	0.68784	172.91	0.92477	6.6652	0.12273	29.69	1.655	117.1	34.56	0.506
90	0.68780	181.66	1.1502	6.6404	0.11677	28.68	2.163	117.1	34.56	0.506

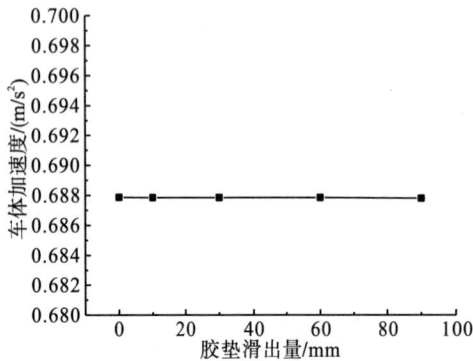

(a)车体加速度与胶垫滑出的关系

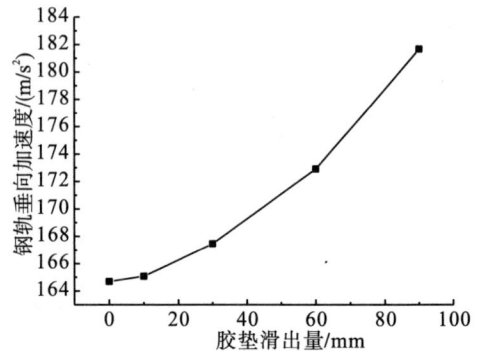

(b)钢轨加速度与胶垫滑出的关系

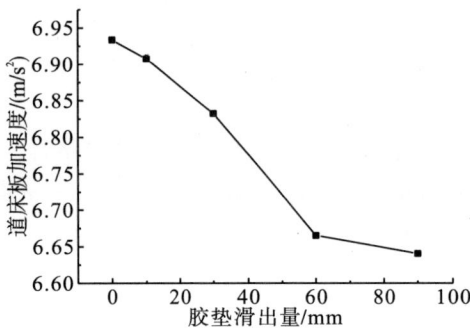

(c)道床板加速度与胶垫滑出的关系

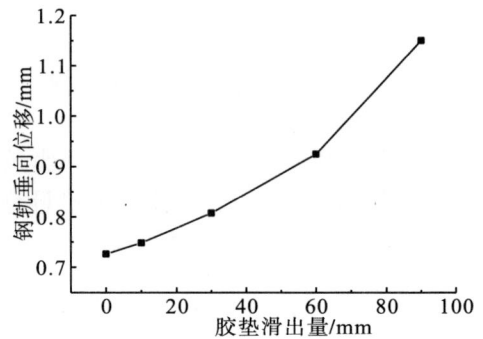

(d)钢轨位移与胶垫滑出的关系

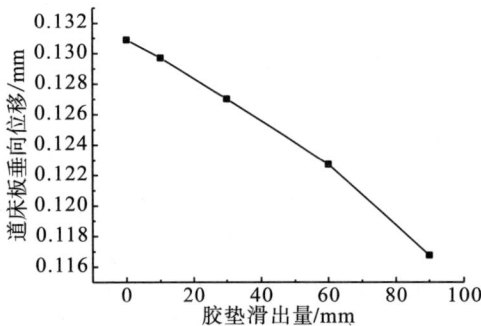

(e)道床板位移与胶垫滑出的关系

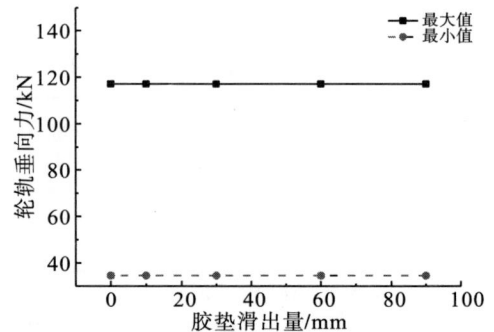

(f)轮轨力与胶垫滑出的关系

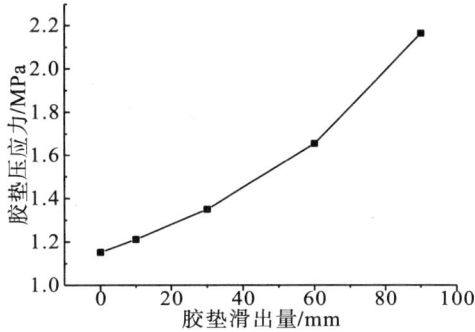

(g)橡胶垫板应力与胶垫滑出的关系

图 4-11　胶垫滑出对车辆以及轨道结构的动力学特性的影响

由图 4-11 可知，随着轨下胶垫滑出量的增加，车体垂向加速度几乎保持不变，其值约为 0.688m/s²，小于其允许值 0.13g。随着轨下胶垫滑出量的增加，钢轨垂向加速度一直增加，原因是下部支撑刚度减小引起的，胶垫滑出量从 0mm 增大到 90mm 时，其加速度由 164.7m/s² 增大到 181.7m/s²，增幅为 10.3%，影响不大。随着轨下胶垫滑出量的增加，道床板垂向加速度减小，原因是扣件垂向刚度减小，由上部传下的力减小引起的，胶垫滑出量从 0mm 增大到 90mm 时，其加速度由 6.93m/s² 减小到 6.64m/s²，减幅为 4%，影响不大。随着轨下胶垫滑出量的增加，钢轨下沉量一直增加，原因是下部支撑刚度减小引起的。胶垫滑出量从 0mm 增大到 90mm 时，其下沉量由 0.73mm 增大到 1.15mm，增幅为 58%，影响较大，但其值都小于允许值 1.5mm。随着轨下胶垫滑出量的增加，道床板下沉量则一直减小，原因是扣件垂向刚度减小，由上部传下的力减小引起的。胶垫滑出量从 0mm 增大到 90mm 时，其下沉量由 0.13mm 减小到 0.116mm，减幅为 10.8%，影响不大。随着轨下胶垫滑出量的增加，最大、最小轮轨力及减载率均几乎保持不变，轮轨力小于其允许值 170kN；随着轨下胶垫滑出量的增加，橡胶垫板的应力也随之增加，原因是胶垫滑出后只存在部分支撑，胶垫滑出量从 0mm 增大到 90mm 时，其压应力由 1.15MPa 增大到 2.16MPa，增幅为 88%，影响较大，故胶垫滑出后，胶垫易损坏。

本 节 小 结

本节基于轮轨系统动力学原理，结合车辆－轨道－桥梁垂向耦合动力学理论，运用有限单元法，建立含轨下胶垫滑出的车辆－轨道－桥梁垂向耦合振动模型计算分析，得出以下结论。

(1)随着轨下胶垫滑出量的增加，车体加速度几乎保持不变，轮轨垂向力及减载率也几乎保持不变，可见胶垫滑出对轨道上的车体影响不大。

(2)随着轨下胶垫滑出量的增加，钢轨加速度增大，当胶垫滑出量从 0mm 增大到 90mm 时，其加速度由 164.7m/s² 增大到 181.7m/s²；钢轨下沉量也增加，当胶垫滑出量从 0mm 增大到 90mm 时，其下沉量由 0.73mm 增大到 1.15mm。

(3)随着轨下胶垫滑出量的增加，道床板的加速度减小，当胶垫滑出量从 0mm 增大到 90mm 时，其加速度由 6.93m/s² 减小到 6.64m/s²；道床板沉量也减小，当胶垫滑出量从 0mm 增大到 90mm 时，其下沉量由 0.13mm 减小到 0.116mm。

(4)随着轨下胶垫滑出量的增加，橡胶垫板所受压应力增大，当胶垫滑出量从 0mm 增大到 90mm 时，其压应力由 1.15MPa 增大到 2.16MPa。

4.3 钢轨碎弯动力特性影响分析

通过前述钢轨碎弯对大跨桥上轨道结构的受力变形影响分析可以看出，即便在较大温度力作用下，钢轨碎弯的初始不平顺，对轨道结构的受力变形影响甚小，几乎可以忽略不计。在动态检查过程中不易被发现，且不易消除。钢轨碎弯容易激发机车车辆蛇形运动，严重影响到行车的安全性、平稳性和舒适性。

为进一步分析钢轨碎弯对大跨桥上无砟轨道无缝线路行车的影响，本章拟采用多体动力学软件 UM 作为分析工具，建立车辆系统三向动力学仿真模型，定义轮轨接触关系，创建线路几何模型，将线路不平顺作为分析变量，即德国高速低干扰谱、碎弯谱和叠加谱，通过不同行车速度进行车−线动力学分析。

4.3.1 车辆三向动力学仿真分析模型

车辆系统本身是一个复杂的多刚体、多自由度系统，包括许多非线性因素，尤其随着铁路科学技术的发展，研究的车辆动力学模型越来越复杂。采用多体系统动力学方法建立车辆系统空间模型，物体间通过反映复杂特性的力元和运动铰约束相互联系，实现程序化的建模，自动形成多体动力学方程，成为一种必然的选择。利用多体系统动力学的方法可以建立更精确的车辆模型，使车辆的全部结构运动关系和弹性连接关系都能反映出来，更精确地模拟车辆系统的振动性能。实现基于多体系统动力学的计算机自动建模、自动编程，实行高效计算与优化设计，是车辆动力学得到突破性进展的有力推动工具。

1. 多体动力学软件 UM 简介

多体系统动力学软件 UM 是基于相对坐标系方法来进行建模，并采用递归方式(不需要对质量矩阵求逆)进行方程推导。在 UM 中，使用形如式(4-9)所示的显式常微分方程(ODE)来描述一个开环运动学树状结构的多体系统，使用形如式(4-10)所示的微分—代数方程(DAE)来描述闭环系统的多体系统。

OED

$$x^{'} = f(x, t) \tag{4-9}$$

DAE

$$x = f(x, t, \lambda) \tag{4-10}$$

式中，$c(x, t) = 0$ 是代数的"闭环状态"；λ 代表约束力。

在 UM 软件中，物体的类型包括刚体和弹性体。各物体通过无质量的力元件和铰连接在一起。对应于系统中物体间的相对运动，力元件产生应力和转矩，力元件包括弹簧力、阻尼力和作动力等。铰则定义了物体间运动的关系及约束力。UM 中典型的多体系统如图 4-12 所示。

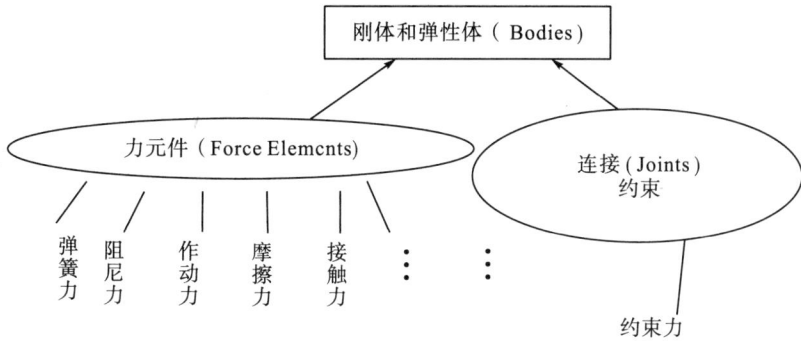

图 4-12　典型多体系统

采用 UM 软件进行系统仿真的原理如图 4-13 所示。

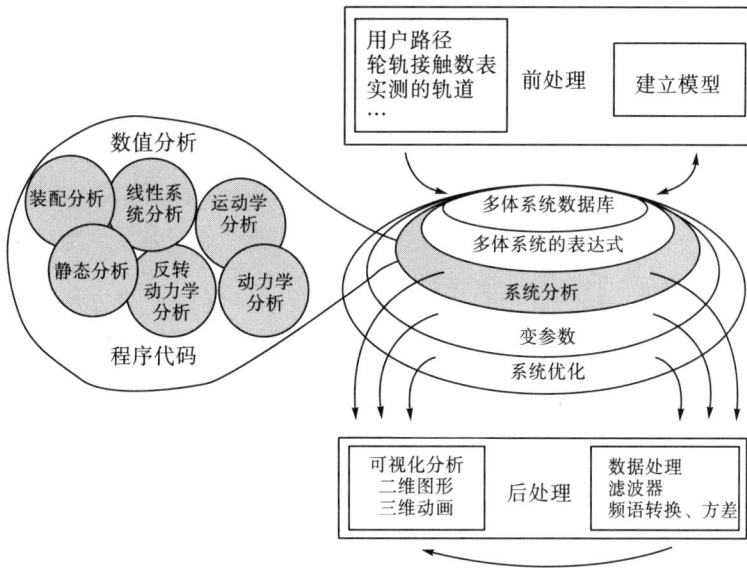

图 4-13　UM 进行机械系统仿真原理图

2. 车辆物理模型

整车系统的多体动力学模型可以通过刚体、铰接、约束、力元及轮轨接触模型等定义来确定机车各部分组件特性及其连接关系，从而形成一系列动力学控制方程。本书中客车模型采用 CRH2 型 8 编组动力分散型电力动车组。建模时根据构件及力元对动力学性能影响的大小区分模拟，尽可能地按照实际情况对主要因素进行模拟，并对车体悬挂系统中元件非线性、轮轨接触关系及轮轨蠕滑力非线性进行充分考虑，以使车辆动力性能得到较真实的模拟。车辆之间建立车钩缓冲装置模型，以满足车辆之间纵向作用力的相互传递。

CRH2 动车组编组方式如图 4-14 所示。

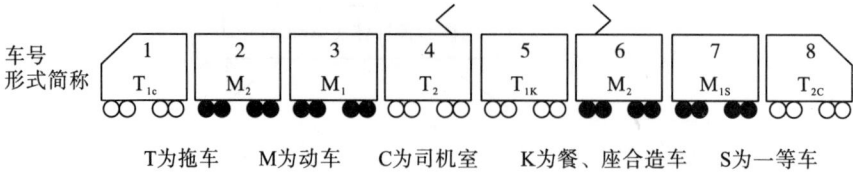

| 车号
形式简称 | 1
T_{1c} | 2
M_2 | 3
M_1 | 4
T_2 | 5
T_{1K} | 6
M_2 | 7
M_{1S} | 8
T_{2C} |

T为拖车　　M为动车　　C为司机室　　K为餐、座合造车　　S为一等车

图 4-14　CRH2 型 8 编组动力分散型电力动车组编组

动车组整车模型如图 4-15 所示。

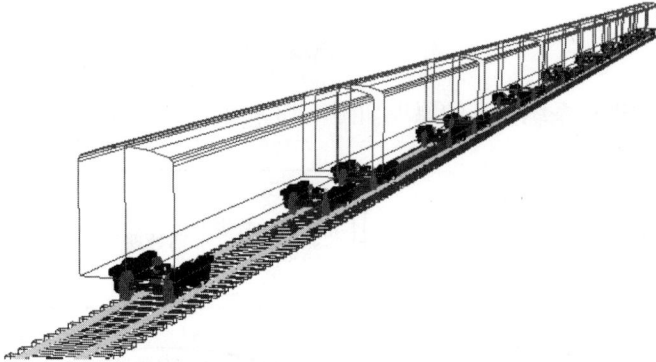

图 4-15　CRH2 动车组整车模型

动车组中的单车模型自由度如表 4-8 所示。

表 4-8　动车组单车模型自由度

自由度	纵向	横移	垂向	侧滚	点头	摇头
车体	X_c	Y_c	Z_c	Φ_c	θ_c	Ψ_c
构架($i=1\sim2$)	X_{si}	Y_{si}	Z_{si}	Φ_{si}	θ_{si}	Ψ_{si}
轮对($i=1\sim4$)	X_{wi}	Y_{wi}	Z_{wi}	Φ_{wi}	θ_{wi}	Ψ_{wi}
轴箱($i=1\sim8$)	—	—	—	—	θ_{zi}	—

4.3.2　钢轨碎弯对行车影响分析

1. 计算工况

在机车车辆确定的前提下，轨道不平顺是导致机车车辆和轨道产生振动和破坏的主要原因，因此，高速铁路线路对轨道不平顺提出了严格要求。钢轨碎弯作为一种轨道横向短波不平顺，同长波不平顺对行车的影响有很大差别。选取如图 4-16 所示的具有代表意义的德国高速轨道低干扰谱，作为轨道的横向激扰。

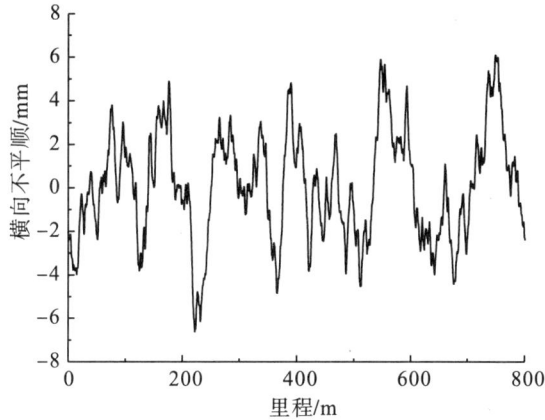

图 4-16　德国低干扰不平顺谱

　　铁科院于 2007 年对遂渝线无砟轨道试验段嘉陵江大桥、蒋家大桥、土鱼山隧道口等地段的轨距和轨向调查时，发现钢轨碎弯形状。这无疑会导致列车通过时横向振动加剧。本书以蒋家大桥桥头过渡段碎弯为周期初始变形如图 4-17(a)所示。按里程自然累加横向周期不平顺如图 4-7(b)所示。

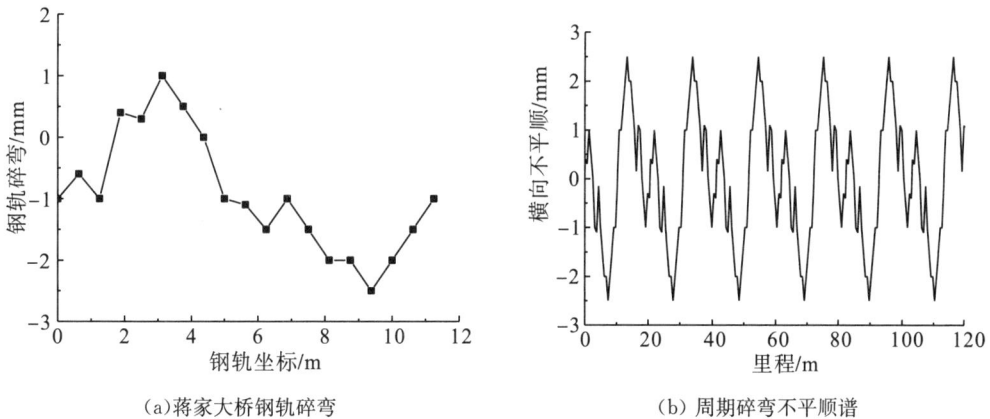

（a）蒋家大桥钢轨碎弯　　　　　　　　　　　（b）周期碎弯不平顺谱

图 4-17　碎弯不平顺谱

　　一般采用轨道谱来反映一定长度内的轨道随机不平顺，通过轨检车对实际轨道不平顺进行大量实测统计，计算出不同波长不平顺的功率谱密度。由于轨检车目前对短波不平顺尚不适应或测试精度限制，轨道谱大多数是不含短波的长波不平顺。鉴于此，特将德国低干扰谱同碎弯谱叠加，得到如图 4-18 所示的叠加不平顺谱。

　　选定 CRH2 型车分别以 200km/h、250km/h、300km/h 和 350km/h 通过上述三种横向不平顺线路，分别从车辆运行安全性和平稳性评价指标来比较各种不平顺谱对行车的影响。

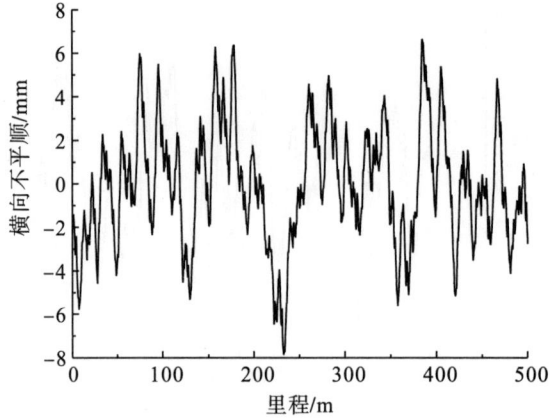

图 4-18 叠加不平顺谱

2. 脱轨系数对比

不平顺谱在不同行车速度条件下的脱轨系数如图 4-19 所示。

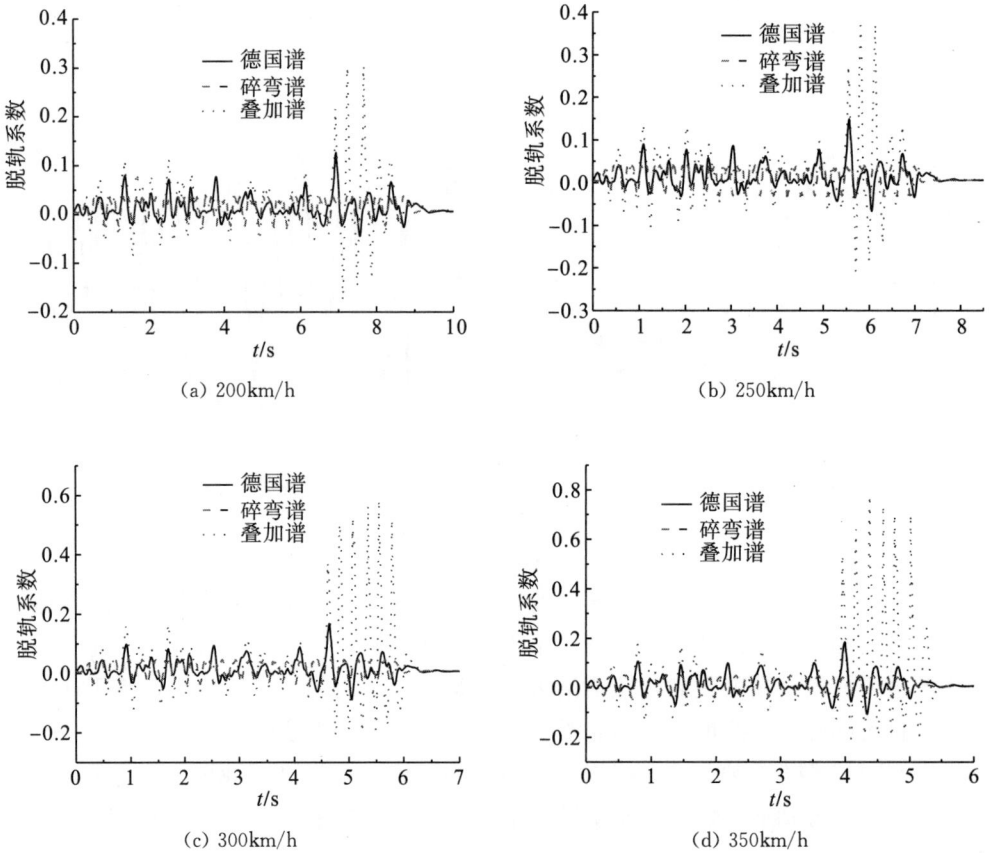

(a) 200km/h

(b) 250km/h

(c) 300km/h

(d) 350km/h

图 4-19 不平顺谱的脱轨系数对比

不同速度下不的平顺谱脱轨系数最大值如表 4-9 所示。

表 4-9　不平顺谱的脱轨系数最大值对比

行车速度(km/h) 不平顺谱	行车速度/(km/h)			
	200	250	300	350
德国谱	0.126	0.149	0.168	0.185
碎弯谱	0.038	0.043	0.046	0.050
叠加谱	0.304	0.373	0.586	0.779

由图 4-9 可见，在某特定行车速度条件下，钢轨横向不平顺为德国谱和碎弯谱时，脱轨系数均在 $-0.1 \sim 0.2$ 来回波动，叠加谱条件下的量值也明显大于德国谱和碎弯谱。随着时间的延长，钢轨的横向不平顺对行车影响的累积，叠加谱对行车的影响越来越大。随着行车速度的提高，叠加谱的脱轨系数最大值也随之增大，当行车速度为 350km/h 时，最大脱轨系数达到 0.779，已和 0.8 的限值非常接近。

3. 减载率对比

不平顺谱在不同行车速度条件下的减载率如图 4-20 所示。

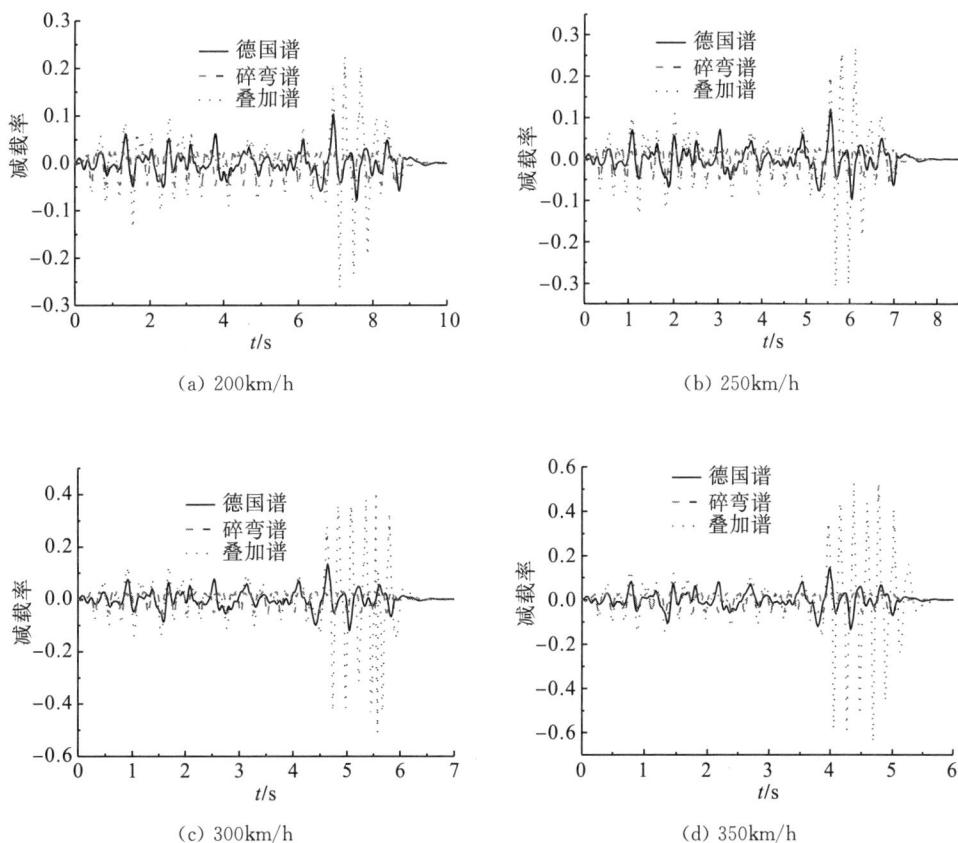

(a) 200km/h　　　　　　　　　　(b) 250km/h

(c) 300km/h　　　　　　　　　　(d) 350km/h

图 4-20　不平顺谱的减载率对比

不同速度下的不平顺谱减载率最大值如表 4-10 所示。

表 4-10 不平顺谱的减载率最大值对比

不平顺谱	行车速度/(km/h)			
	200	250	300	350
德国谱	0.104	0.120	0.136	0.148
碎弯谱	0.047	0.050	0.052	0.059
叠加谱	0.263	0.309	0.510	0.646

由图 4-20 可见,在某特定行车速度条件下,钢轨横向不平顺为德国谱和碎弯谱时,减载率均在 −0.15~0.15 来回波动,叠加谱条件下的量值也明显大于德国谱和碎弯谱。随着时间的延长,钢轨的横向不平顺对行车影响的累积,叠加谱对行车的影响越来越大。随着行车速度的提高,叠加谱的减载率最大值也随之增大,且减载率的峰值也随着行车速度的提高而加密出现。

4. 车体横向加速度对比

不平顺谱在不同行车速度条件下的车体横向加速度如图 4-21 所示。

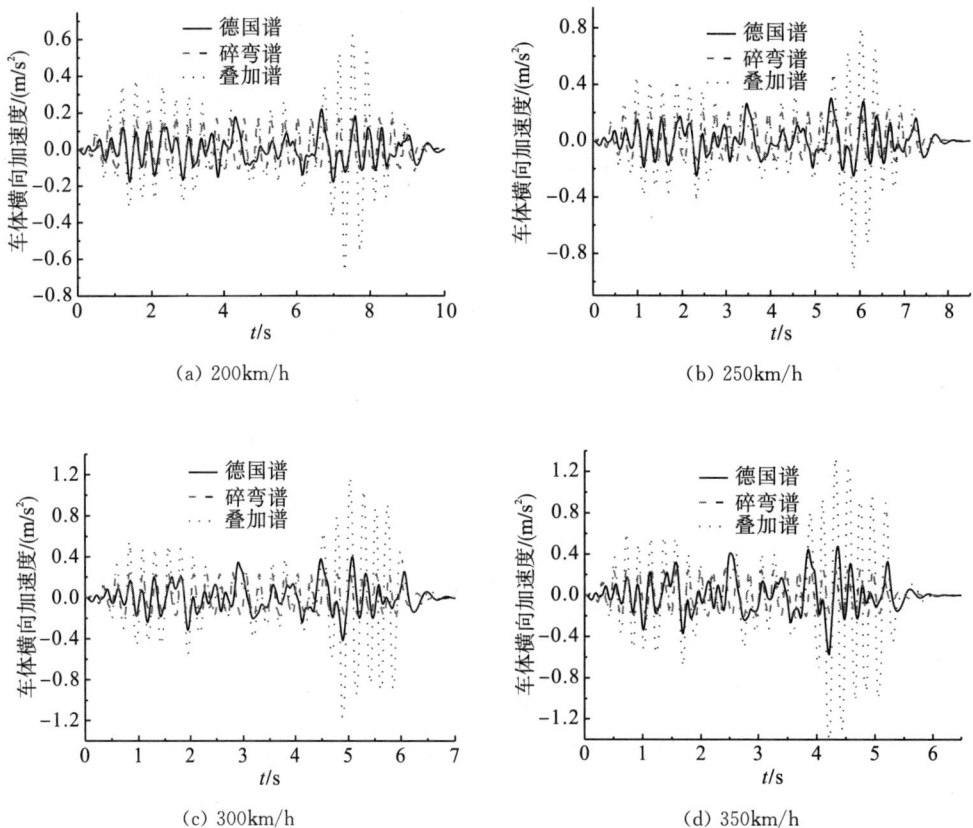

(a) 200km/h

(b) 250km/h

(c) 300km/h

(d) 350km/h

图 4-21 不平顺谱的车体横向加速度对比

不同速度下的不平顺谱车体横向加速度最大值如表 4-11 所示

表 4-11　不平顺谱的车体横向加速度最大值对比

不平顺谱	行车速度/(km/h)			
	200	250	300	350
德国谱	0.221	0.304	0.416	0.573
碎弯谱	0.172	0.210	0.240	0.252
叠加谱	0.666	0.920	1.172	1.397

由图 4-21 可见，在某特定行车速度条件下，钢轨横向不平顺为德国谱和碎弯谱时，车体横向加速度均在 $-0.5 \sim 0.6$ 来回波动，叠加谱条件下的量值也明显大于德国谱和碎弯谱。随着时间的延长，钢轨的横向不平顺对行车影响的累积，叠加谱对行车的影响越来越大。随着行车速度的提高，叠加谱的车体横向加速度最大值也随之增大，且减载率的峰值也随着行车速度的提高而加密出现。当行车速度为 300km/h 时，最大车体横向加速度达到 $1.172 \mathrm{m/s^2}$，已超过 $0.1g$ 的客车车体横向加速度限值。

本 节 小 结

本节采用多刚体动力学软件 UM 对不同轨道横向不平顺条件进行实际模拟，分析了不同速度条件下的脱轨系数、减载率和车体横向加速度，通过比较得出如下结论。

(1)德国低干扰谱作为长波不平顺，主要影响运行的平稳性，碎弯谱作为短波不平顺，主要影响轮轨动力作用。二者对车辆运行安全性评价指标如脱轨系数和减载率均存在一定影响，但均未超限。

(2)将德国低干扰谱和碎弯谱叠加之后，同时存在长波不平顺和短波不平顺，在影响轮轨动力作用的同时，舒适度可能会得不到保证。当列车以 300km/h 通过叠加谱时，脱轨系数和减载率均在容许范围内，最大车体横向加速度达到 $1.172 \mathrm{m/s^2}$，已超过 $0.1g$ 的客车车体横向加速度这一舒适性指标限值。

通过叠加谱对于时间的累积可以看出，密集的峰值必定增大轮轨的相互作用，从而减缓轨道结构的寿命。故在工程现场，应及时整治钢轨碎弯，以提高线路质量，达到列车运行要求。

4.4　凸形挡台拉裂动力特性影响分析

大跨桥上 CRTS I 型板式无砟轨道，由于小阻力扣件复合垫板锈蚀，导致纵向阻力增大，并致使梁端半圆形凸形挡台拉裂。根据凸形挡台裂纹情况，可以近似假设凸形挡台以下对应的底座板垂向完全断开。为了研究此病害对行车的影响，本节基于车辆－轨道系统耦合动力学原理，运用有限元方法，建立该伤损的车辆－无砟轨道－桥梁垂向耦合振动模型，研究列车荷载作用下，凸形挡台拉裂对车辆及轨道系统动力学性能的影响。

4.4.1　车辆－无砟轨道－桥梁垂向耦合振动模型

1. 桥上单元板式无砟轨道动力分析模型

由于车辆－无砟轨道－桥梁系统本身的复杂性和轮轨系统极强的耦合性，要完全了解车辆和轨道的工作状态，计算模型会相当复杂，甚至是不可能建立的。因此，针对不同的问题，建立合适的模型是主要的原则。本节建立的车辆－无砟轨道－桥梁耦合模型遵循以下原则。

(1)车辆建模时，将车体、转向架、轮对、悬挂方式均列入考虑当中，以建立半车模型。

(2)模型中的桥上板式轨道建为钢轨－扣件－轨道板－底座板－桥梁。本章建模时层次分明，依层建模。

(3)采用连续分布参数轨道模型而不采用等效集总参数轨道模型。

(4)采用连续弹性离散点支承梁模型而不采用连续弹性基础梁模型，可以更好地处理轨道结构参数(轨枕间距、部件参振质量、支承弹性等)沿纵向不均匀分布的动力学问题。

(5)考虑精度和运算时间问题，钢轨采用 Euler 梁模型。

本章模型共 300m，两侧分别是两跨 32m 简支梁，中间为 172m 连续梁桥，如图 4-22 所示。

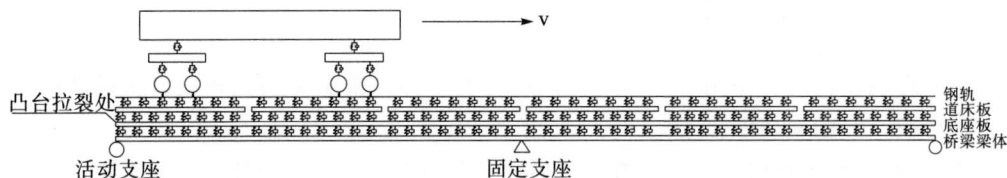

图 4-22　车辆－无砟轨道－桥梁垂向耦合振动模型示意图

2. 车辆模型

车辆模型及参数参见 4.1.1 节的内容。

4.4.2　轨道结构参数

轨道结构类型采用桥梁地段 CRTSI 型单元板式无砟轨道结构，其主要参数见表 4-12。

表 4-12　单元板式无砟轨道基本参数

结构	参数	单位	量值
钢轨	弹性模量	Pa	2.06×10^{11}
	截面惯量	m⁴	3.217×10^{-5}
	单位长度质量	kg/m	60.64
	泊松比	—	0.3

续表

结构	参数	单位	量值
扣件	垂向刚度	N/m	5.0×10^7
	垂向阻尼	N·s/m	7.0×10^4
	间距	mm	625
轨道板	弹性模量	Pa	3.60×10^{10}
	长度	mm	4930
	宽度	mm	2400
	厚度	mm	190
	密度	kg/m³	2500
	泊松比	—	0.2
水泥乳化沥青砂浆	弹性模量	Pa	3.00×10^8
	阻尼	N·s/m	34.58
	厚度	mm	50
底座板	弹性模量	Pa	3.25×10^{10}
	宽度	mm	3200
	厚度	mm	300
	密度	kg/m³	2500
	泊松比	—	0.2

4.4.3　凸形挡台拉裂前后动力学性能

当机车类型为 CRH2 型，车速为 250km/h，梁端凸形挡台拉裂前后，机车车辆及轨道各部动力响应时间历程如图 4-23～图 4-30 所示。

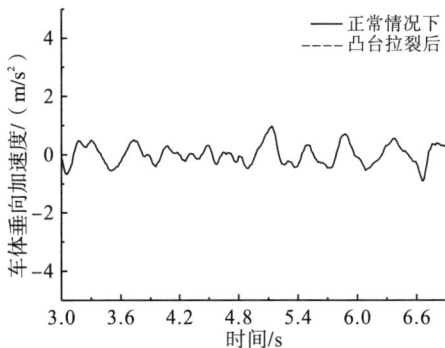

图 4-23　车体垂向加速度

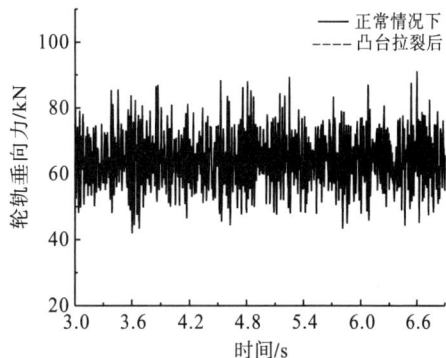

图 4-24　轮轨垂向力

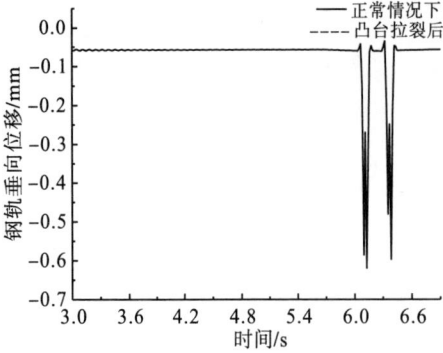

图 4-25　钢轨垂向位移

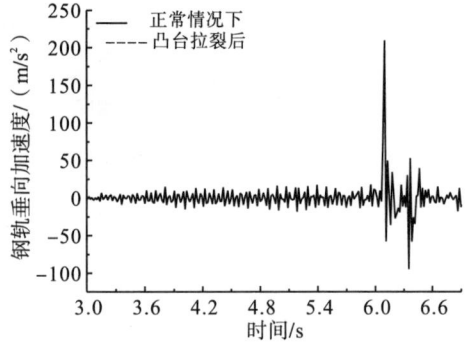

图 4-26　钢轨垂向加速度

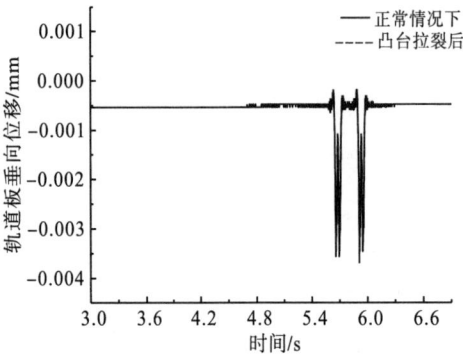

图 4-27　轨道板垂向位移

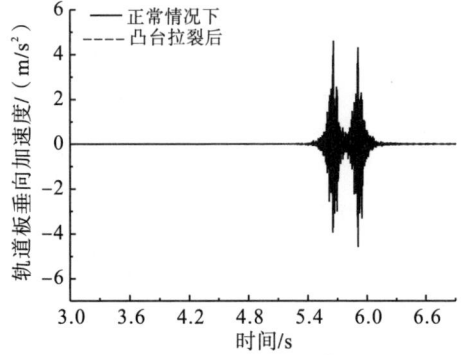

图 4-28　轨道板垂向加速度

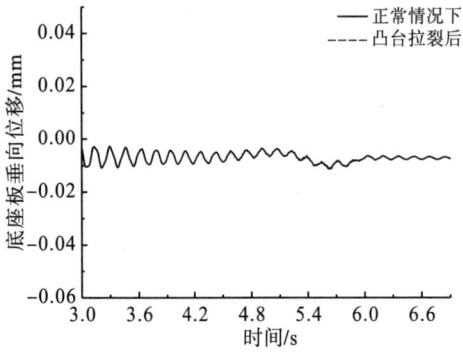

图 4-29　底座板垂向位移

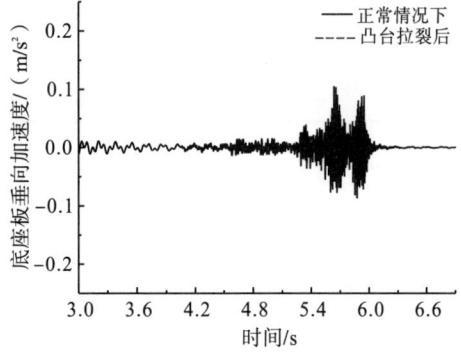

图 4-30　底座板垂向加速度

由图 4-23～图 4-30 可知，凸形挡台未拉裂时，当列车以 250km/h 的速度通过桥上 I 型板式无砟轨道无缝线路时，车体产生振动，车体垂向振动加速度可达 0.9688m/s² ，小于 0.13g。轮轨力最大值达到 91.22kN，小于 170kN，为静轮载 70kN 的 1.3 倍。最小轮轨垂向力为 41.87kN，减载率为 0.371。钢轨产生剧烈的振动，垂向振动加速度为 209.4670m/s² ，垂向位移达 0.6210mm。而由于振动传递的衰减，轨道板的垂向加速度最大值为 4.6247m/s² ，垂向位移最大值为 0.0035mm；底座板的垂向加速度最大值为 0.1039m/s² ，底座板的垂向位移几乎不受上部车体的影响。凸形挡台拉裂后，列车以 250km/h 的速度通过桥上 I 型板式无砟轨道无缝线路时，车体产生振动，车体垂向振动加速度可达 0.9684m/s²，小于 0.13g。轮轨力最大值达到 91.22kN，小于 170kN，为静轮载 70kN 的 1.3 倍；最小轮轨垂向力为 41.87kN，减载率为 0.371。钢轨产生剧烈的振动，垂向振动加速度为 209.5336m/s²，垂向位移达 0.6391mm。而由于振动传递的衰减，轨道板的垂向加速度最大值为 4.6475m/s²，垂向位移最大值为 0.0037mm；底座板的垂向加速度最大值为 0.1054m/s²，底座板的垂向位移几乎不受上部车体的影响。

由以上数据可以看出，轨道动力学特性随着轨道结构自上而下的传递而逐渐减弱，振动传递到底座板，基本削弱完毕，且凸形挡台拉裂前后的轨道动力学性能变化很小。

本 节 小 结

(1)车体的动力响应在梁端半圆形凸形挡台拉裂前后均满足动力学特性指标标准，且凸形挡台拉裂前后相差不大，说明凸形挡台拉裂对车体垂向动力学特性几乎不会产生影响。

(2)轨道各部分自上而下振动逐渐减弱，具体体现在各部分垂向加速度逐渐减小，振动传递到底座板时基本不受轮轨作用的影响。

(3)轨道各部分的动力响应在梁端半圆形凸形挡台拉裂前后均满足动力学特性指标标准，且凸形挡台拉裂前后相差不大，说明凸形挡台拉裂对轨道结构垂向动力学特性几乎不会产生影响。

4.5　CRTSⅡ型板上拱动力特性影响分析

CRTSⅡ型板式无砟轨道结构出现轨道板上拱变形后，线路几何形位将发生变化，不利于轨道结构受力和行车安全，影响轨道结构的垂向稳定性。轨道板上拱造成了板端混凝土劈裂、轨道板与砂浆层连续离缝、宽接缝处填缝混凝土剥离等继发性病害，个别地段轨道板上拱达到 10mm 以上，严重影响轨道平顺性、耐久性，威胁行车安全。

为进一步明确轨道板上拱对行车的影响且方便理论计算研究，本节以假设砂浆层在上拱情况下仍处于正常使用状态为前提，并且轨道板上拱引起钢轨上拱。以 CRTSⅡ型板式无砟轨道结构为例，基于车辆-板式轨道系统动力学原理，运用有限元方法，建立含轨道板上拱的桥上车辆-板式轨道系统垂向耦合振动模型，研究列车荷载作用下，轨道板上拱对轮轨系统动力学性能的影响，为制定轨道板上拱维修标准提供一定的理论依据。

4.5.1　车辆-CRTSⅡ型板式轨道-桥梁垂向耦合振动模型

综合考虑车辆系统和轨道结构两方面的特点，在建立车辆-CRTSⅡ型板式轨道-桥梁垂向耦合振动模型时，车辆考虑为全车模型。采用分层建模思想。CRTSⅡ型板式轨道模型自上往下依次为钢轨-轨道板-底座板-桥梁基础体系。轨道结构的支承考虑为连续弹性点支承，可以更好地处理轨道结构参数(如扣件间距、支承弹性和阻尼等)沿轨道纵向可能不均匀分布的动力学问题。钢轨可简化为欧拉梁模型，以提高计算精度，减少模型计算时间；轮轨接触考虑为赫兹线性弹簧接触。车辆-CRTSⅡ型板式轨道-桥梁垂向耦合振动模型示意见图 4-31。

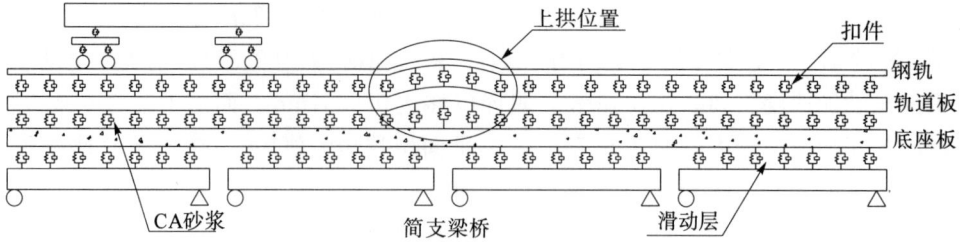

图 4-31　车辆－CRTSⅡ型板式轨道－桥梁垂向耦合振动模型

1. 车辆与轨道系统模型

1) 车辆模型

车辆模型及参数参见 4.1.1 节的内容。

2) 轨道模型

轨道结构是车辆运行的基础，其主要作用是承受上部的车轮荷载，并将车辆运行时产生的振动和变形传递至下部基础。在列车荷载作用下，钢轨产生变形，并通过扣件系统将部分衰减的轮轨力传递给无砟轨道的混凝土基础，从而引发轨道结构的动力响应特性。CRTSⅡ型板式轨道由钢轨、扣件系统、轨道板、砂浆层和底座板等组成。建立的CRTSⅡ板式无砟轨道模型如图 4-32 所示。模型中只研究轨道结构的垂向振动，不考虑轨道结构的横向振动。

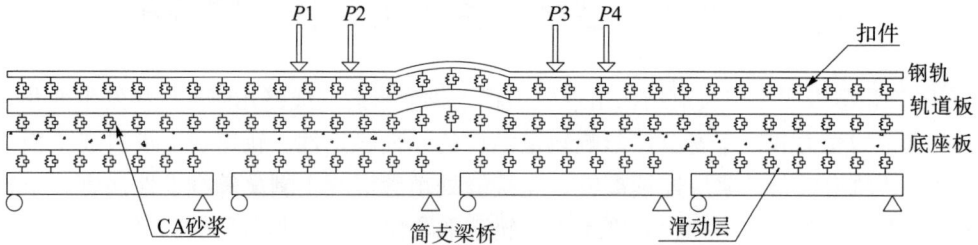

图 4-32　CRTSⅡ板式轨道结构动力学计算模型

轨道结构模型采用叠合梁模型。将钢轨考虑为弹性体，采用欧拉梁模拟。为了更真实地反映钢轨的支承特性，模型中的钢轨支承考虑为离散点支承（即只在扣件处设置钢轨支承点）。扣件系统是钢轨与轨道板之间的连接部件，主要起弹性支承与减振作用，在无砟轨道模型中，扣件、砂浆和下部基础支承均考虑为弹簧－阻尼系统。轨道板和桥梁同样简化为欧拉梁。

结合车辆－轨道垂向耦合动力学理论，建立车辆－CRTSⅡ型板式轨道－桥梁基础垂向耦合动力学模型，并借助动力学有限元分析软件 ANSYS/LS-DYNA 进行求解。

2. 桥上 CRTSⅡ型板式轨道系统参数

在进行桥上 CRTSⅡ型无砟轨道系统轨道板上拱的垂向耦合动力学分析时，本章动力学模型中，桥上 CRTSⅡ型无砟轨道系统采用叠合梁计算模型，模型长度 128m，桥梁结构采用 4×32m 简支梁桥。钢轨、轨道板、桥梁采用 3 维梁单元 beam161 模拟；扣件采用 3 维杆单元 link160 模拟，设置为线弹性材料。模型中轨道系统采用的参数如表 4-13 所示。

表 4-13　CRTSⅡ型无砟轨道系统基本参数

部件	项目		单位	数值
钢轨	型号		—	60(钢轨)
	弹性模量		GPa	206
	泊松比		—	0.3
	线膨胀系数		1/℃	11.8×10^{-16}
	断面积		cm²	77.45
扣件	扣件间距		mm	650
	扣件垂向刚度	静刚度	kN/mm	30
		动刚度	kN/mm	50
轨道板	几何尺寸	宽度	m	2.55
		高度	m	0.2
		长度	m	6.5
	弹性模量		MPa	35500
砂浆	弹性模量		MPa	7000

4.5.2　桥上 CRTSⅡ型无砟轨道系统轨道板上拱垂向动力学性能计算

根据选定的桥上 CRTSⅡ型无砟轨道结构参数，考虑轨道不平顺，分析时采用单因子变量法，分别计算上拱矢度和上拱弦长的变化对桥上 CRTSⅡ型无砟轨道的轨道板上拱所引起的动力响应的影响。由于计算软件 LS-DYNA 的局限性，上拱部位的上拱值以不平顺值的形式模拟。

1. 不同上拱矢度对轨道垂向动力响应的影响

某调研报告中有 32m 简支梁桥上 CRTSⅡ型的上拱长度为 3.3m，上拱矢度达 5mm 的情况。计算当桥梁梁端位置处出现轨道板上拱情况时，车速为 300km/h，机车类型为 CRH2 型，施加轨道不平顺情况下，在上拱弦长为 3.3m 和 5m，而上拱矢度从 1mm 增加到 18mm 时，轨道板上拱引起的桥上 CRTSⅡ型板式无砟轨道及机车车辆的垂向动力响应结果如表 4-14 和图 4-33 所示。

表 4-14　不同的上拱矢度对轨道垂向动力响应的影响

上拱弦长/m	上拱矢度/mm	钢轨位移/mm	轨道板位移/mm	钢轨加速度/(m/s²)	轨道板加速度/(m/s²)	车辆加速度/(m/s²)	轮轨力/kN	减载率
3.3	2	0.6976	0.2231	1120.5	5.6023	0.3818	112.1	0.262
	4	0.6363	0.2232	1137.9	5.5178	0.4253	125.9	0.319
	6	0.5775	0.2233	1153.2	5.5405	0.4711	132.5	0.319
	8	0.5301	0.2235	1101.4	5.3610	0.5711	129.8	0.336
	10	0.6761	0.2236	1109	5.2472	0.6517	130.3	0.34
	12	0.8088	0.2236	1125.6	5.4004	0.6590	131.5	0.351

续表

上拱弦长/m	上拱矢度/mm	钢轨位移/mm	轨道板位移/mm	钢轨加速度/(m/s²)	轨道板加速度/(m/s²)	车辆加速度/(m/s²)	轮轨力/kN	减载率
	14	1.0268	0.2238	1120.9	5.0776	0.8088	135.8	0.37
3.3	16	1.1930	0.2231	1087.5	5.2029	1.0449	144.9	0.379
	18	1.3097	0.2232	1087	5.2561	1.2753	148.6	0.382
	2	0.5437	0.2133	909.43	4.5061	0.3715	101.3	0.244
	4	0.5327	0.2147	885.02	4.5219	0.3727	101	0.245
	6	0.5041	0.2162	885.3	4.5375	0.4337	109.9	0.262
	8	0.5060	0.2164	885.64	4.5503	0.5157	112.9	0.313
5	10	0.6316	0.2178	880.77	4.7354	0.5673	112.2	0.313
	12	0.6858	0.2186	885.55	4.7778	0.6739	116.2	0.319
	14	0.7549	0.2194	886.16	4.7561	0.7437	121.2	0.319
	16	0.8020	0.2133	886.57	4.8472	0.8161	125.7	0.337
	18	0.8678	0.2147	885.91	4.9354	0.8940	129.5	0.34

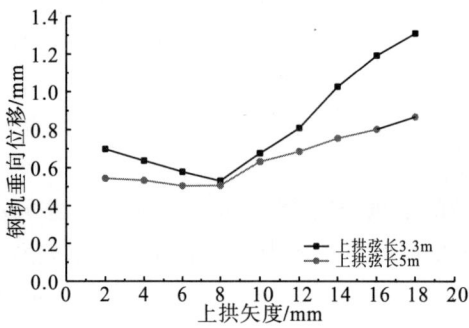

(a)钢轨垂向位移图

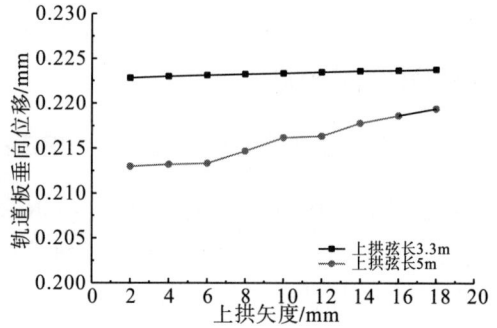

(b)轨道板垂向位移

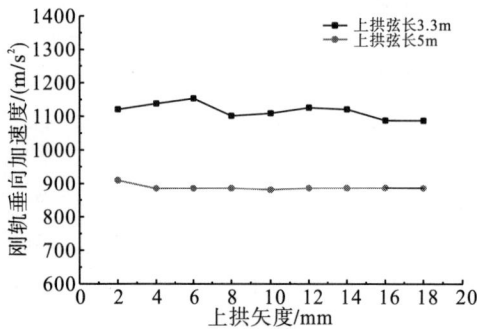

(c)钢轨垂向加速度

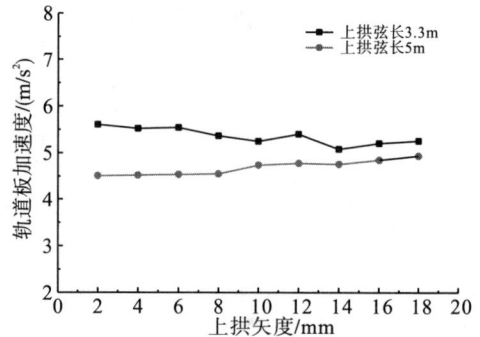

(d)轨道板垂向加速度

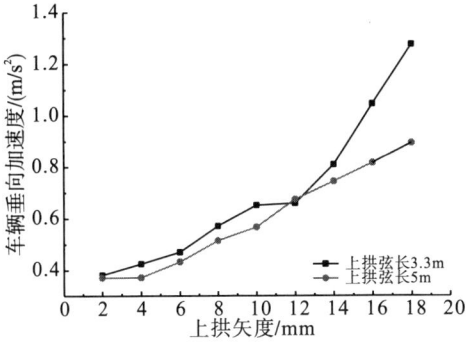
(e)车辆垂向加速度

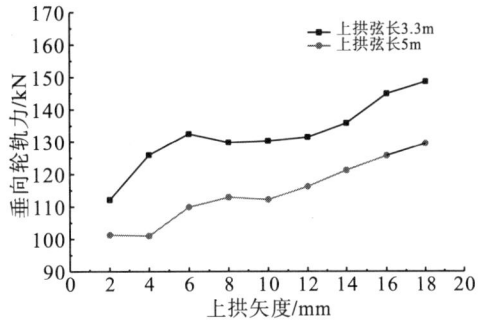
(f)垂向轮轨力

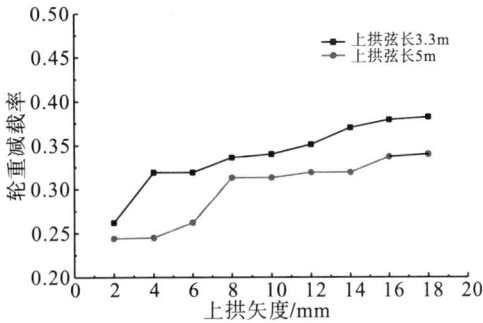
(g)轮重减载率

图 4-33 不同的上拱矢度对轨道垂向动力响应的影响

结合表 4-14 和图 4-33 可以得出，对于不等同的上拱弦长，上拱矢度为 1~18mm 时，轨道板上拱引起的桥上 CRTS Ⅱ 型板式无砟轨道及机车车辆的垂向动力响应随着上拱矢度的变化规律基本一致，具体结果分析如下。

由图 4-33(a)可以看出，钢轨垂向位移随着上拱矢度的增大有很强的规律性，当上拱矢度小于 8mm 时，由于轨道不平顺对钢轨垂向位移的影响相比于上拱矢度的影响更大，钢轨位移基本呈线性减小趋势；而当上拱矢度大于 8mm 时，上拱矢度的变化对于钢轨位移的影响成为主要因素，钢轨位移随着上拱矢度的增大基本呈线性减小趋势。

由图 4-33(b)可以看出，上拱矢度的变化对于轨道板位移影响非常小，当上拱弦长为 3.3m 时几乎可以忽略不计；当上拱弦长为 5m 时呈缓慢增长趋势，且增长幅度很小。

由图 4-33(c)和(d)可以看出，在不同的上拱弦长时，随着上拱矢度的增大，钢轨和轨道板加速度变化幅度很小。

由图 4-33(e)可以看出，随着上拱矢度的增大，车辆垂向加速度变化接近于呈线性增长，尤其是当上拱矢度大于 12mm 时，车辆加速度增加幅度更快。可见上拱矢度的增加对于车辆行驶是十分不利的。当上拱弦长为 3.3m 且上拱矢度为 18mm 时，车辆加速度达到 $1.2753\text{m/s}^2 > 0.13g$（即 1.274m/s^2），即已经超过规范限值。因此要满足车辆行驶安全性和舒适性，则上拱矢度须控制在 18mm 以下。

由图 4-33(f)可以看出，随着上拱矢度的增大，垂向轮轨力最大值变大，尤其是当上拱矢度达到 14mm 后，不同上拱弦长情况下的轮轨力增长幅度显著增大，对于轮轨力变化很不利。

由图 4-33(g)可以看出，随着上拱矢度的增大，轮重减载率呈缓慢增加趋势。当上拱矢度为 18mm 时，轮重减载率为为 0.382<0.8，符合要求。

上述分析结果表明，由于 CRTS Ⅱ 型板式轨道纵向连续，车辆振动传递到轨道结构上时引起的轨道动力响应由于相邻轨道板的分担而得到很大程度的减弱。不同的上拱弦长情况下的计算结果均表明，上拱矢度的增大对轨道垂向动力响应的影响较小，而对车辆加速度的影响非常显著且非常不利。

2. 不同的上拱弦长对轨道垂向动力响应的影响

不同上拱矢度对轨道垂向动力响应显示，当上拱矢度在 10mm 以上时，上拱矢度对于轨道的影响大于轨道不平顺的影响。以此为依据，计算上拱矢度对轨道垂向动力响应。当桥梁梁端位置处出现轨道板上拱情况时，取上拱矢度为 10mm 和 12mm，车速为 300km/h，机车类型为 CRH2 型，施加轨道不平顺情况下，而上拱弦长分别为 3m、5m、6.5m、8m、10m、11.5m、13m 时(计算所取间隔大约 1/4 轨道板长度)，轨道板上拱引起的桥上 CRTS Ⅱ 型板式无砟轨道及机车车辆的垂向动力响应结果如表 4-15 和图 4-34 所示。

表 4-15　不同的上拱弦长对轨道垂向动力响应的影响

上拱矢度/mm	上拱弦长/m	钢轨位移/mm	轨道板位移/mm	钢轨加速度/(m/s²)	轨道板加速度/(m/s²)	车辆加速度/(m/s²)	轮轨力/kN	减载率
10	3.3	0.6761	0.2236	1109	5.2472	0.6517	130.3	0.340
	5	0.6316	0.2178	880.77	4.7354	0.56728	112.2	0.313
	6.5	0.5905	0.2183	637.37	3.9074	0.5585	108.4	0.271
	8	0.5587	0.2191	406.84	3.2391	0.5249	105.5	0.273
	10	0.5280	0.2211	212.06	2.1361	0.5284	104.6	0.246
	11.5	0.5154	0.2222	157.85	2.0414	0.5135	101.8	0.248
	13	0.5083	0.2227	145.69	2.0400	0.5154	100.8	0.230
12	3.3	0.8088	0.2236	1125.6	5.4004	0.65903	131.5	0.351
	5	0.6858	0.2186	885.55	4.7778	0.67394	114.2	0.319
	6.5	0.6384	0.2230	646.54	3.9180	0.65269	111.8	0.307
	8	0.5819	0.2213	418.23	3.1996	0.64196	109.5	0.277
	10	0.5569	0.2230	221.05	2.3185	0.63512	105.3	0.261
	11.5	0.5494	0.2238	160.78	2.2936	0.62951	102.5	0.254
	13	0.5448	0.2241	146.97	2.2768	0.60643	101.5	0.248
未上拱		0.5386	0.2249	143.27	1.9285	0.4075	100.3	0.245

（a）钢轨垂向位移

（b）轨道板垂向位移

（c）钢轨垂向加速度

（d）轨道板垂向加速度

（e）车辆垂向加速度图

（f）垂向轮轨力

（g）轮重减载率

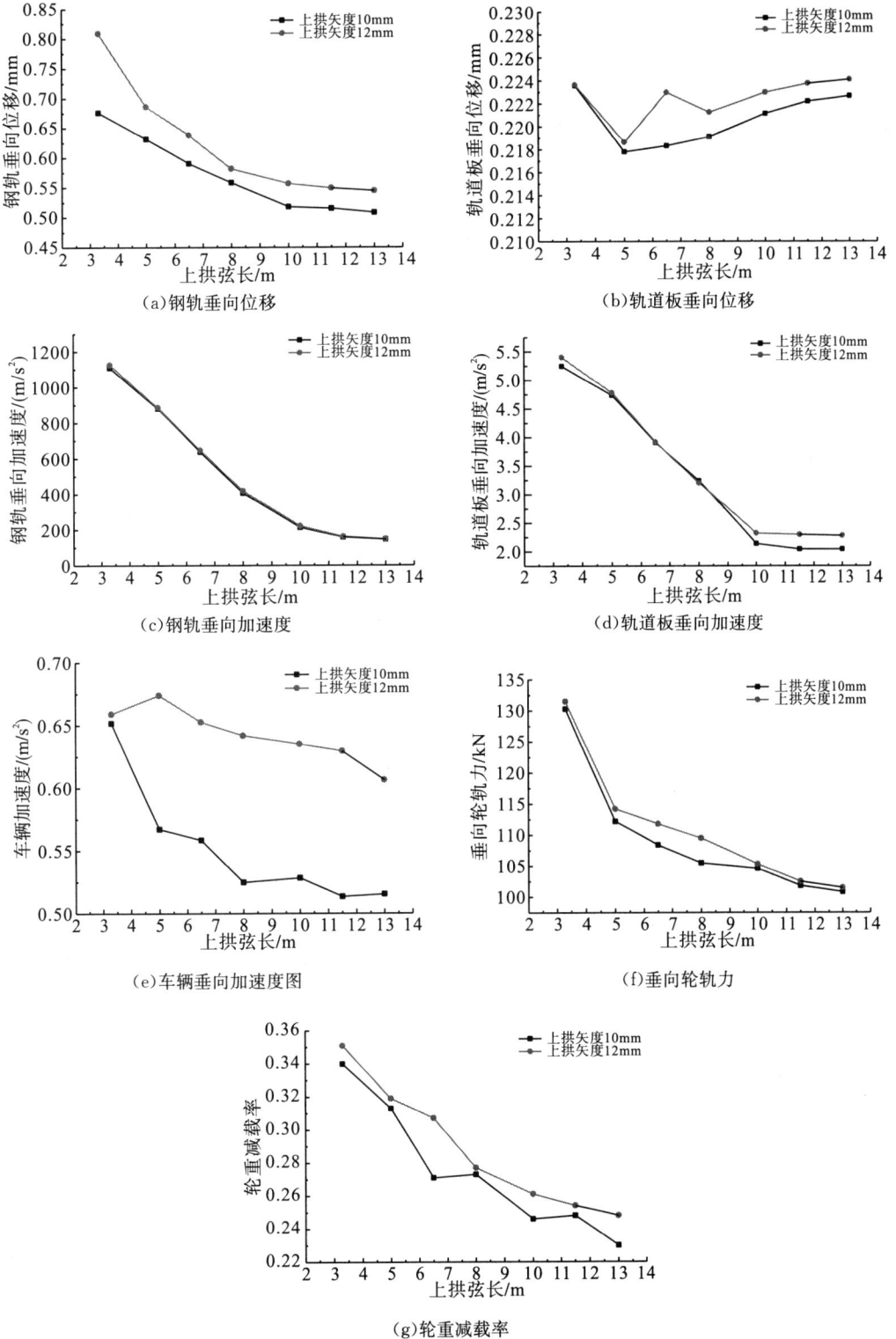

图 4-34　不同的上拱弦长对轨道垂向动力响应的影响

结合表 4-15 和图 4-34 可以得出，对于不同的上拱弦长，在上拱矢度为 10mm 和

12mm，而上拱弦长分别为 3m、5m、6.5m、8m、10m、11.5m、13m 时，轨道板上拱引起的桥上 CRTSⅡ型板式无砟轨道及机车车辆的垂向动力响应在随着上拱弦长的变化规律基本一致，具体结果分析如下。

由图 4-34（a）可以看出，随着上拱弦长的增大，钢轨垂向位移总体呈减小趋势，当上拱弦长超过 10m 时，钢轨位移值已经很接近于不上拱情况。

由图 4-34（b）可以看出，轨道板上拱弦长的变化对于钢轨位移影响较小，可以忽略不计。

由图 4-34（c）可以看出，随着上拱弦长的增大，钢轨加速度显著减小。当上拱弦长小于 10m 时，钢轨加速度几乎呈线性减小，上拱弦长为 10m 时的钢轨加速度相比于上拱弦长为 3.3m 时减小了 80% 左右（上拱矢度为 10mm 和 12mm 时分别减少 80.9% 和 80.3%）。当上拱弦长大于 10m 时，钢轨加速度变化缓慢，并且当上拱弦长大于 13m（2 倍轨道板长度）后，钢轨加速度几乎接近于轨道板未发生上拱时的情况。

由图 4-34（d）可以看出，轨道板加速度随着上拱弦长的增大而减小。当上拱弦长小于 10m 时，轨道板加速度几乎呈线性减小，上拱弦长为 10m 时的轨道板加速度相比于上拱弦长为 3.3m 时减小了 58% 左右（上拱矢度为 10mm 和 12mm 时分别减少 59.3% 和 57.1%）；当上拱弦长大于 10m 时，钢轨加速度变化缓慢，并且当上拱弦长大于 13m（2 倍轨道板长度）后，轨道板加速度几乎接近于轨道板未发生上拱情况。

由图 4-34（e）可以看出，当上拱弦长为 3.3m 时，车辆加速度最大，其值为 $0.6517 \text{m/s}^2 = 0.067g < 0.13g$，符合我国高速客车车体垂向振动加速度的舒适度标准。车辆加速度随着上拱弦长的增大而减小，且上拱弦长为 10mm 时，较 12mm 时车辆加速度波动更大；当上拱弦长大于 10m 后，车辆加速度变化微小，但是相较于未上拱情况仍然较大。

由图 4-34（f）和（g）可以看出，上拱弦长的增加对于垂向轮轨力和轮重减载率是有利的，但是其影响非常小。各计算工况轮重减载率最大值为 0.34<0.8，符合规范要求。

上述分析结果表明，上拱弦长对于轨道和车辆动力响应要相比于比上拱矢度引起的影响更明显。尤其是在加速度方面，而对于垂向位移和轮轨力的影响则比较小。随着上拱弦长的增加，各动力学指标都在向有利方向发展。当上拱弦长小于 10m 时，各加速度指标都接近于线性减小；当上拱弦长大于 10m 时，各指标变化幅度趋于平缓，当上拱弦长达到 13m 后已经接近于未上拱时的情况。

本 节 小 结

基于轮轨系统动力学的基本原理，采用有限元方法，分别建立了车辆-CRTSⅡ型板式轨道-桥梁系统垂向耦合振动模型，分析了轨道板上拱的不同上拱矢度和不同上拱弦长对车辆和轨道结构的动力特性的影响，得出了如下结论。

（1）上拱矢度对于钢轨位移的影响接近于线性影响。当上拱矢度小于 8mm 时，由于轨道不平顺对于钢轨位移的影响相比于上拱矢度的影响更大，钢轨位移基本呈线性减小趋势。而当上拱矢度大于 8mm 时，上拱矢度的变化对于钢轨位移的影响成为主要因素，钢轨位移随着上拱矢度的增大基本呈线性增大趋势。上拱矢度的变化对于轨道板位移影响非常小,几乎可以忽略不计。

(2)随着上拱矢度的增大,钢轨和轨道板加速度变化幅度很小,而车辆加速度变化基本呈线性增长。当上拱弦长为 3.3m 时,要使车辆加速度符合规范要求,即小于 0.13g,上拱矢度必须控制在 18mm 以下。

(3)随着上拱矢度的增大,轮轨力变化幅度很小。轮重减载率变化幅度很小,呈缓慢增加趋势。当上拱矢度为 18mm 时,轮重减载率为 0.337<0.8,符合规范要求。

(4)上拱弦长对于轨道和车辆动力响应要与上拱矢度引起的影响相比非常明显。随着上拱弦长的增加,车辆、钢轨和轨道板加速度指标都在向有利方向发展。当上拱弦长小于 10m 时,各加速度指标都接近于线性减小;当上拱弦长大于 10m 时,各指标变化幅度趋于平缓;当上拱弦长达到 13m 后已经接近于未上拱时的情况。当上拱弦长为 3.3m 时车辆加速度最大,其值为 0.067g <0.13g,符合我国高速客车车体垂向振动加速度的舒适度标准。

(5)随着上拱弦长的增大,钢轨位移总体呈减小趋势,但轨道板上拱弦长的变化对于钢轨位移影响较小。当上拱弦长超过 10m 时,钢轨位移值已经很接近于不上拱时的情况;而轨道板位移变化幅度很小,几乎没有影响。

(6)上拱弦长的增加对于垂向轮轨力和轮重减载率是有利的,但是其影响非常小。当上拱弦长为 3.3m 时,轮重减载率最大,其值为 0.337<0.8,符合规范要求。

第 5 章　典型伤损维修影响研究

5.1　概　　述

　　本章的研究在现场调研和资料整理的基础上，分析维修过程对轨道结构受力的影响。基于有限元方法，分析不同类型无砟轨道的起道维修方式，分析抬板、锚固对板式轨道结构受力的影响。基于轮轨系统动力学原理，建立车辆－轨道－桥梁垂向耦合振动模型，研究列车荷载作用下，快修砂浆对车辆及轨道结构受力性能的影响。此外，对桥上无砟轨道无缝线路典型伤损的整治方案和维修方法进行探讨。

　　本章的研究在充分搜集、整理和吸收国内外对桥上无砟轨道无缝线路设计及维修技术的基础上，以我国已运营和在建的 CRTS 系列无砟轨道系统为背景，采用现场调查、理论分析、现场测试等方式，对桥上无砟轨道无缝线路的伤损影响及维修技术的影响开展研究。充分利用已有的研究基础，汇总、整理国内外有关高速铁路桥上无砟轨道无缝线路典型伤损整治方案和维修方法的相关资料。应用有限元软件及其他精细化建模软件，分析桥上无砟轨道无缝线路维修过程对结构受力变形的影响。综合对比分析，初步提出高速铁路桥上无砟轨道维修建议方式，提出桥上无砟轨道无缝线路典型伤损的合理养护维修办法。

　　本章主要研究内容如下。

　　(1)5.1 节：概述。阐述本章的研究背景与研究思路。

　　(2)5.2 节、5.3 节：分别对 CRTS Ⅰ型板式、CRTS Ⅱ型板式无砟轨道的起道维修方式进行分析，确定起道维修的最优松开扣件长度，明确起道作业轨温范围，并简述起道、换板的施工流程。

　　(3)5.4 节：CRTS Ⅱ型板式轨道的换板施工需要对换板两侧的轨道板进行植筋锚固，通过计算确立轨道板的最优锚固方案，并简述相应的施工流程。

5.2　CRTS Ⅰ型板式轨道维修的起道分析

　　目前，我国 CRTS Ⅰ型板式轨道出现的主要损伤类型有：CA 砂浆层边缘碎裂，砂浆层与轨道板间离缝；凸形挡台拉裂及周围填充树脂破损；底座板裂纹、混凝土缺损与下部基础间离缝冒浆；轨道板开裂、预应力钢棒断裂并窜出、锚穴裂纹及轨道板角部局部破损等病害。

　　上述病害均会影响无砟轨道结构的安全性与耐久性。当 CA 砂浆破损引起轨道板吊空时，可采用起道、抬板、重新灌注砂浆的维修方法；当轨道板破损严重需要更换时，现场维修方式是对无缝长钢轨进行切割，换板后重新焊接。为避免钢轨焊接残余应力，

换板时也可采用起道、抬板的维修方式。因此，起道、抬板维修是 CRTS Ⅰ型板式轨道
采用较多的维修方式。由于轨道板之间设置有凸形挡台，换板时所需抬板高度必须大于
凸形挡台高度，此时，起道量较大，需要对起道作业时轨道结构的受力情况与稳定性进
行分析，兼顾施工便捷性与轨道结构稳定性，提出合理的起道维修参数。

5.2.1　计算模型与基本参数

1. 计算模型

采用大范围起道方式换板时，轨道板、底座和凸形挡台对起道作业的影响较小，因
此建立起道力学模型进行分析时，模型中只考虑钢轨和扣件。将钢轨简化为弹性梁单元
且考虑重力作用，不计钢轨与轨道板之间的摩擦力，扣件简化为弹簧单元。力学模型如
图 5-1 所示，其中 F_1 与 F_2 为待更换轨道板前后两端的抬轨力，k_1 为扣件垂向刚度，k_2 为
扣件纵向阻力，C 点为起道点，a 为起道量（a 必须大于凸形挡台高度 0.2m，考虑施工操
作性，a 取 0.23m，本书中另取 0.2m 与 0.26m 作为参照），A 点为第一个未松开的扣
件，B 点为两起道点之间的中点，L 为钢轨松开扣件部分的长度，模型总长取较大值
（305m），以尽可能减小边界的影响。

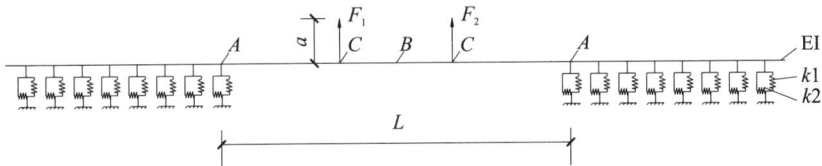

图 5-1　起道的力学模型

2. 主要计算参数

CRTSⅠ型板式轨道通常采用 WJ-7 型扣件或小阻力扣件。在起道过程中，已松开的扣件
采用单向弹簧（仅承受压力，不能承受拉力）模拟，扣件的垂向刚度如图 5-2 所示。无载时，
WJ-7 型扣件与小阻力扣件的纵向阻力如图 5-3 所示。计算参数如表 5-1 所示。

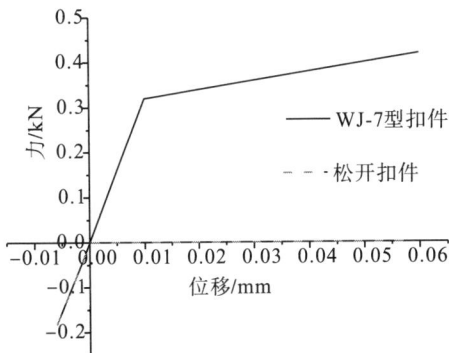

图 5-2　扣件垂向刚度

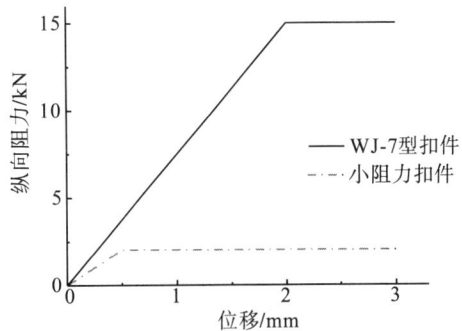

图 5-3　扣件纵向阻力

表 5-1   计算参数

部件	项目	单位	数值	部件	项目	单位	数值
钢轨	型号	kg/m	60	WJ-7型扣件	扣件间距	m	0.625
	弹性模量	GPa	206		垂向刚度	kN/mm	$K_C=1$，弹条刚度 $K_P=30$，轨下橡胶垫静刚度
	横断面面积	cm²	77.45				
	线膨胀系数	1/℃	11.8×10^{-6}		纵向阻力	kN	$r=7.5x$，$x\leqslant2mm$ $r=15$，$x>2mm$
	密度	kg/m³	7800	小阻力扣件	纵向阻力	kN	$r=4.0625x$，$x\leqslant0.5mm$
	泊松比	—	0.3				$r=2.03125$，$x>0.5mm$

5.2.2   计算结果分析

1. 松开扣件数量对起道的影响

无缝钢轨起道过程中会发生弯曲。在起道量为 0.23m 时，钢轨的垂向弯曲如图 5-4 所示。起道点附近钢轨上部分受拉，弯矩为负值。第一个未松开的扣件受到上拔力，该点附近钢轨下部分受拉，弯矩为正值。两起道点的中点垂向位移最大。以钢轨起道所需的抬轨力，第一个未松开扣件受到的反力，钢轨起道产生的最大正、负弯矩作为参考指标，分别对不同起道量、松开不同扣件数量的工况进行计算。各工况的计算结果图 5-5～图 5-8 所示。

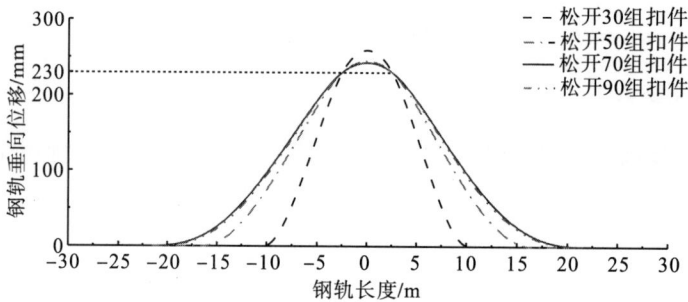

图 5-4   钢轨垂向弯曲

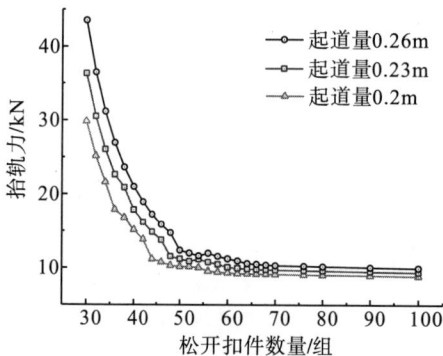

图 5-5   不同工况下的抬轨力

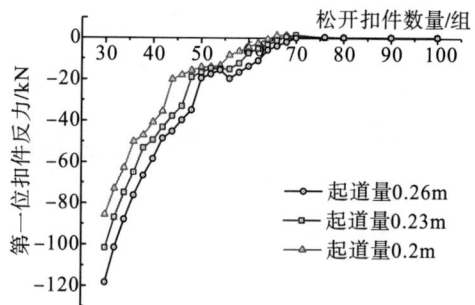

图 5-6   不同工况下的第一位扣件反力

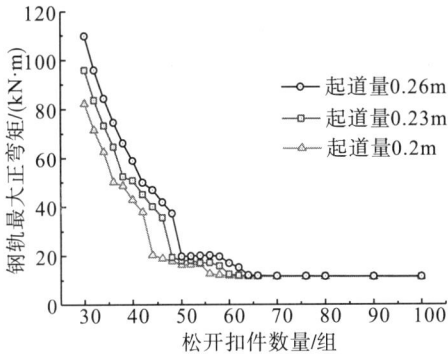

图 5-7　不同工况下的钢轨正弯矩　　　　图 5-8　不同工况下的钢轨负弯矩

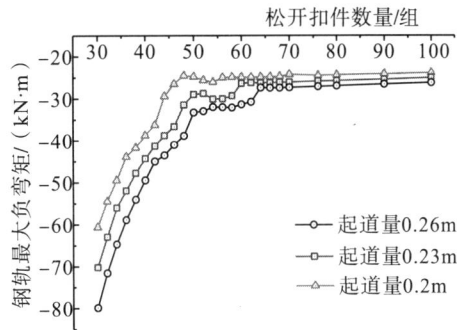

计算结果分析如下。

(1)当松开扣件数量较少时,钢轨起道会带动两侧未松开的扣件上浮。第一个未松开的扣件受到较大的上拔力,可能导致扣件被拔出。此外,松开扣件数量较少时,起道所需的抬轨力较大,钢轨由于起道产生的正、负弯矩也很大,因此需要适当增加松开扣件的数量。

(2)当松开扣件数量超过 70 组时,松开扣件范围内钢轨的重力由起道机和第一个未松开扣件来承受,该扣件受到很小的压力。当松开扣件数量超过 80 组时,靠近 A 点的钢轨由于重力作用与轨道板接触,各项参考值趋于稳定,即离起道点较远处的扣件不再影响起道工作。从结构稳定性和施工便捷性方面考虑,不需要松开过多的扣件。

(3)起道量一定时,松开扣件的数量对四项参考指标均有影响,且存在最优松开扣件数量。由图 5-5～图 5-8 可看出,起道量为 0.23m 时,松开 66 组扣件为最优工况,此工况的多项数值为最小值或接近最小值(抬轨力为 9.8kN,扣件受到的上拔力为 1.2kN,最大正弯矩为 11.78kN·m,最大负弯矩为 26.21kN·m)。

(4)根据材料力学可计算出钢轨起道的附加拉压应力。在最优松开扣件工况下,钢轨的最大附加拉应力为 77.3MPa,最大附加压应力为 66.2MPa,均远小于钢轨允许应力。

(5)不同的起道量存在不同的最优松开扣件数量。随着起道量的增大,最优松开扣件数量略有增加,但增幅不显著。

(6)钢轨的最大负弯矩始终出现在起道点,最大正弯矩通常出现在 A 点。当松开扣件数量超过 70 组时,最大正弯矩出现在轨道板与抬起钢轨的接触点。B 点垂向位移最大,始终略大于起道量 a,并随松开扣件数量的增加而略有减小,最后趋于稳定。

2. 轨温与扣件纵向阻力对起道的影响

起道作业需要松开一定数量的扣件,使钢轨在一定范围内无扣件约束,会对轨道系统的整体稳定性造成影响。当作业轨温与锁定轨温不一致时,钢轨内存在温度应力,可能导致轨道失稳。国内外通常建议无缝线路作业轨温大于锁定轨温 20℃以上时禁止施工。《铁路无缝线路设计规范》中,采用统一无缝线路稳定性计算公式时,在温度压力作用下,轨道弯曲变形矢度取 2mm。本书将以此为参考标准,为起道维修方法确定合理的作业轨温范围。

在图 5-1 所示的模型中，松开 66 个扣件，不进行起道作业而仅对钢轨进行升温处理，此时钢轨的纵向位移与垂向位移均十分微小，可忽略不计。钢轨横向位移较大，且最大横向位移出现在 B 点，其随轨温变化情况如图 5-9 所示。

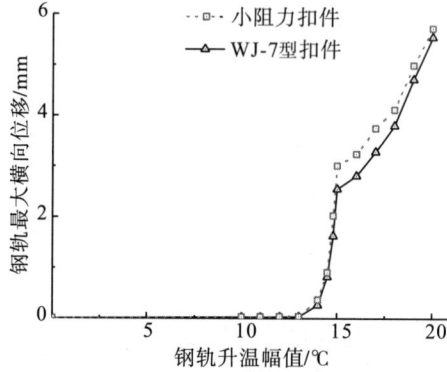

图 5-9 轨温对钢轨横向位移的影响

以前面最优松开扣件工况（起道量为 0.23m，松开 66 个扣件）为例，建立如图 5-1 所示起道模型，对钢轨同时进行轨温变化与起道作业，并设置小阻力扣件作为参照，分析轨温变化与扣件纵向阻力对起道的影响。

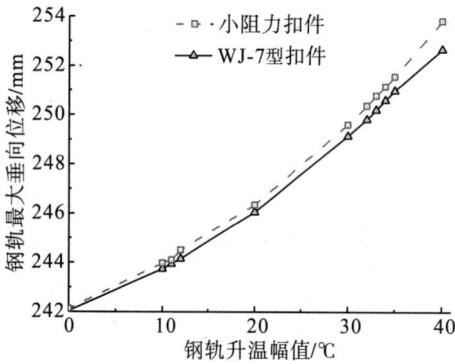

图 5-10 轨温对钢轨最大垂向位移的影响

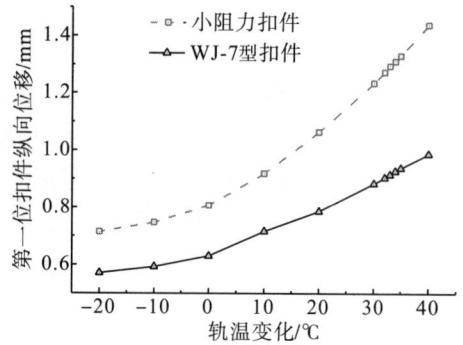

图 5-11 轨温对第一位扣件纵向位移的影响

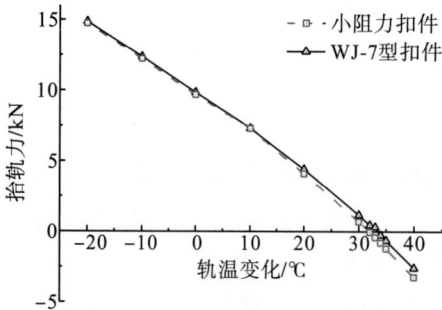

图 5-12 轨温对抬轨力的影响

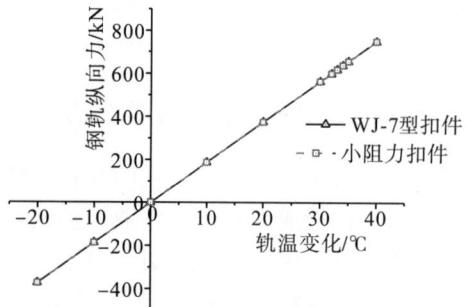

图 5-13 轨温对钢轨纵向力的影响

计算结果分析如下。

(1)由图 5-9 可知，钢轨升温幅值在 14℃以下时，钢轨横向位移较小；当升温幅值超过 14℃时，钢轨最大横向位移迅速增大，其中小阻力扣件与常阻力扣件分别在 14.8℃与 15℃时，最大横向位移达到 2mm。因此当作业轨温比锁定轨温高 14℃以上时，松开 66 个扣件可能会影响轨道系统的稳定性。

(2)由图 5-10 可知，钢轨最大垂向位移与轨温成正比，其中小阻力扣件与 WJ-7 型扣件分别在升温 11℃与 12℃时，相对于未升温时的最大垂向位移增幅达到 2mm。因此，当作业轨温比锁定轨温高 11℃以上时，起道作业可能会影响轨道系统的稳定性。

(3)由图 5-11 可知，采用小阻力扣件，钢轨会产生纵向滑移；用常阻力扣件，钢轨未产生纵向滑移。因此建议施工时，如果该地段原本采用的是小阻力扣件，应当完全更换为常阻力扣件，待施工完后，再换成小阻力扣件。

(4)由图 5-12 可知，随着轨温升高，起道所需的抬轨力显著减小，两者大致呈线性关系。当作业轨温高于锁定轨温 33℃时，抬轨力变为负值。此时钢轨在温度应力作用下极大地加剧了起道作业造成的钢轨垂向弯曲，应禁止起道作业。

(5)由图 5-13 可知，在轨温变化为 0℃时，由于起道对钢轨产生了拉应力，钢轨纵向力几乎为 0，此时采用常阻力扣件与小阻力扣件的钢轨纵向力分别为 $-2kN$ 与 $-0.04kN$。随着轨温升高，钢轨纵向力增大，两者具有线性关系，符合公式 $P=EF\alpha\Delta t$（其中，P 为温度力，Δt 为轨温变化幅值，E、F、α 分别对应钢轨的弹性模量、横断面面积、线膨胀系数），且钢轨纵向力与扣件纵向阻力的大小关系不大。

(6)第一位扣件纵向位移，钢轨最大纵向位移与垂向位移、三者均随着轨温升高而增大，随扣件纵向阻力的增大而减小。

(7)综上所述，作业轨温在锁定轨温+11℃以下时可以进行起道作业，考虑一定的安全余量，起道作业的允许温升取 10℃。

5.2.3　起道、抬板施工流程

当现场实测轨温在锁定轨温+10℃以下时，可进行起道、抬板维修作业，更换轨道板的施工流程如下。

(1)松开并拆卸待更换轨道板上的 WJ-7 型扣件，每根钢轨在该轨道板前后两端单侧各松开 29 组扣件，即前后两端各松开约 3.5 块轨道板上的扣件。

(2)在待更换轨道板前后两端各用一个起道机依次缓慢抬升两根钢轨，起高量为 0.23m，将钢轨抬起后临时支承。

(3)用千斤顶和支承螺栓微量顶起轨道板，将轨道板与砂浆层进行剥离。利用精调爪继续抬升轨道板，确认抬板状态后，通过手拉葫芦横移出轨道板，对其进行清理，凿除底座板上的 CA 砂浆，进行相关维修工作。

(4)将清理、维修后的轨道板或新轨道板复位，待精调完毕，重新灌注 CA 砂浆。

(5)将无缝钢轨落槽，锁定轨道板上及轨道板前后松开的扣件。

(6)精调扣件，恢复并检查轨道结构的几何形位，根据修复 CA 砂浆的养护情况，进行相关的限速行车安全评估。

当施工轨温高于锁定轨温时，应采取相应措施加强钢轨的垂向稳定性。例如，采用竖向支架固定钢轨，复位时采取加压或浇水冷却钢轨的方法使钢轨落槽等。

本 节 小 结

CRTS I 型板式轨道更换轨道板时，无缝钢轨起道的受力与变形情况与松开扣件的数量有关，且存在最优松开扣件数量。当起道量为 0.23m 时，最优松开扣件数量为 66 组，起道作业的允许温升为 10℃；起道所需抬轨力与轨温成反比；采用小阻力扣件的地段进行起道作业时会发生纵向滑移，起道前应先完全更换为常阻力扣件。

理论分析得出的维修参数对起道、抬板维修技术进行指导。本节提出的换板技术不需要对无缝长钢轨进行切割，避免了因为重新焊接而引起的焊接残余应力，缩短了施工时间，减少了经济损失。

5.3　CRTS II 型板式轨道维修的起道分析

在自然环境和列车荷载的作用下，加上在部分线路轨道纵连不及时、个别位置张拉锁件安装不到位、板件接缝混凝土质量不好等因素，铺设 CRTS II 型板式无砟轨道的高速铁路会出现轨道板上拱、离缝、横移和接缝破损等病害。这将对无砟轨道结构的安全性和耐久性产生极大的影响。针对现场检查所发现的一系列问题，采取注胶处理、植筋锚固、轨道板纠偏等方案对轨道结构进行修复。对于轨道板破损严重需要更换的情况，需要采取起道、抬板的方式进行维修。本书对起道作业时轨道结构的受力情况进行了分析，提出了起道作业所需的最优松开扣件数量及相应的作业轨温范围。

5.3.1　计算模型和基本参数

在对轨道结构进行起道时，主要考虑施加抬轨力时钢轨、轨道板、砂浆层及扣件的受力及在温度力作用下轨道板的位移，采用叠合梁模型对轨道结构进行简化，如图 5-14 所示。将钢轨、轨道板和底座板简化为弹性梁单元并考虑重力的作用。扣件和砂浆层采用非线性弹簧单元模拟，为了使换板时轨道板能顺利横移到线间，起道量取轨道板的厚度 0.2m，换板数量为 2 块板，模型总长度为 260m，从上到下依次为钢轨、扣件、轨道板、砂浆层和底座。计算参数如表 5-2 所示。

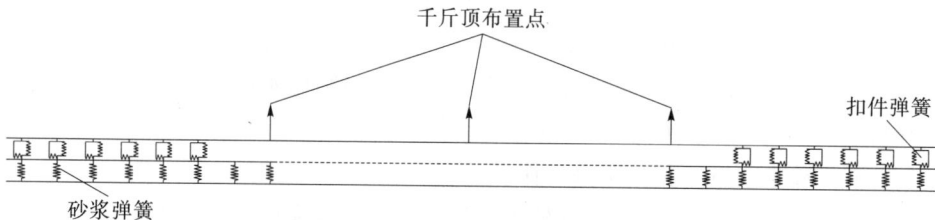

图 5-14　起道的力学模型

表 5-2　计算参数

部件	参数	单位	数值
钢轨	弹性模量	MPa	2.06×10^5
	密度	kg/m³	7830
扣件	刚度	N/m	50×10^6
轨道板	弹性模量	MPa	3.00×10^4
砂浆层	弹性模量	MPa	7.0×10^3
底座板	弹性模量	MPa	2.55×10^4
底座板下支承面	面刚度	MPa/m	76

5.3.2　计算结果分析

1. 钢轨起道量与松开扣件数量的确定

无缝钢轨起道过程中会发生弯曲。当起道量为 0.2m 时，松开不同扣件数量的钢轨的垂向弯曲如图 5-14 所示。确定起道量为 0.2m 时的最佳扣件松开数量，需要分析第一个未松开扣件的受力情况。当起道机工作抬起钢轨时，未松开扣件受到上拔力，同时在钢轨重力的影响下也会产生竖直向下的力。松开扣件数量与第一个未松开扣件的受力和此位置上钢轨垂向位移、抬轨力和最大弯矩的关系如图 5-15～图 5-19 所示。

从计算结果中可知如下结论。

(1)当松开扣件数量较少时(少于 50 组)，钢轨的抬轨力、最大弯矩值较大，第一组未松开扣件处存在较大的上拔力。当扣件松开量过少时，要达到 0.2m 的起道量需要较大的抬轨力，而第一位未松开扣件过大的上拔力可能导致扣件被拔出。所以扣件的松开数量不宜过少。

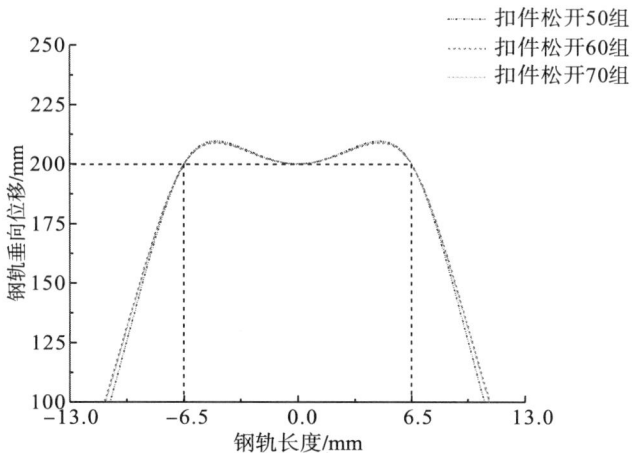

图 5-15　钢轨垂向位移

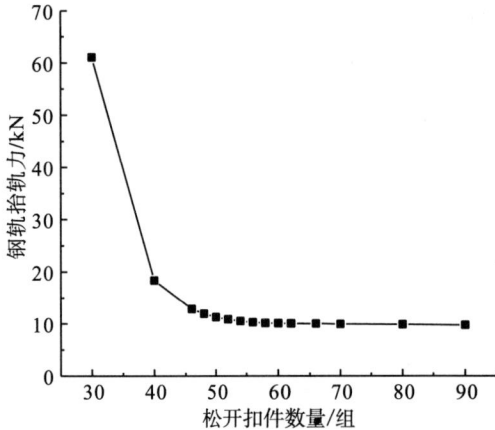

图 5-16　钢轨抬轨力

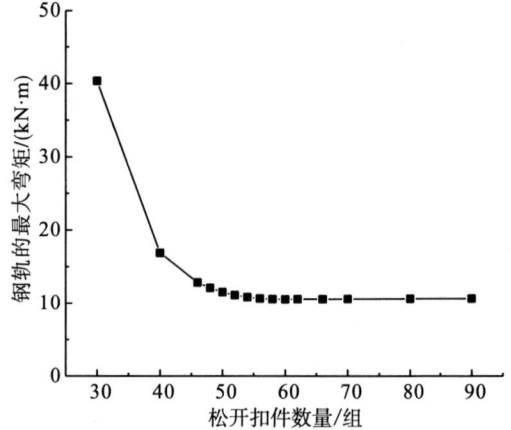

图 5-17　钢轨的最大正弯矩

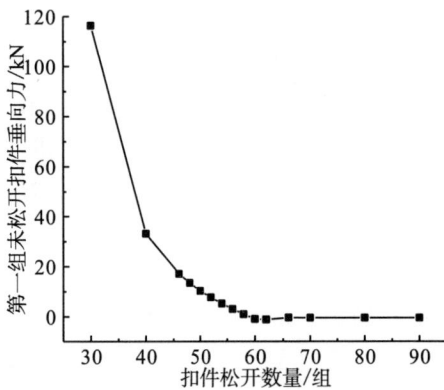

图 5-18　第一组未松开扣件的垂向力

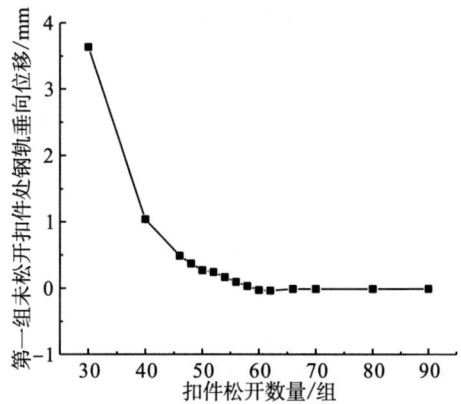

图 5-19　第一组未松开扣件处钢轨的垂向位移

　　(2)在扣件松开数量超过一定的值时(约 60 组),钢轨的垂向位移曲线趋于平缓,如图 5-19 所示。扣件松开量为 60 组和 70 组的两种情况时,钢轨垂向位移几乎完全相同。两侧第一组未松开扣件的上拔力和钢轨重力趋于平衡,抬轨力、钢轨的弯矩和垂向位移都基本相等。考虑到施工的方便,松开扣件的数量不必过多。

　　(3)当松开扣件数量为 60 组时,各项数据的数值接近最小值(抬轨力为 10.081kN,钢轨最大弯矩为 10.547kN·m;第一组未松开扣件处钢轨垂向力为−0.88kN,位移为−0.027mm)。

　　(4)根据 $\sigma = M/W$,计算钢轨起道附近的附加应力。在松开 60 组扣件的情况下,钢轨的最大附加应力为 56.6MPa,小于钢轨容许应力值。

　　综上所述,根据力学分析,轨道在起道量为 0.2m 时松开扣件 60 组时各项指标达到最优的状态,所以建议起道作业时扣件松开 60 组。

2. 轨温对起道作业的影响

　　当松开一定数量的扣件时,钢轨在一定范围内处于无扣件约束的状态,其整体稳定性会受到影响。在起道作业和锁定轨温不一致的情况下,钢轨中存在温度应力,这可能导致轨道的失稳。国内外通常建议无缝线路作业轨温大于锁定轨温 20℃ 以上时禁止施工。《铁路无缝线路设计规范》中，采用统一无缝线路稳定性计算公式时，在温度压力作用下，轨道弯曲变形矢度取 2mm。本书以此为参考，确定起道时合理的温度范围。

在松开 60 组扣件的工况下，不进行起道作业而仅对钢轨进行升温时，钢轨的横向位移如图 5-20 所示。

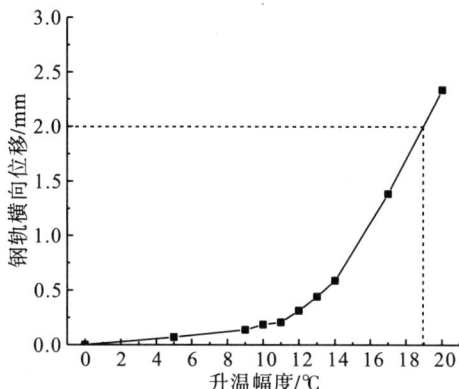

图 5-20　升温幅度对钢轨横向位移的影响

在松开 60 组扣件、钢轨起道量为 200mm 的工况下，分析温度变化对钢轨垂向位移及扣件纵向阻力的影响，如图 5-21 和图 5-22 所示。

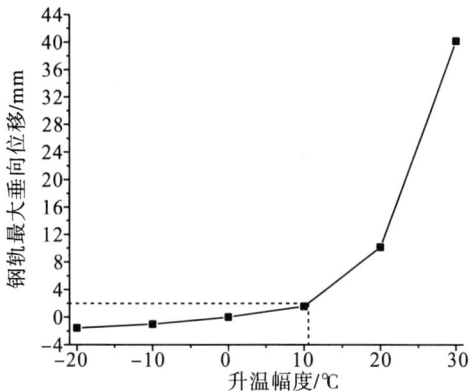 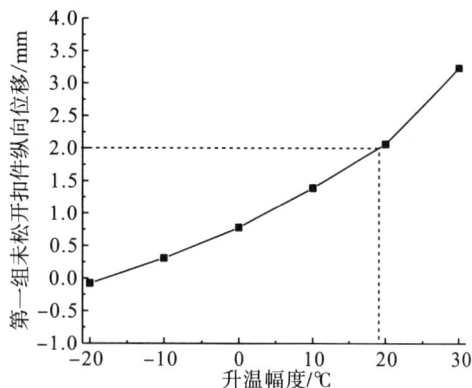

图 5-21　温度对钢轨最大垂向位移的影响　　　图 5-22　温度对第一组未松开扣件纵向位移的影响

从计算结果可知如下结论。

(1)钢轨的横向位移随着温度的升高增大。当温度超过 12℃ 时，钢轨的横向位移的增幅逐渐增大，当轨温超过锁定轨温 19℃ 后，钢轨的最大横向位移将超过 2mm。

(2)当作业轨温低于锁定轨温时，在起道作业时温度对钢轨最大垂向位移的影响较小，钢轨垂向位移变化幅度不大。随着温度的升高，温度对于起道作业时钢轨的垂向变形影响增大。当温度高于锁定轨温 10℃ 以上时，钢轨垂向位移随轨温的升高而增加的幅度大幅提升。当温度超过 10℃ 时，钢轨最大垂向位移超过 2mm；此后，温度上升对位移的增幅影响越来越显著。

(3)当轨温超过 19℃ 时，第一组未松开扣件的纵向位移会超过 2mm。这对轨道的稳定性会产生较大的影响。

综合以上的因素，在进行起道作业时对施工的温度条件需要加以限制。综合上述条件，施工温度不宜超过锁定轨温 10℃。

本 节 小 结

CRTSⅡ型板式轨道更换轨道板时，无缝钢轨起道的受力与变形情况与松开扣件的数量有关，且存在最优松开扣件数量。当起道量为 0.2m 时，综合起道的力学分析和施工便捷两方面因素，松开 60 组扣件为最优方案，在实际施工中建议松开 60 组扣件。

考虑到温度应力对起道作业的影响，由于温度过高会使钢轨在施工过程中失稳，所以在进行起道时需要严格控制施工温度。经过本章的计算分析，CRTSⅡ型板式轨道在起道作业时允许的最大升温为 10℃。

由于 CRTSⅡ型板式轨道的轨道板为纵连的结构，因此在对轨道板进行更换时需要解除轨道板之间的纵向连接，在存在温度应力时会产生较大的应力释放。所以在对轨道板进行更换时，需要对换板位置两侧的轨道板进行锚固处理，具体的锚固措施及施工流程将在 5.4 节中进行研究。

5.4 CRTSⅡ型板式轨道抬板锚固

CRTSⅡ型板式无砟轨道无论在施工过程中还是在运营阶段都会出现轨道板 CA 砂浆断裂、CA 砂浆脱空、CA 砂浆厚度不足等问题。为了保证行车安全，必须对存在问题的轨道板进行更换。

由于 CRTSⅡ型板式无砟轨道为纵连板的结构，所以在对 CRTSⅡ型板进行换板时，需要解除轨道板间的纵向连接。在存在温度力的情况下，解锁纵连钢筋将会产生温度应力的释放，换板处轨道板两侧的轨道板会产生较大的纵向位移。这会对轨道结构的稳定性产生极为不利的影响。为了减少这种影响，在对轨道板进行更换前需要对更换轨道板两侧相邻的几块轨道板进行植筋锚固的处理，以限制解锁纵连带来的轨道板纵向位移，保证施工前后轨道结构的稳定性。

5.4.1 计算模型

轨道板植筋锚固采用叠合梁模型对锚固前后轨道结构进行力学分析，如图 5-23 所示。在对伤损轨道板进行更换前，需要对两侧的轨道板进行植筋锚固，防止解锁后轨道板纵向位移过大所带来的不利影响。

植筋细部图如 5-24 所示，从轨道板上部钻孔穿过砂浆层到底座板，剪力筋周围和上部的空隙用植筋胶密封住。在模型中采用纵向弹簧单元模拟剪力筋，植筋位置的轨道板将受到较大的纵向约束，如图 5-25 所示。

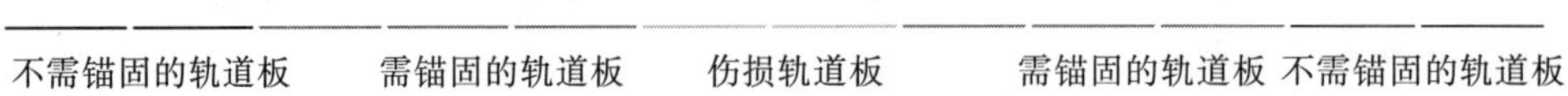

不需锚固的轨道板　　　需锚固的轨道板　　　伤损轨道板　　　需锚固的轨道板　不需锚固的轨道板

图 5-23　轨道板植筋锚固位置简图

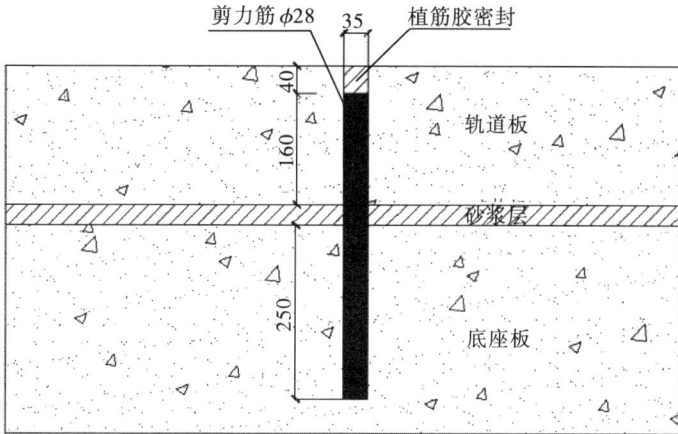

图 5-24　轨道板植筋细部图

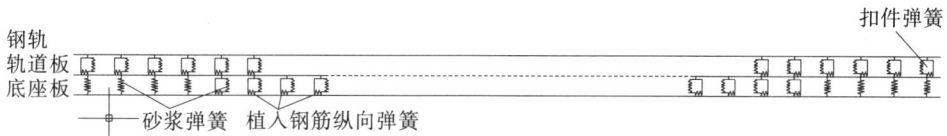

图 5-25　植筋锚固计算模型图

5.4.2　计算结果分析

1. 锚固轨道板数量确定

首先假设所有轨道板均植筋 16 根，植筋轨道板数量与轨道板最大纵向位移的关系如图 5-26 所示，最大位移数值如表 5-3 所示。

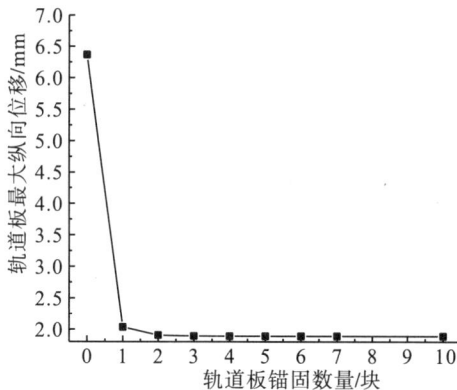

图 5-26　轨道板最大纵向位移随轨道板锚固数量增加的变化趋势

表 5-3　轨道板不同锚固数量下最大纵向位移

锚固板数	最大纵向位移
不锚固	6.37
1 块	2.03
2 块	1.90

锚固板数	最大纵向位移
3 块	1.89
4 块	1.89
5 块	1.89
6 块	1.89
7 块	1.89
10 块	1.89

从图 5-26 中可看出，当不对轨道板进行锚固时，轨道板纵向位移较大(约 6.4mm)。当单侧锚固 1 块轨道板时，轨道板最大纵向位移显著减小。锚固 2 块和 3 块轨道板时，轨道板的最大纵向位移分别为 1.90mm 和 1.89mm。当锚固轨道板数量超过 3 块时，锚固对于轨道板纵向位移几乎没有影响。从安全性的角度考虑，锚固 3 块板在实际的施工中更加安全一些，综合位移和安全性两方面因素考虑，建议对待更换轨道板前后各 3 块板进行锚固。

2. 轨道板锚固钢筋布置方式

采用 HRB500 级 $\Phi28$ 钢筋植筋，植筋有 3 种布置方式，如图 5-27 所示。

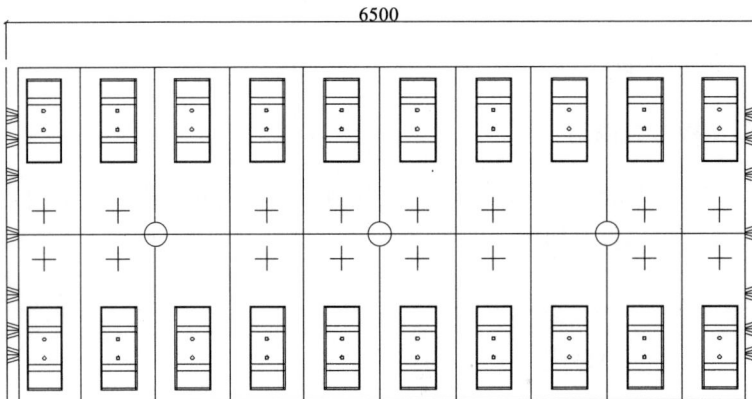

(a)轨道板植筋 16 根布置图

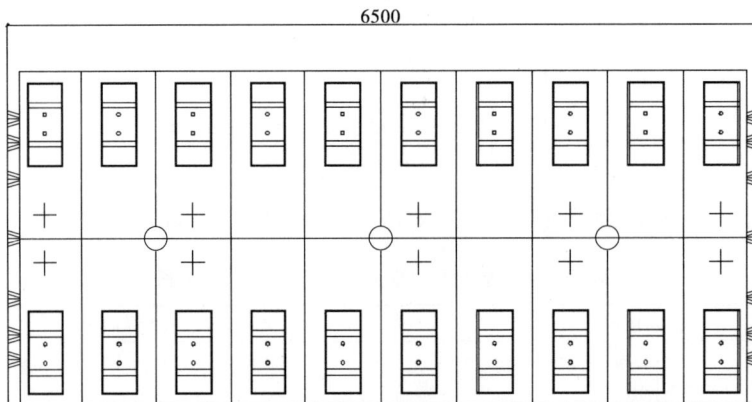

(b)轨道板植筋 10 根布置图

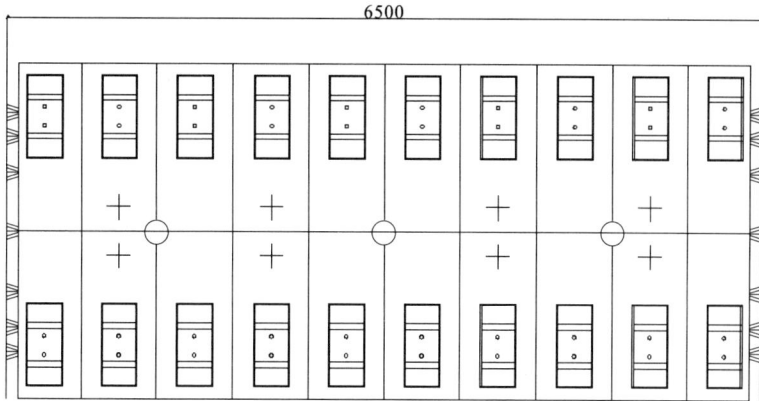

(c)轨道板植筋 8 根布置图

图 5-27 轨道板植筋分布图

每根钢筋的纵向刚度为 50kN/mm，每块轨道板下纵向弹簧为 40 根，由此可计算出不同植筋数量下每根纵向弹簧的刚度为

$$K = \frac{50n}{40} \text{kN/mm}$$

式中，n 为一块轨道板的植筋数量。

由此得到不同植筋数量所提供的纵向刚度，如表 5-4 所示。

表 5-4 植筋计算参数

植筋分布	换算刚度 kN/mm
8 根	10
10 根	12.5
16 根	20

根据起道计算结果，取起道量为 200mm，松开扣件数量为 60 组，温度为锁定轨温＋10℃。首先，比较 3 块板分别均植筋 16 根(后简称为"16＋16＋16")、10 根(后简称为"10＋10＋10")和 8 根(后简称为"8＋8＋8")的轨道板纵向位移情况，如图 5-28 所示。轨道板最大纵向位移如表 5-5 所示。

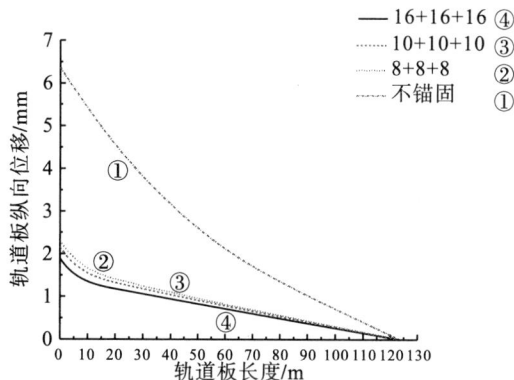

图 5-28 不同植筋方案下轨道板纵向位移

表 5-5 不同植筋方案下轨道板最大纵向位移

植筋方案	最大纵向位移/mm
不锚固	6.37
8+8+8	2.30
10+10+10	2.16
16+16+16	1.89

植筋数量越多,轨道板最大纵向位移越小。结合表 5-3 可知,当只有第一块轨道板锚固 16 根钢筋时,轨道板最大纵向位移为 2.03mm,小于 10+10+10 和 8+8+8 两种方案的最大纵向位移。这是因为在换板位置处不更换的轨道板在解锁后产生较大的应力释放,纵向位移会很大;往后的轨道板之间没有解除纵连,纵向位移相对较小。比表 5-6 中不同数量的轨道板锚固下轨道板的纵向位移可知,随着轨道板锚固数量的增加,轨道板最大纵向位移减小的幅度越来越小,越远离解锁位置的轨道板需要的纵向约束越小,所以第二块轨道板和第三块轨道板的植筋数量不大于第一块轨道板的植筋数量;第三块轨道板的植筋数量不大于第二块板的植筋数量。结合表 5-5 的比较结果,确定第一块轨道板的植筋数量为 16 根。后两块轨道板的植筋数量分别取 16 根和 10 根(后简称为"16+16+10")、16 根和 8 根(后简称为"16+16+8")、10 根和 10 根(后简称为"16+10+10")、10 根和 8 根(后简称为"16+10+8")、8 根和 8 根(后简称为"16+8+8")进行比较。最大纵向位移如表 5-6 所示。

表 5-6 轨道板最大纵向位移

植筋方案	最大纵向位移/mm
16+16+10	1.89
16+16+8	1.89
16+10+10	1.89
16+10+8	1.89
16+8+8	1.92

比较 5 种锚固的方案,当第二块板植筋数量为 10 根或 16 根时,轨道板的最大纵向位移基本相同;当第二块轨道板植筋数量为 8 根时,最大纵向位移略有增加。比较表 5-6 中 2 块板植筋 16 根时的纵向位移(约 1.90mm)16+16+10、16+16+8、16+10+10 和 16+10+8、16+8+8 五种方案可知,第三块板的锚固对轨道板纵向位移的影响较小,但考虑到施工的安全性,可对第三块轨道板进行较少数量的植筋。综合几方面的因素,采用 16+10+8 的方案最佳。

综上所述,建议植筋锚固方案为从解锁位置起,对第一块轨道板植入 16 根钢筋、第二块轨道板植入 10 根钢筋、第三块轨道板植入 8 根钢筋。

5.4.3 换板施工流程

CRTS Ⅱ 型板式无砟轨道无缝线路换板施工技术迄今为止还没有成熟的技术可用。在线路上进行施工时,由于场地面积的局限性,难以使用大型的施工设备进行施工。由于无砟轨道的结构有较高的精度,在施工的过程中也必须保证高精度的要求。施工作业需要按照运营线施工要求,在天窗期内完成施工,因此工期十分紧张。

换板施工的关键工序如下。

(1)准备工作。在施工前需要与各部门联系协调,水电提前进入施工现场,人员、机械需要提前做好准备工作,在所需更换的轨道板做好测量工作。

(2)植筋锚固。对换板前后各三块轨道板进行锚固连接,在轨道板上用水钻钻取直径为35mm,深度480mm的孔,如图5-27所示。两侧三块轨道板钻孔数从解除纵连位置起分别为16个、10个、8个,钻孔位置如图5-27所示。然后采用HRB500级的剪力筋进行植筋锚固,避免张拉锁解除后,相邻轨道板发生位移。

(3)钢轨起道。用内燃机扳手松开更换的两块板及两侧共60组扣件(约39m长),将三台起道千斤顶按照图5-29的方式布置,将钢轨缓慢顶起20cm。然后采用枕木块将钢轨支垫起来。枕木放在两个承轨台之间光滑的轨道板面上,左右前后力求对称放至,以保证轨道不产生不均匀变形。

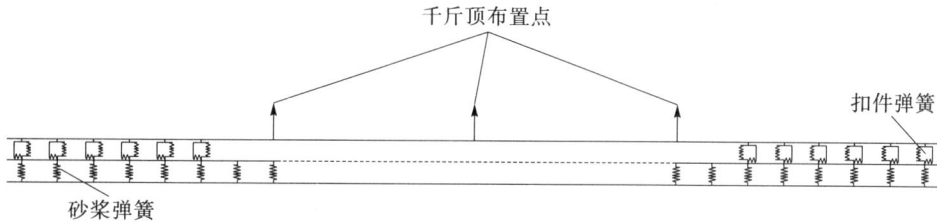

图 5-29　起道千斤顶布置示意图

(4)解除纵连。用电锤将轨道板边缘前期封堵的精调爪孔、灌浆孔位置凿除。将两个轨道板之间和与相邻轨道板之间的宽窄接缝凿除,用扭力扳手将轨道板纵向连接解除。

(5)轨道板横移。在轨道板精调爪位置下面,利用精调千斤顶将轨道板微微顶升3cm,使轨道板和砂浆剥离,然后在轨道板垂直线路的方向放至4根直径40mm的钢筋。将两根吊带捆绑在轨道板上面,用两个手拉葫芦固定在对面防护墙上,吊带和手拉葫芦用钢丝绳连接,通过手拉葫芦将轨道板缓慢外移。

(6)凿除轨道板和底座板间的CA砂浆。将轨道板下部和底座板上粘连的CA砂浆凿除干净,打磨光滑,用切割机对底座板进行拉毛处理,确保灌浆黏结质量。

(7)轨道板复位。轨道板清理完毕后,利用手拉葫芦和钢管将轨道板进行滑移,将轨道板恢复至原位。在牵拉手拉葫芦时确保拉拽的同步进行,避免轨道板复位出现较大偏差。

(8)轨道板精调。轨道板复位后,根据准备工作的测量结果,对轨道板进行缓慢精调。

(9)轨道板灌注。轨道板精调到位后,对轨道板进行封边处理,然后选取当天最高气温(下午1点左右)进行CA砂浆灌注。24h后拆除精调爪,封堵精调爪孔、灌浆孔和宽窄接缝。

本 节 小 结

(1)对于CRTSⅡ型板式轨道的换板施工需要对换板两侧的轨道板进行锚固。通过计算分析，结合安全性和施工两方面的考虑，建议轨道板植筋锚固的数量为前后两侧各锚固 3 块轨道板。

（2）通过比较几种植筋锚固方案下轨道板最大纵向位移情况，综合施工的安全便捷、节约成本和最大纵向位移尽可能小等方面的考虑，建议采用从轨道板解锁位置起，第一块轨道板植入 16 根钢筋，第二块轨道板植入 10 根钢筋，第三块轨道板植入 8 根钢筋的植筋方式对轨道板进行锚固处理。

（3）根据钢轨起道和轨道板锚固的分析计算结果，结合现行施工方法提出轨道板维修的施工流程，在施工过程中紧凑安排工序，保证精度，并不断总结经验，不断完善无缝线路的换板技术，使无缝线路的换板施工技术不断成熟。

主要参考文献

蔡成标，徐鹏. 2010. 高速铁路无砟轨道关键设计参数动力学研究[J]. 西南交通大学学报，4：493-497.

陈小平. 2012a. 考虑桥梁伸缩的纵连底座板配筋计算方法[J]. 西南交通大学学报，(5)：754-760.

陈小平. 2012b. 桥梁温度跨度对 CRTSⅡ型板式无砟轨道无缝线路的影响[J]. 华东交通大学学报，(03)：26-30.

陈学楚. 2010. 现代维修理论[M]. 北京：国防工业出版社.

崔丽红，郭福安，江忠贵，等. 2012. 长大混凝土无砟轨道温度跨度研究[J]. 铁道工程学报，(7)：11-14.

董冲锋. 2009. 350km/h 客运专线 CRTSⅠ型板式无砟轨道施工关键技术[J]. 铁道工程学报，(5)：28-30.

范俊杰. 2004. 现代铁路轨道[M]. 2 版. 北京：中国铁道出版社.

高亮. 2012. 无缝线路关键技术研究与应用[M]. 北京：中国铁道出版社.

广钟岩，高慧安. 2010. 铁路无缝线路[M]. 4 版. 北京：中国铁道出版社.

郭汝涛. 2010. 浅谈水泥沥青砂浆的缺陷修补[J]. 山西建筑，36(2)：172-173.

韩文超. 2013. 郑西高铁渭河特大桥钢轨伸缩调节器存在问题的整治与管理[J]. 西安科技，(1)：28-30.

何华武. 2005. 无砟轨道技术[M]. 北京：中国铁道出版社.

蒋金洲，卢耀荣. 2007. 我国客运专线桥上无缝线路采用小阻力扣件的建议[J]. 铁道建筑，(11)：90-93.

金守华，陈秀方，杨军. 2006. 板式无砟轨道用 CA 砂浆的关键技术[J]. 中国铁道科学，2：20-25.

李朝锋. 2009. 客运专线减振型 CRTSⅠ型板式无砟轨道凸形挡台设计计算研究[J]. 铁道建筑技术，(8)：4-6.

李成辉. 2009. 轨道[M]. 成都：西南交通大学出版社.

李乔. 2010. 混凝土结构设计原理[M]. 2 版. 北京：中国铁道出版社.

李中华. 2010. CRTSⅠ型与 CRTSⅡ型板式无砟轨道结构特点分析[J]. 华东交通大学学报，27(1)：22-28.

练松良. 2011. 轨道工程[M]. 北京：人民交通出版社.

林红松，许敏，刘学毅. 2007. 大跨桥上减振型板式轨道凸形挡台受力分析[J]. 铁道建筑，(6)：8-10.

林红松，赵坪锐，刘学毅. 2008. 弹性支承式无砟轨道无缝线路更换支承块系统的力学分析[J]. 铁道建筑，(10)：104-106.

刘传宏. 2010. CRTSⅠ型板式无砟轨道底座及凸形挡台施工质量控制[J]. 铁道建设，(2)：84-87.

刘丹，李培刚，赵坪锐. 2011. 无砟轨道结构整体失稳可能性探讨[J]. 铁道建筑，(10)：95-98.

刘浩，王平，等. 2013. 线路纵向阻力形式对桥上无缝线路计算影响[J]. 铁道标准设计，(3)：61-64.

刘辉. 2011. 水泥乳化沥青砂浆施工质量通病及其预防措施[J]. 铁道建筑技术.

刘建利. 2013. 对称连续梁桥上无缝线路最大温度跨度适应性研究[J]. 铁道工程学报，(8)：40-43.

刘凯. 2007. 京津城际(80.6+128+80.6)m 预应力连续梁设计[J]. 铁道标准设计，(2)：19-21.

刘小泉，钱中秋，王小兵，等. 2010. 无砟轨道 CRTS 混凝土底座板专用界面剂及制备方法[P]：中国，CN101914328A.

刘学毅，王平. 2010. 车辆-轨道-路基系统动力学[M]. 成都：西南交通大学出版社.

刘学毅，赵坪锐，杨荣山，等. 2010 客运专线无砟轨道设计理论与方法[M]. 成都：西南交通大学出版社.

刘永亮，孔祥明，邹炎，等. 2009. 水泥沥青砂浆的静动态力学行为[J]. 铁道科学与工程学报，6(3)：1-7.

刘钰. 2013. CRTSⅡ型板式轨道早期温度场特征及其影响研究[D]. 成都：西南交通大学.

柳恒. 2014. CRTSⅠ型板式轨道基础沉降整治方法研究[D]. 成都：西南交通大学.

卢耀荣. 2004. 无缝线路研究与应用[M]. 北京：中国铁道出版社.

卢祖文. 2005. 客运专线铁路轨道[M]. 北京：中国铁道出版社.

卢祖文. 2007. 高速铁路轨道技术综述[J]. 铁道工程学报，(1)：41-54.

梅迎军，李志勇，梁乃兴，等. 2011. 水-温-荷载耦合作用下沥青混凝土疲劳寿命[J]. 湖南大学学报(自然科学版)，38(2)：13-17.

秦占国. 2013. WJ-7 型扣件系统在哈大高铁的应用[J]. 郑铁科技,（3）：47-49.

曲村,高亮,等. 2011a. 高速铁路长大桥梁 CRTS I 型板式无砟轨道无缝线路力学特性分析[J]. 铁道标准设计,（1）：12-16.

曲村,高亮,等. 2011b. 高速铁路长大桥梁 CRTS I 型双块式无砟轨道无缝线路影响因素分析[J]. 铁道工程学报,（3）：46-51.

曲村,高亮,乔神路. 2011c. 高速铁路长大桥梁 CRTS I 型板式无砟轨道无缝线路力学特性分析[J]. 铁道标准设计,（4）：12-15.

邵旭东. 2007 桥梁工程[M]. 北京：人民交通出版社.

宋杨,张瑶,陈小平,等. 2010. CRTS I 型板式轨道在地震荷载作用下的动力响应[J]. 铁道建筑,（10）：97-99.

孙立. 2006. 武广客运专线双块式无砟轨道设计[J]. 铁道标准设计,（9）：155-158.

孙立. 2009. 客运专线桥上双块式无砟轨道抗剪凸形挡台设计计算研究[J]. 铁道建筑,（4）：1-3.

滕德巍. 2013. 严寒 CRTS I 型板式无砟轨道养护维修技术研究[J]. 铁道建筑,（8）：127-130.

铁道部工程管理中心. 2008. 京津城际城市轨道交通工程 CRTS II 型板式无砟轨道技术总结报告[R].

铁道部工程管理中心. 2011. 高速铁路轨道技术深化研究-II 型板式无砟轨道可适应的长大混凝土桥梁温度跨长研究[R].

铁道部运输局工务部. 2012. 高速铁路无砟轨道线路维修规则[S]. 北京：中国铁道出版社.

童大埙. 1990. 铁路轨道[M]. 北京：中国铁道出版社.

王彪,谢铠泽,张亚爽,等. 2013. 连续梁桥上 CRTS I 型板式无砟轨道凸形挡台纵向力分析[J]. 铁道建筑,（3）：117-120

王发洲,张运华. 2012. 温度和压力对水泥乳化沥青砂浆水侵蚀的影响[J]. 第八届全国混凝土耐久性学术交流会议文集.

王平,颜乐,等. 2013. 桥上无缝线路温度跨度的极值影响因素分析[J]. 铁道科学与工程学报,（10）：34-39.

王其昌,韩启孟. 2002. 板式轨道设计与施工[M]. 成都：西南交通大学出版社.

文妮. 2010. 高速铁路轨道施工与维护[M]. 成都：西南交通大学出版社.

吴绍利,吴智强,王鑫,等. 2012. 板式无砟轨道轨道板与砂浆层离缝快速维修技术研究[J]. 铁道建筑,（3）：115-117.

西南交通大学道路与铁道工程实验室. 2011. 高速铁路养护维修技术研究[R].

相颖慧,罗强,魏永幸. 2008. 遂渝铁路无砟轨道涵洞附近 CA 砂浆层动应力测试分析[J]. 铁道工程学报,（6）：43-47.

肖杰灵,郭利康,刘学毅. 2009. 无砟轨道钢轨碎弯成因分析[J]. 铁道建筑,（2）：93-96.

熊震威,王平,等. 2013. 列车制动对刚构桥上无缝线路梁轨相对位移的影响[J]. 铁道标准设计,（10）：10-14.

徐浩,王平,曾晓辉. 2013. 高速铁路板式无砟轨道 CA 砂浆研究现状与展望[J]. 铁道标准设计,（11）：1-5,10.

徐凌雁,赵陆青. 2006. 板式轨道凸形挡台检算[J]. 铁道标准设计,（增刊）：158-162.

杨荣山. 2013. 轨道工程[M]. 北京：人民交通出版社.

曾毅. 2014. 纵连式轨道板垂向稳定性研究[D]. 成都：西南交通大学硕士学位论文.

曾真. 2009. 高速铁路板式无砟轨道破损分析及公务修程修制研究[D]. 成都：西南交通大学硕士学位论文.

翟婉明. 2007. 车辆-轨道耦合动力学[M]. 3 版. 北京：科学出版社.

张世堂. 2012. CRTS II 型板式无砟轨道无缝线路换板施工技术[J]. 铁道建筑技术,（12）：36-39.

张向民,陈秀方,杨小礼. 2007. 荷载变形关系求解无缝线路轨道稳定性[J]. 工程力学,24(6)：189-192.

赵国堂. 2006. 高速铁路无碴轨道结构[M]. 北京：中国铁道出版社.

赵立宁,蔡小培,曲村. 2013. 地面沉降对路基上单元板式无砟轨道平顺性的影响分析[J]. 铁道标准设计,（10）：15-18.

赵坪锐. 2008. 客运专线无碴轨道设计理论与方法研究[D]. 成都：西南交通大学博士学位论文.

赵伟,王平,蔡文峰. 2009. 树脂弹模对板式轨道凸形挡台受力行为的影响[J]. 路基工程,（4）：175-176.

中国铁道科学研究院. 2009. 武广客运专线武汉综合试验段综合试验研究总报告[R].

中华人民共和国铁道部. 2008. 科技基 2008−74 号. 客运专线铁路 CRTS I 型板式无砟轨道凸形挡台填充聚氨酯树
    脂(CPU)暂行技术条件[S]. 北京：中国铁道出版社.

中华人民共和国铁道部. 2009. TB 10621−2009 高速铁路设计规范(试行)[S]. 北京：中国铁道出版社.

中华人民共和国铁道部. 2013. TB100015−2012 铁路无缝线路设计规范[S]. 北京：中国铁道出版社.

中华人民共和国住房与城乡建设部. 2010. GB50010−2010 混凝土结构设计规范[S]. 北京：中国建筑工业出版社.

中铁第四勘察设计院集团有限公司. 2011. 国内外大跨度桥梁无砟轨道无缝线路设计研究报告[R].

中铁二院工程集团有限责任公司. 2013. 高墩结构桥梁梁轨相互作用分析研究[R].

周群立，赵洪波. 2006. 桥上无缝线路梁轨相互作用分析[J]. 地下工程与隧道，(4)：49−50.

佐藤吉彦. 2001. 新轨道力学[M]. 北京：中国铁道出版社.

Esveld C. 2001. Modern Railway Track [M]. 2nd ed. Delft：Koninklijke Van de Garde BV.